Juli 2019

JENS HØVSGAARD

GIER, GAS UND GELD

WIE DEUTSCHLAND MIT NORD STREAM EUROPAS ZUKUNFT RISKIERT

Aus dem Dänischen übersetzt
von Tanja Ohlsen

EUROPAVERLAG

Die dänischsprachige Originalausgabe ist 2017 unter dem Titel
Spionerne der kom ind med varmen erschienen.

Europa Verlag GmbH & Co. KG, Berlin · München · Zürich · Wien
Umschlaggestaltung: Hauptmann & Kompanie Werbeagentur, Zürich,
unter Verwendung von Fotos von © Altan Can / EyeEm / Getty Images,
© ullstein bild – Popow, © ullstein bild – photothek, © ullstein bild –
Pictures from History, © Bloomberg / Kontributor / Getty Images
Übersetzung: Tanja Ohlsen
Layout & Satz: BuchHaus Robert Gigler, München
Druck und Bindung: Pustet, Regensburg

ISBN 978-3-95890-263-3

Die Geschichte über eine Gasleitung am Grund der Ostsee und wie Putin und frühere KGB- und Stasi-Agenten Politiker bis hin zur höchsten Ebene in Schweden, Finnland, Deutschland und Dänemark bestachen oder erpressten.

INHALT

Die kleinen Diebe werden bestraft, die großen werden belohnt.
Алты́нного во́ра ве́шают, а полти́нного че́ствуют

RUSSISCHES SPRICHWORT

PROLOG

BÄRIGES IN BERLIN

Am Donnerstag, den 25. November 2010 geschieht an der Ecke Fugger- und Welserstraße in Berlin etwas höchst Ungewöhnliches. Kurz vor 21 Uhr parkt ein rotbrauner VW-Transporter ein paar Schritte vor dem Eingang zur Schwulendisco Connection Club. Vor Mitternacht sind Eintritt und Jägermeister gratis, doch die beiden Männer im Auto interessieren sich weder für Freigetränke noch für die Cruising Area im Keller.

Sie haben eine ganz andere Mission.

Einer der Männer, schwarz gekleidet und mit einer Skimaske, klettert aufs Autodach, wo er im Schutz der Dunkelheit sich selbst und sein Scharfschützengewehr mit einer Reichweite von einem Kilometer in Position bringt.

Während der Mann auf dem Autodach Stativ und Zielfernrohr ausrichtet, versucht sein Kollege – so gut sich das in einem knielangen Mantel und mit einem Kopfhörer im Ohr machen lässt –, sich unter die Menschen auf dem Gehweg vor dem Connection Club zu mischen, wo Männer einzeln oder in Gruppen auf dem Weg in die Diskothek oder zu einem der viele anderen Treffpunkte für Homosexuelle in der Straße sind.

Die Fuggerstraße liegt in Berlins Schwulenszene. Auf beiden Seiten der Straße finden sich Schwulenbars, Saunaclubs und Kneipen, in denen Abba und Dana International gespielt wird. Von fast allen Fenstern und Giebeln weht die Regenbogenflagge, das wichtigste Symbol der Schwulen und Lesben, und im Fenster des Tierarztes in Nr. 22 steht ein regenbogenfarbiger Streamer mit Werbung für Katzenspielzeug und Vollnahrung.

Um 21:05 Uhr geschieht abermals etwas nicht Alltägliches. Eine schwarze Mercedes-Stretchlimousine fährt in die Straße ein und parkt vor dem Café des Artistes. Das Restaurant liegt neben dem Connection Club, nur getrennt durch die schmale Welserstraße, von wo aus der Scharfschütze auf dem Autodach die Wohnungen auf der anderen Seite der Fuggerstraße und das Gelände vor dem Restaurant im Blick hat. Hier haben sich ein paar Leute versammelt, um zwei prominente SPD-Mitglieder zu betrachten.

Einer davon ist der ehemalige Bundeskanzler Gerhard Schröder, der andere Frank-Walter Steinmeier, ehemaliger Außenminister und Vizekanzler.

Neben ihnen steht ein dritter Mann. Er hat graues Haar, gerötete Wangen und Schwierigkeiten, das Jackett seines Nadelstreifenanzugs zuzuknöpfen.

Die drei Männer haben über eine Stunde auf die schwarze Limousine und ihre Passagiere hinter den dunkel getönten Scheiben gewartet, doch die lange Wartezeit hat ihnen offensichtlich nichts ausgemacht. Ganz im Gegenteil. Alle drei lächeln zufrieden.

Und mit einer Umarmung, deren Stärke und Dauer nur die Bewunderung des benachbarten Restaurants Woof hervorrufen kann, wo sich die »Bären« des Viertels – körperbehaarte Homosexuelle mit recht entspanntem Verhältnis zum empfohlenen BMI – herumtreiben, begrüßt Altkanzler Schröder Russlands Ministerpräsidenten Wladimir Putin zu »Berlin by Night«.

Putin besucht die deutsche Hauptstadt, um sich mit Bundeskanzlerin Angela Merkel und einer Reihe der wichtigsten Unternehmer zu treffen, doch vor den vielen Meetings am nächsten Tag ist zunächst ein Herrenabend mit Gourmetdiner angesagt: Austern, gefolgt von Tagliatelle mit Trüffeln und vor dem Dessert eine Sonderbestellung von Putin und Schröder – Entenschlegel mit Kartoffeln, Sauce und Rotkohl.

Dass ein Mann, der für Homosexuelle und deren Rechte in der Regel nur Verachtung übrig hat, ausgerechnet in einem Restaurant in Berlins berühmten Schwulenviertel zu Abend speist, ist kein zufälliger Fehler in der Planung. Das Restaurant hat Putin selbst ausgewählt. Er kennt es und hat zu dessen Besitzer und Küchenchef eine besondere Beziehung. Als Junge spielte der Koch mit Putins Töchtern und als Erwachsener kochte er oft für das russische Alphatier, zuerst während der sechs Jahre, in denen das Café des Artistes ein russisches Restaurant am Kamergersky Pereulok gegenüber dem Kunsttheater Moskau war, und nun, da es nach Berlin in die Fuggerstraße 35 umgezogen ist und das Restaurant um eine Kunstgalerie erweitert hat.

An diesem Abend hat das gemeine Volk keinen Zutritt zum Restaurant. Putin und sein kleiner Herrenclub haben den Ort für sich allein, daher gibt es genügend Platz für vertrauliche Gespräche. Und die vier Männer haben einiges zu besprechen.

Seit über fünf Jahren arbeiten sie an einem gemeinsamen Plan.

Sie wollen eine 1224 km lange Gasleitung am Grund der Ostsee verlegen. Durch diese Pipeline können jährlich 55 Milliarden Kubikmeter russisches Erdgas von den sibirischen Gasfeldern direkt in deutsche Wohnzimmer befördert werden, ohne die beiden ehemaligen Sowjetrepubliken Ukraine und Weißrussland zu durchqueren, durch die derzeit die einzige Leitung in die EU verläuft. Auch die kritischen Nachbarländer Polen, Estland, Lettland und Litauen werden damit umgangen.

Das Unternehmen heißt Nord Stream, und Hauptaktionär ist die staatliche russische Öl- und Gasgesellschaft Gazprom, der weltweit größte Erdgasförderer und der größte Betrieb in Russland.

Putin hat die volle Kontrolle darüber. Während seiner Präsidentschaft entließ er die gesamte obere Führungsriege der Gesellschaft und ersetzte sie durch loyale Männer aus seinem engeren Umfeld. Und da sein Freund Gerhard Schröder sein Kanzleramt gerade an Angela Merkel verloren hatte, machte Putin ihn zum gut bezahlten Aufsichtsratsvorsitzenden für die Tochtergesellschaft Nord Stream.

Dreizehn Monate zuvor hatte das dänische Königreich dem Konsortium die Erlaubnis erteilt, die Gasleitungen durch die dänischen Hoheitsgewässer zu führen, und an diesem Abend können die Projektmacher den termingerechten Fortschritt der Arbeiten feiern. Noch in dieser Woche wird man die Hälfte der vielen Rohre, die am Grund der Ostsee verlegt werden müssen, angebracht haben.

Die vier Männer stoßen auf den Erfolg an. Das Projekt sah sich von Anfang an enormem Widerstand ausgesetzt. Umweltschützer behaupteten, die Gasleitung würde das empfindliche Gleichgewicht am Grund der Ostsee stören; andere meinten, eine Leitung, die südlich von Bornholm verlaufen sollte, wo die Russen nach dem Zweiten Weltkrieg große Mengen der Restbestände an Senfgas und anderen chemischen Waffen aus Nazi-Deutschland versenkt haben, wäre eine tickende Zeitbombe für Umwelt, Schiffsverkehr und besonders für die Fischerei. Die Fischer von Bornholm holen mit ihren Netzen regelmäßig Hinterlassenschaften aus dem Krieg herauf, und wenn der Meeresboden aufgegraben wird, muss man damit rechnen, dass sich derartiger Beifang vermehrt. Darüber hinaus weisen Schweden, die baltischen Staaten und Polen darauf hin, dass der Zweck dieser Leitungen nicht, wie die Männer am Tisch des Café des Artistes immer und immer wieder betonen, rein geschäftlich ist, sondern dass sie auch als politische Waffe gegen Putins ungeliebte Nachbarländer eingesetzt werden können. Bereits zweimal zuvor hatte er die alte Gasleitung durch die Ukraine in den kalten Januarmonaten schließen lassen, wurde jedoch beide Male gezwungen, sie schnell wieder zu öffnen, da sich diese Schikane auch in einigen EU-Ländern bemerkbar machte.

Doch mit der neuen Gasleitung am Grund der Ostsee sieht die Sache ganz anders aus: Gazprom deckt damit mehr als ein Drittel des gesamten Erdgasbedarfs der EU, und Putin kann der Ukraine den Gashahn zudrehen, sooft und solange er will.

Für die vier Männer an dem reich gedeckten Tisch ist Nord Stream ein Win-Win-Geschäft, und jeder von ihnen hat mit seiner eigenen Kompetenz zum Gelingen des Projekts beigetragen.

Putin hat seine ganze Macht als russischer Präsident und Ministerpräsident dafür eingesetzt, um Staatsoberhäupter und hochrangige Minister in Dänemark, Schweden und Finnland zu überreden oder unter Druck zu setzen. Dasselbe hat Schröder als Lobbyist in seinem Netzwerk europäischer Entscheidungsträger getan, und sein politischer Protegé und Nachfolger in der SPD, Frank-Walter Steinmeier, hat das Projekt als deutscher Außenminister in Angela Merkels bürgerlich-sozialdemokratischer Regierung sowohl innerhalb der Regierung als auch vor den Außenministern anderer Staaten befürwortet.

Doch der Aktivste jener vier Männer ist der unbekannte Vierte. Während des ganzen Abends hat er sich in unmittelbarer Nähe von Putin aufgehalten und sitzt beim Essen direkt neben ihm.

Sein Name ist Matthias Warnig.

Er ist Deutscher und Vater von Stefan Warnig, dem Inhaber des Café des Artistes. Der erfolgreiche Geschäftsmann hat eine beeindruckende Karriere in der russischen Wirtschaft hinter sich.

Abgesehen davon, dass er Geschäftsführer von Nord Stream ist, ist er Vorstandsvorsitzender von Gazprom Schweiz, einer Tochtergesellschaft des Energiegiganten, die von dem steuerfreundlichen Alpenland aus den gesamten Gashandel von den Feldern in Zentralasien und im Kaukasus verwaltet; weiterhin sitzt er im Vorstand der staatlichen russischen Gesellschaft Transneft, dem weltweit größten Betreiber von Ölleitungen, von Rosneft, der staatlich russischen Raffinerie und Mineralölgesellschaft, der Bank Rossiya, einer der größten Banken Russlands, derer sich auch Putin und seine engsten Vertrauten bedienen, sowie der VTB-Gruppe, einer russischen Bank in staatlichem Besitz.

In seinem imposanten Lebenslauf steht weiterhin, dass er mit der Ehrenmedaille des russischen Staates dekoriert wurde – einem Orden, der normalerweise nur an russische Staatsbürger vergeben wird, die sich in besonderem Maße für die Regierung oder für Wirtschaft, Wissenschaft und Sport eingesetzt haben –, sowie letztlich, dass er bis 1981 die Bruno-Leuscher-Hochschule in Berlin besuchte. Doch da fehlt etwas!

Matthias Warnigs offizieller Lebenslauf verschweigt, dass er auch eine Goldmedaille für treue Dienste in der Nationalen Volksarmee der ehemaligen DDR erhalten hat und dass er zwischen 1974 und 1989 unter den Decknamen »Hans Detlef«, »Arthur« und »Ökonom« als Spion für die berüchtigte Stasi im Großraum Cottbus tätig war und als Undercoveragent in Düsseldorf eingesetzt wurde.

Aus dem Lebenslauf geht auch nicht hervor, dass die Stasi-Mitarbeiter in Dresden engen Kontakt zur lokalen KGB-Abteilung hatten, deren stellvertretender Leiter Wladimir Putin war, nachdem ihn der KGB dort als Geheimdienstoffizier stationiert hatte. Die gemeinsame Vergangenheit der beiden Männer wird verschleiert, doch keiner von beiden hat seine alte Schule mit ihren schmutzigen Tricks vergessen, und als das Nord-Stream-Projekt aus der Taufe gehoben wurde, setzten sie alle Mittel ihrer Spionagevergangenheit dafür ein.

Die vier Freunde bleiben knapp eine halbe Stunde im Restaurant. Als sie wieder zur Tür herauskommen, ist die Stimmung bestens, und Putin gibt sich recht redselig. »Ich könnte mir gut vorstellen, in Berlin zu leben«, sagt er zu der Reporterin Bea Peters, die ihn auf dem Weg zur wartenden Limousine abfängt. »Die Menschen sind so nett, und die Kultur gefällt mir ebenfalls. Es ist nicht so schön wie Dresden, aber mein Freund Gerhard ist hier, wenn er nicht zu Hause in Hannover ist.«

Um halb zwölf ist alles wieder wie gewohnt an der Ecke Fugger- und Welserstraße in Berlin. Der Scharfschütze und der Mann im langen Wollmantel sind in ihrem roten Kastenwagen fortgefahren, und im Connection Club gibt es noch eine halbe Stunde lang freien Eintritt und Jägermeister.

1. KAPITEL

EINE INFORMATIONS-PIPELINE

Bei der polnischen Sicherheitspolizei, Agencja Bezpieczeństwa Wewnętrznegos, in der ul. Rakowiecka 2A im Warschauer Stadtteil Mokotów arbeitet man nach einer einfachen, klaren Regel: »Wir müssen so viel wie möglich so früh wie möglich wissen!«

Das ist eine recht aussagekräftige Zielsetzung, wenn man, wie die ABW – so wird die Organisation im Allgemeinen genannt – gegründet wurde, um sicherzustellen, dass die Republik Polen und ihre Einwohner nicht Opfer von Übergriffen ausländischer Mächte, Terroristen oder Verbrechersyndikaten werden.

Oder mit anderen Worten:

Wenn man sich wie bei der ABW mit Geheimdienstarbeit beschäftigt, muss man den Konkurrenten immer eine Nasenlänge voraus sein und zuschlagen, wenn es am wenigsten erwartet wird. Und genau das tut man am Freitagmorgen, 23. März 2018, als Agenten des Geheimdienstes fünf Minuten nach sechs den Beamten Marek W. aufsuchen, ihm Handschellen anlegen und ihm vorwerfen, zugunsten einer ausländischen Macht gegen sein eigenes Land spioniert zu haben. Wenn man es vor Gericht beweisen kann, kann diese Anklage Marek W. für bis zu zehn Jahre hinter Gitter bringen.

Doch wer ist Marek W. und was weiß die Organisation, die so viel wie möglich so früh wie möglich wissen will, über diesen

Mann? Was rechtfertigt es, frühmorgens maskierte Männer in schwarzen Kampfuniformen mit Maschinenpistolen zu ihm zu schicken?

Stanislaw Zaryn, Sprecher des polnischen Geheimdienstes, tritt drei Tage nach der Verhaftung von Marek W. vor die Presse und zögert nicht, den Beschuldigten als »Landesverräter« und »russischen Spion« zu bezeichnen, gegen den der Geheimdienst schwere Vorwürfe erheben würde.

Der polnischen Nachrichtenagentur *PAP* gegenüber sagt Zaryn, dass die Leute von ABW mit Kollegen der Geheimdienste in anderen EU-Ländern zusammenarbeiten und genügend Material gesammelt haben, um zu beweisen, dass Marek W. in fremden Diensten stand und gegen Polen und polnische Interessen spioniert habe. Er kann auch berichten, dass das, was man gegen Marek W. in der Hand habe, so belastend sei, dass der Richter im Bezirksgericht Warszawa-Sródmiescie den Verdächtigen auf Verlangen der Staatsanwaltschaft für organisiertes Verbrechen und Korruption für vorläufig drei Monate in Haft genommen hat.

Die Verhaftung von Marek W. geschieht zu einem Zeitpunkt, zu dem das Verhältnis von Russland zum Westen ein wenig an die Zeit des Kalten Krieges und die Handlungen in einem Roman von John le Carré erinnert. Die Temperaturen zwischen Ost und West lagen damals nahe dem Gefrierpunkt, und 19 Tage vor der Aktion gegen Marek W. ließ ein Ereignis in England sie noch weiter absinken.

Die englische Affäre beginnt am Sonntag, dem 4. März, als sich ein 66-jähriger Mann mit seiner 33-jährigen Tochter an einen Tisch im Pub »The Mill« setzt, um etwas zu essen.

Nach knapp zwei Stunden verlassen die beiden den Pub, um in das Reihenhaus des Vaters in der nahen Christie Miller Road zu spazieren. Doch dort kommen sie nicht an. Um 16:03 Uhr werden beide bewusstlos in den Shoppingarkaden »The Maltings«

gefunden, wo sie seltsam leblos auf einer Bank sitzen. Passanten halten sie zunächst für zugekokste Junkies.

Als Polizei und Rettungswagen eintreffen, sehen sie sofort, dass da etwas ganz und gar nicht stimmt. Doch dass die Personen auf der Bank im Lauf der nächsten Tage eine diplomatische Krise zwischen Russland und dem größten Teil der westlichen Welt auslösen, das hätten sich weder Rettungsmannschaft noch Polizei träumen lassen.

Doch genau das geschieht. Im Bezirkskrankenhaus von Salisbury wird den Ärzten schnell klar, dass sie es mit einer Vergiftung zu tun haben. Bald darauf stellen Kriminaltechniker fest, dass es sich dabei um das Nervengift Nowitschok handelt, ein Kriegsgas, das in der früheren Sowjetunion entwickelt wurde, dem Land, aus dem die beiden stammen: Der Mann heißt Sergei Skripal, ein ehemaliger Oberst und Spion beim GRU, Russlands militärischem Geheimdienst. Der GRU war unter anderem bei der Annektierung der Krimhalbinsel durch Russland im Jahr 2014 äußerst aktiv. Dabei steuerten und koordinierten Agenten der Organisation zusammen mit ihren Kollegen vom FSB, dem internen Geheimdienst, die Aktionen der russischen Separatisten gegen die Büros und Machtzentren der ukrainischen Behörden. Doch Skripal arbeitete nicht nur für den GRU. Er stand auch auf der Gehaltsliste des englischen Geheimdienstes MI6. Im Laufe von zehn Jahren brachte ihm der Spionagedienst im imposanten Gebäude am Vauxhall Cross in London neben dem normalen monatlichen Gehalt auch noch 100 000 Dollar auf seinem Bankkonto ein – die Bezahlung für Informationen über operative russische Spione in Großbritannien. Mit anderen Worten: Skripal war Doppelagent. Einer der gefährlichsten Jobs der Welt.

Aus bitterer Erfahrung wissen sowohl Polizei als auch MI6, dass ehemalige russische Agenten, die in England Asyl und Schutz gesucht haben, schon mal auf unerklärliche Weise ums Leben kommen. 2006 starb der frühere KGB- und FSB-Agent Alexander Litwinenko, nachdem er mit radioaktivem Polonium 210 versetzten Tee getrunken hatte. Der Ex-Geheimagent nahm das tödliche Getränk in der Bar des Millennium-Hotels am Grosvenor Square in London ein, wo er sich mit zwei Landsleuten treffen wollte, die sich zu einem Kurzbesuch in London aufhielten. Die beiden Russen sind Andrei Lugowoj, mit dem Litwinenko früher beim FSB zusammengearbeitet hat, und Dimitri Kowtun, ein ehemaliger Offizier des russischen Militärs. Bei der britischen Regierung und dem Geheimdienst des Landes hegt man sofort den Verdacht, wie Litwinenkos Tee vergiftet wurde. Es war das Werk der Russen.

Der Meinung ist auch der Vater des Getöteten, Walter Litwinenko: »Ich habe keinen Zweifel daran, dass es der FSB war, der ihn getötet hat, und dass der Befehl dazu von dem früheren KGB-Spion Präsident Putin kam. Er ist der Einzige, der so einen Befehl geben kann«, sagt er der britischen Zeitung *Independent* kurz nach dem Attentat. Zehn Jahre später stützt eine richterliche Untersuchung seine Vermutung. Das Attentat wurde von Kowtun und Lugowoj ausgeführt, doch sie handelten nicht aus eigener Initiative. Das Giftattentat wurde mit großer Wahrscheinlichkeit von Wladimir Putin persönlich bestellt und befohlen, so steht es im Untersuchungsbericht vom Januar 2016, wo ein Zeuge, der frühere KGB-Offizier Juri Schwez, mit den Worten zitiert wird:

»Ich glaube kaum, dass das ohne Wissen von Wladimir Putin durchgeführt werden konnte.« Er baut seine Aussage auf den internen Regeln und Befehlsketten im russischen Geheimdienst auf und berichtet, dass jeder General oder Offizier, der einen so entscheidenden Befehl gibt, stets dafür sorgt, sich durch Genehmigung von oberster Stelle Rückendeckung zu verschaffen.

Zu demselben Schluss kommen auch die englische Polizei, der Geheimdienst und die Regierung, ein paar Tage nachdem die leblosen Russen im Einkaufszentrum von Salisbury gefunden wurden.

Daher beschuldigen sowohl der damalige Außenminister Boris Johnson als auch Premierministerin Theresa May Russland und dessen Präsidenten Wladimir Putin, hinter dem Giftanschlag zu stecken.

Dass britische Militär- und Kriminaltechniker das Nervengift so schnell benennen können, verdanken sie dem deutschen Bundesnachrichtendienst. In den 1990er-Jahren kommt der BND in den Besitz des gefährlichen Giftgases, weil ein übergelaufener russischer Wissenschaftler eine Probe davon gegen die deutsche Staatsbürgerschaft für sich und seine Familie eintauscht. 2018 kann die journalistische Zusammenarbeit zwischen der *Süddeutschen Zeitung*, der *Zeit* und den Fernsehsendern NDR und WDR enthüllen, dass dieser Handel in der Mitte der 1990er-Jahre stattfand und der damalige Kanzler Kohl daran beteiligt war. Weiterhin berichten die Medien, dass die Aktion geheim gehalten wurde und man die Giftprobe nach Schweden gebracht habe, wo sie in einem Labor beschrieben und analysiert wurde. Die Informationen der Zusammensetzung wurden an das damalige Hauptquartier des BND in Pullach weitergegeben. Auf direkten Befehl von Helmut Kohl teilte der BND seine Informationen über das Gas und seine chemische Zusammensetzung mit den Agentenkollegen in der amerikanischen CIA und dem britischen MI6.

Diese Information nimmt man im Kreml mit Kusshand entgegen. Dass die Geheimdienste in Deutschland, Schweden, England und den USA offenbar die Formel für Nowitschok besitzen, ist für die russische Führung gleichbedeutend damit, dass eins oder mehrere dieser Länder mit der Herstellung des tödlichen Nervengiftes experimentiert haben, meinen mehrere russische Parlamentäre, darunter Nikolai Kowaljow, Wladimir Putins Vorgänger auf dem Posten als Chef des KGB-Nachfolgers FSB und derzeitiges Mitglied des russischen Unterhauses, der Staatsduma. Es sei wahrscheinlich, dass ein skrupelloser Wissenschaftler im Labor von Porton Down das Gas hergestellt und an den unschuldigen Zivilpersonen in Salisbury getestet hat, behauptet er gegenüber dem staatlich finanzierten und putintreuen Nachrichtenmagazin *RT*. Seine Theorie wird auch in britischen Zeitungen zitiert. Das Labor, auf das sich der frühere Spionagechef bezieht, gehört zu Großbritanniens geheimsten Militäreinrichtungen. In dem Wissenschaftszentrum 16 Kilometer nördlich von Salisbury mit einer Fläche von 5600 Fußballfeldern beschäftigen sich Wissenschaftler seit der Mitte des Ersten Weltkrieges mit Giftgasen und forschen, wie man sie bekämpfen kann. Hier wurden Ergebnisse und Entdeckungen getestet und geprüft – in Umgebungen und mit Methoden, die an die von Q und seiner Abteilung des britischen Secret Service aus den James-Bond-Filmen erinnern. In einer der Abteilungen von Porton Down wurde auch die Probe aus dem Skripal-Angriff als Nowitschok identifiziert.

Außerhalb von Russland hört man von Nowitschok zum ersten Mal 1992, als der Pulitzerpreisgewinner Will Englund darüber schreibt. Englund arbeitet zu dieser Zeit bei der amerikanischen Zeitung *The Baltimore Sun* und ist Korrespondent in Russland. Von seinem Büro im fünften Stock in der 12/24 Sadovo-Samotechnaya, einem typisch sowjetischen Betonbau vom Beginn der 1950er-Jahre, hat er Aussicht auf die roten Sterne auf den Türmen des Kremls. Als er an einem grauen Herbsttag im September Besuch von zwei Wissenschaftlern bekommt, Lew Fjodorow und Will Mirsajanow, erhält er Einsicht in das geheime russische Giftgasprogramm.

Der Kalte Krieg wurde mit dem Tauwetter zwischen Ost und West auf Eis gelegt, und der russischen Regierung nach gilt das auch für die Verwendung und Produktion chemischer Waffen und Kampfstoffe. Mit solch teuflischen Dingen beschäftige sich das neue Russland nicht, hieß es in den offiziellen Meldungen sowohl vom letzten sowjetischen Staatsführer Michail Gorbatschow als auch von Russlands erstem Präsidenten Boris Jelzin. Doch die beiden russischen Chemiker in Englunds Büro erzählen etwas anderes: In Russland werde immer weiter Nervengift entwickelt, und das Land besäße ein bislang geheim gehaltenes Nervengift, das zehnmal so stark ist wie der VX-Kampfstoff, der in den 1950er-Jahren in Porton Down auf Basis der Forschungen des deutschen Chemikers Gerhard Schrader entwickelt wurde. Schrader arbeitete vor dem Zweiten Weltkrieg für die IG Farben in Leverkusen und nach dem Krieg für Bayer, wo er an der Herstellung von Pflanzenschutzmitteln forschte. Während des Krieges nutzten die Nazis seine Fähigkeiten, um den Nervenkampfstoff Tabun herzustellen, einen Vorläufer von VX, das als das gefährlichste und tödlichste Nervengift der Welt betrachtet wurde.

Doch das ist es nicht mehr. Ein von den Russen erstelltes Nervengift schlägt es um Längen, erklären die beiden Gäste in Will Englunds Büro. Sie können ihm auch den Namen der todbringenden Waffe nennen: Nowitschok. Das Wissen der beiden Männer kommt nicht von ungefähr. Fjodorow und Mirsajanow waren am Forschungs- und Entwicklungsprogramm des Giftes im streng geheimen Labor beteiligt, dem staatlich wissenschaftlichen Forschungsinstitut für organische Chemie und Technologie, kurz GosNIIOKhT genannt. Ihrer Aussage nach begannen die Arbeiten an der neuen chemischen Waffe 1987. Der Grund dafür, dass sie sich nun im Büro des amerikanischen Korrespondenten befinden, ist Zorn. Zorn darüber, dass die neue russische Führung die Produktion des Nervengiftes nicht eingestellt hat, wie es die Entspannung im Verhältnis zu den USA und die Abwicklung des Kalten Krieges eigentlich erfordern würden. Daher haben sie gemeinsam den Entschluss gefasst, das Geheimnis um Nowitschok zu lüften, und wollen sich am nächsten Tag damit an die russische Zeitung *Moskovskiye Novosti* wenden. Um das Risiko von Repressalien zu verringern, hoffen sie, dass auch eines der westlichen Medien über die Sache berichtet. Will Englund kann sie verstehen, daher erscheinen am 16. September 1992 sowohl in *Moskovskiye Novosti* als auch in der *Baltimore Sun* Artikel über das geheime russische Giftgas.

»Ich habe keine Kenntnisse in organischer Chemie, doch Fjodorow und Mirsajanow nahmen sich die Zeit, mir zu erklären, worum es sich handelte. Mir fiel vor allem auf, wie direkt und anschaulich Mirsajanow die Zusammenhänge erklärte. Ich hatte deshalb keinen Zweifel daran, dass es stimmte, was er sagte«, erklärt Will Englund heute, 26 Jahre nachdem ihm die beiden Gäste in seinem Büro von der Existenz des Nervengiftes Nowitschok berichteten.

»Nowitschok« ist das russische Wort für den Begriff »der Neue in der Klasse«, doch das ist schon alles, was an diesem Nervengift russisch ist, behauptet Maria Sacharowa im März 2018. Sie ist die Sprecherin des russischen Außenministeriums und weist in einer offiziellen Aussage am 17. März jegliche Verbindung von Nowitschok mit Russland zurück. Ihrem Land vorzuwerfen, es sei für den Angriff in Salisbury verantwortlich, sei ausschließlich ein Versuch der Briten und Amerikaner, Russland in ein schlechtes Licht zu rücken.

»Zu keinem Zeitpunkt, weder in der Sowjetunion noch in der Russischen Föderation, wurde ein Nervengift mit dem Namen Nowitschok hergestellt – weder als offizielle Bezeichnung noch als heimlicher Deckname«, sagt sie gegenüber der Nachrichtenagentur *Tass* und fügt hinzu, dass man im Außenministerium stark vermutet, dass das Gas entweder aus Großbritannien, der Slowakei, Tschechien oder Schweden stammt.

Ein paar Tage später widerspricht ihr der Wissenschaftler Leonid Rink in einem Artikel auf der Nachrichtenseite *RIA Novosti.* Rink leitete das Programm, in dem Nowitschok entwickelt wurde, und sagt aus, Nowitschok bezeichne nicht nur ein einzelnes Nervengift, sondern ein ganzes Programm, bei dem die einzelnen Typen nummeriert werden. Die Art, die in Salisbury angeblich gegen die Skripal-Familie eingesetzt wurde, sei zum Beispiel Nowitschok 5.

Es ist äußerst ungewöhnlich, dass *RIA Novosti* eine Nachricht bringt, die nicht mit den offiziellen Meldungen der russischen Regierung übereinstimmt. *RIA Novosti* war bis 2014 die Nachrichten- und Informationsagentur erst des sowjetischen und später des russischen Staates. Heute ist es eine Nachrichtenwebsite, die zu hundert Prozent von der russischen Regierung kontrolliert wird. Unter dem Namen *Sputnik International* erscheint sie auch in einer englischen Version. Doch nur in der russischen Ausgabe wird der Artikel von Leonid Rink veröffentlicht. Kurze Zeit später werden seine Zitate redigiert, und zwar so stark, dass die Geschichte einen ganz anderen Blickwinkel bekommt. So stand zum Beispiel in der ersten Ausgabe: »Das chemische Waffenprogramm, das in der Sowjetunion entwickelt wurde, heißt Nowitschok 5.« In der neuen Version ist diese Aussage folgendermaßen verändert worden: »Die Sowjetunion und Russland hatten kein Programm zur Entwicklung chemischer Waffen mit der Bezeichnung Nowitschok.«

Russlands Präsident Wladimir Putin verhält sich in den ersten Tagen der Skripal-Affäre ruhig. Erst am Tag nach Maria Sacharowas direkter Zurückweisung einer Verbindung Russlands mit dem Nervengift Nowitschok äußert er sich zum ersten Mal zu dem Giftangriff:

»Es ist Tratsch und Unsinn, dass jemand in Russland einen solchen Angriff kurz vor der Präsidentenwahl und einer Fußballweltmeisterschaft durchführen würde«, erklärt Putin. »Es ergibt gar keinen Sinn, Russland als Sündenbock darzustellen. Wir haben solche Waffen nicht, und wenn es sich wirklich um einen chemischen Kampfstoff gehandelt hätte, wären Skripal und seine Tochter auf der Stelle tot gewesen.«

Der irische Journalist Finian Cunningham gibt Putin insoweit recht, als es wirklich extrem schlechtes Timing gewesen wäre, wenn die Russen hinter dem Attentat in Salisbury steckten. Für Briten und Amerikaner hingegen wäre der Zeitpunkt perfekt, schreibt er in einer Kolumne der Nachrichtenseite *Stratecic Culture Foundations.*

»Der Attentatsversuch in England, für den man Russland verantwortlich macht, kommt zu einem äußerst günstigen Zeitpunkt und soll genutzt werden, um Druck auf die EU auszuüben, damit sie sich gegenüber Russland hart und konsequent verhält. Und das könnte sehr gut ein ›Nein‹ zu Nord Stream 2 sein«, schreibt er in der Kolumne unter der Überschrift: »Russian Spy Poison Attack: Is Nord Stream 2 the Bigger Target?«

Dass gerade Cunningham und die Strategic Culture Foundation die Vermutung äußern, der Anschlag auf Sergei Skripal und seine Tochter Julia sei von der CIA oder dem MI6 inszeniert worden, um Russland zu diskreditieren und Zweifel an der Berechtigung des Nord-Stream-Projekts zu säen, ist kein Zufall. Sowohl die Strategic Culture Foundation als auch Cunningham selbst sind eng mit der russischen Propagandapresse verbunden. Cunningham ist ein häufig gesehener Kommentator in den *Sputnik News,* wo er auch Kolumnen und Kommentare schreibt. Dasselbe tut er auf der Webseite von Strategic Culture Foundation, auf der er noch am 17. Oktober behauptet, dass die westliche Reaktion auf die Nowitschok-Affäre in England auf reiner Spekulation basiert.

»Londons Fall gegen Moskau zeichnet sich durch wilde Spekulationen und blanke Unterstellungen aus. Die britischen Behörden haben keinen stichhaltigen Beweis dafür geliefert, was Sergei Skripal und seiner Tochter Julia wirklich geschehen ist. Die Behauptung, Präsident Wladimir Putin hätte den Angriff einer mit einem Giftgas bewaffneten Einheit sanktioniert, basiert auf reinen Vermutungen«, schreibt er. Und das, obwohl die beiden Russen Alexander Petrow und Ruslan Boschirow, die die britischen Behörden auf einigen Überwachungskameras in der Nähe des Attentats auf Skripal aufgezeichnet haben und die Premierministerin Theresa May offiziell als Offiziere des russischen militärischen Geheimdienstes GRU identifiziert hat, gerade in einem Interview mit dem russischen Fernsehsender RT der Lüge bezüglich ihres Aufenthalts in England überführt wurden. Das Interview wird auf Veranlassung von Präsident Putin gebracht, der am 12. September sagt:

»Wir wissen, wer diese Leute sind. Wir haben sie gefunden. Ich kann versichern, es gibt nichts Außergewöhnliches und Kriminelles an ihnen. Es handelt sich um Zivilisten.« Diese Aussage macht er auf einer Pressekonferenz, die er während seiner Teilnahme am Wirtschaftsforum in Wladiwostok hält. Dort sagt er weiterhin, dass er die beiden Männer auffordern will, sich im Fernsehen interviewen zu lassen, damit sie den Zusammenhang erklären können – dass sie als ganz normale Touristen in England waren und nicht als Auftragskiller des GRU.

Die beiden leisten dieser Aufforderung Folge und erzählen im RT-Interview tags darauf, dass sie für die Fitnessbranche arbeiten und die Kirche von Salisbury sowie Stonehenge besichtigten wollten, aber dann lieber den Zug zurück nach London nahmen, da es schneite und in Stonehenge zu schlammig war. Diese Erklärung steht im krassen Widerspruch zu den trockenen, schneefreien Straßen von Salisbury, die auf den Bildern der Überwachungskameras zu sehen sind.

Am 18. Mai wird Sergei Skripal nach mehr als zwei Monaten intensiver Behandlung aus dem Krankenhaus Salisbury entlassen, seine Tochter Julia ist schon früher außer Lebensgefahr. Doch am 8. Juli fordert das russische Gas ein Todesopfer. Es ist die 44-jährige Dawn Sturges aus Amesbury bei Salisbury.

Die Frau und ihr Freund Charlie Rowley wurden drei Tage vorher wegen plötzlicher Übelkeit ins Hospital gebracht, wo ihr Zustand schnell lebensbedrohlich wurde. Die Ärzte im Krankenhaus stellen fest, dass sie mit Nowitschok vergiftet wurden. Bei den

Nachforschungen der Polizei wird bei dem Paar zu Hause eine Parfumflasche mit dem Nervengift gefunden. Als Charlie Rowley nach mehreren Wochen Bewusstlosigkeit wieder zu sich kommt, erzählt er, dass er den Flakon – Premier Jour von Nina Ricci – im Container eines Secondhandladens gefunden und seiner Freundin zu ihrem zweijährigen Jubiläum geschenkt habe. Sie freute sich, sprühte sich etwas davon aufs Handgelenk, klagte bald darauf über beginnende Kopfschmerzen, und kurze Zeit später fand Charlie sie vollständig angekleidet bewusstlos in der Badewanne. Ihm selbst ging es zu diesem Zeitpunkt bereits ebenfalls schlecht. Freunde, die das Paar fanden und ins Krankenhaus brachten, sagen aus, er hätte Schaum vor dem Mund gehabt.

Im Interview von RT weisen die beiden Russen jegliche Kenntnis über den falschen Nina-Ricci-Flakon von sich. »Normale Männer laufen nicht mit Damenparfum herum. Ist das nicht eine lächerliche Unterstellung? Beim Zoll wird alles überprüft, und man hätte Fragen gestellt, warum zwei Männer Damenparfum dabeihaben. Wir hatten es jedenfalls nicht mit«, behauptet Ruslan Boschirow.

Aber die beiden Männer sind keine normalen Leute. Im Gegensatz zu dem, was sie und ihr Präsident sagen, sind sie auch keine gewöhnlichen Touristen auf Sightseeing-Tour in England. Sie sind beide Geheimagenten des GRU und mit falschen Papieren und unter falscher Identität nach England eingereist. Die Namen Ruslan Boschirow und Alexander Petrow stehen nicht auf ihren Geburtsurkunden. Es sind Decknamen.

Das enthüllt die investigative Journalistengruppe Bellingcat.

Zwei Wochen nachdem Präsident Putin die beiden Männer als unschuldige Zivilisten bezeichnet hat und zwei Wochen nachdem sie im Fernsehen behauptet haben, sie hießen Ruslan Boschirow und Alexander Petrow und seien Vertreter der Nahrungsergänzungsmittelbranche, berichtet Bellingcat, dass Boschirow in

Wirklichkeit Anatoli Tschepiga heißt und ein hochrangiger Offizier des Geheimdienstes GRU ist. Die Journalisten haben unter anderem im Militärarchiv geforscht und können daher feststellen, dass Tschepiga als hochdekorierter Oberst der Spezialeinheiten in der 14. Speznaz-Brigade im Kampf gegen Tschetschenien und die Ukraine aktiv gewesen ist. Er wurde über 20 Mal geehrt und nahm 2014 Russlands höchste militärische Auszeichnung entgegen: »Held der russischen Föderation«. Diesen Orden bekam er den Informationen zufolge von Putin selbst.

Kurz danach kann Bellingcat auch den Schleier von Alexander Petrows Erklärung ziehen. Auch er ist nicht der, für den er sich ausgibt, sondern heißt in Wirklichkeit Alexander Mischkin und ist Arzt des GRU. Er studierte an der militärmedizinischen Akademie in Sankt Petersburg und wurde nach seiner Ausbildung vom Geheimdienst rekrutiert, der ihn mit der falschen Identität Alexander Petrow ausstattete. Wie sein Reisekamerad Tschepiga zog auch sein Einsatz Putins Aufmerksamkeit auf sich, und auch er erhielt vom Präsidenten den seltenen Heldenorden. Der Beweis dafür ist unter anderem ein Bild, das Mischkins 90-jährige Großmutter stolz vorzeigt. Darauf reichen sich Putin und Mischkin anlässlich der Auszeichnung die Hände. Ein paar Tage nachdem sie das Bild von ihrem Enkel gezeigt hat, verschwindet die 90-Jährige.

Trotz dieser Erkenntnisse und obwohl die englische Polizei in dem Zimmer, das sich die beiden Agenten teilen, als sie sich vom 2. bis 4. März im City Stay Hotel in der Bow Road im östlichen London einquartieren, Spuren von Nowitschok gefunden hat, meint Finian, es gäbe keine Beweise dafür, dass die beiden Männer in England nicht als Touristen unterwegs waren. Selbst nicht, nachdem die Bilder mehrerer Überwachungskameras zeigen, dass sie großes Interesse an der Umgebung von Sergei Skripals Wohnung an den Tag legten.

Der irische Journalist ist durchaus nicht der Einzige, der die vorgelegten Beweise großzügig übersieht. Das Gleiche tut man auf höchster russischer Ebene. Der russische UN-Botschafter Wassili Nebensja bezeichnet die Vorwürfe der Briten als »wiederholte Lügen«.

»Ich werde die Liste dieses haltlosen und verlogenen Cocktails an Fakten nicht durchgehen. Die Zahl der Widersprüche ist jenseits von Gut und Böse. Großbritannien hat eine widerliche antirussische Hysterie entfesselt und andere Länder mit einbezogen, die Zusammenarbeit mit Russland dabei aber abgelehnt«, kommentiert er.

Im März 2018, unmittelbar nach dem Attentat in Salisbury, ziehen die britische Regierung und der Außenminister Boris Johnson verhältnismäßig schnell ihre Schlüsse über den wahren Hintermann.

»Mit allergrößter Wahrscheinlichkeit kann man sagen, dass Wladimir Putin den Befehl zu diesem Anschlag gegeben hat«, meint Johnson und kündigt eine Reihe von Sanktionen gegen Russland und die in England lebenden Russen an.

Russische Aktiva, die als Bedrohung angesehen werden können, werden eingefroren. Alle politischen Gipfeltreffen zwischen Großbritannien und Russland werden abgesagt. Es gibt keine offizielle Teilnahme der Briten an der Fußball-WM in Russland. Und nicht zuletzt werden 23 russische Diplomaten aus der russischen Botschaft in Großbritannien ausgewiesen und nach Moskau zurückgeschickt, teilt Johnson mit.

Da die USA, Kanada, 14 EU-Staaten und einige andere Länder wie die Ukraine dem Beispiel folgen und russische Diplomaten ausweisen, spitzt sich die Lage zwischen Putins Russland und dem Westen stark zu.

Polen weist vier Russen aus der Botschaft in Warschau aus, doch Stanislaw Zaryn, der Sprecher der ABW, kann nicht bestätigen, ob sich darunter auch die Person befindet, die Kontakt zu dem inhaftierten Marek W. hatte. »Das kann ich im Moment nicht sagen«, meint er, sagt aber, sowohl die russische Botschaft als auch der russische militärische Geheimdienst GRU seien an der Sache beteiligt.

Auch Polens Außenminister Jacek Czaputowicz möchte nicht sagen, ob sich Marek W.s russischer Kontakt unter den ausgewiesenen Diplomaten befindet, kann jedoch nicht bestreiten, dass die vier in Polen in illegale Geschäfte verwickelt waren. Das sei eine Möglichkeit.

»Es ist nicht ungewöhnlich, dass sich besonders Diplomaten der russischen Botschaften im Ausland mit Aktivitäten befassen, die den Regeln der Wiener Konvention zu diplomatischen Aktivitäten zuwiderhandeln«, sagt er der Presse.

Aber warum war Marek W. ein interessantes Ziel für die russischen Spione in Warschau? Dafür gibt es eine einfache und logische Erklärung.

Marek W. arbeitet im polnischen Wirtschaftsministerium, wo er dafür zuständig ist, Pläne für die polnische Energieversorgung auszuarbeiten. Weiterhin ist er mit Projekten beschäftigt, die dafür sorgen sollen, dass Polen weniger von den Gaslieferungen aus Russland abhängig ist. Traditionell hat Russland die früheren alliierten Länder in Ost- und Zentraleuropa mit Erdgas versorgt. Da sie so ziemlich die Einzigen auf dem Markt sind, haben sie eine für Polen und andere osteuropäische Länder unglückliche Monopolstellung erlangt. Eine Situation, die Putin gerne politisch ausnutzt.

Bis 2010 wird das russische Gas für den europäischen Markt durch die Jamal-Pipeline geführt, die durch Weißrussland und Polen verläuft, sowie durch die Družba-Pipeline durch die Ukraine. Die beiden Pipelines haben einerseits die Länder, durch die sie verlaufen, mit Gas versorgt und andererseits Einnahmen gebracht, die sie von den Russen dafür bekamen, dass die Leitungen auf dem Weg nach Europa das Land passierten.

Doch mit dem Bau der Nord-Stream-Leitung 2010 ändern sich die Verhältnisse. Die Russen können nun einen großen Teil ihres Gases um die ehemaligen Transitländer herumleiten und gleichzeitig die Gashähne der alten Pipelines zudrehen, wann immer es ihnen passt. Und das haben sie bereits des Öfteren getan – besonders bei den Konflikten mit der Ukraine.

In den kalten Wintermonaten wurde die Gasversorgung des Landes unterbrochen, und durch die geplante Erweiterung der Pipeline in der Ostsee, die die Russen 2019 in Betrieb nehmen wollen, können der Kreml und Putin die Versorgung der Ukraine, Polens und der baltischen Staaten völlig einstellen.

Daher fürchten die Regierungen in den betroffenen Ländern Nord Stream 2, und jede bemüht sich, das Projekt und seine Realisierung zu verhindern.

Doch bislang sitzen die Russen und die in diesem Fall deutschen Verbündeten am längeren Hebel.

Deutschland und Russland arbeiten seit Langem zusammen, wenn es um Gas geht, und nichts deutet darauf hin, das sich das ändern wird.

Schon als Willy Brandt Kanzler in Westdeutschland und die Sowjetunion noch eine Supermacht war, schloss man Verträge über die Lieferung von russischem Gas nach Deutschland. Diese Zusammenarbeit hat sich seitdem weiter verstärkt, und viele der größten deutschen Industriebetriebe haben daher enge Verbindungen zur staatlich russischen Energiegesellschaft Gazprom, der Muttergesellschaft von Nord Stream.

Die Verbindung ist für beide Länder äußerst günstig: Gazprom liefert Erdgas zu einem annehmbaren Preis an die deutsche Industrie, die dafür Zugang zum russischen Markt bekommt, wo nach dem Fall des Kommunismus Nachfrage nach Boss, Braun und Benz besteht.

Auch bei Nord Stream sind Russen und Deutsche Kooperationspartner. Haben die Russen die Mehrheit der Aktien, so sind es Deutsche, die an der Spitze der Gesellschaft stehen. Sowohl der Geschäftsführer als auch der Aufsichtsratsvorsitzende kommen aus Deutschland.

In Polen hat der frühere Außen- und Verteidigungsminister Radoslaw Sikorski das deutsch-russische Nord-Stream-Projekt mit dem Nichtangriffspakt von Molotow und Ribbentrop verglichen, den Deutschland und die Sowjetunion 1939 schlossen, nur eine Woche bevor Nazi-Deutschland den Zweiten Weltkrieg mit einem Angriff auf Polen einleitete. In anderen EU-Ländern stellte man fest, dass Proteste gegen die Gaspipeline vom starken deutschen EU-Partner vom Tisch gefegt wurden.

Das gilt auch für Ansichten, die moderater sind als die von Sikorski und den Mitgliedern der jetzigen nationalkonservativen PiS-Regierung. Ansichten, die darauf hinweisen, dass man die Gaspipeline als eine geopolitische Bedrohung ansehen und dass Putin sie als Waffe einsetzen kann, werden zurückgewiesen.

Aus den Regierungskontoren und von den Kooperationspartnern in der deutschen Großindustrie lässt man verlauten, dass es sich um ein rein kommerzielles Projekt handle, bei dem es ausschließlich darum gehe, in Europa für warme Wohnzimmer zu sorgen, und wenn andere Länder es eine politische Waffe nennen, die Russlands Präsident Wladimir Putin einsetzen kann, um seinen Nachbarn in den baltischen Staaten, Polen und der Ukraine zu drohen, so sei das völliger Unsinn.

So sieht es unter anderem Thilo Wieland, der im Vorstand von Wintershall sitzt, Deutschlands größtem Öl- und Erdgasproduzenten.

Das Unternehmen, eine Tochtergesellschaft des Wirtschaftsriesen BASF, ist fast in der ganzen Welt aktiv, Partner von Gazprom bei Öl- und Gasförderprojekten unter anderem in Sibirien und Investor bei der Nord-Stream-Pipeline.

In einem Leserbrief an die dänische Webseite Altinget.dk, die von den Entscheidungsträgern des Landes gelesen wird, versucht Wieland im Frühling 2018, die dänischen Politiker unter Druck zu setzen, und fordert sie auf, dass Dänemark ebenso wie Deutschland dem Ausbau der Nord-Stream-Pipeline zustimmt. Dänemark erteilte als erstes Land die Genehmigung, die erste Pipeline durch dänisches Hoheitsgewässer zu verlegen. Doch dieses Mal hat Dänemark sicherheitspolitisch gesehen kalte Füße bekommen. Russland tritt im Ostseegebiet aggressiv auf. Die Verabschiedung eines neuen Gesetzes versetzt den dänischen Außenminister in die Lage, den Antrag der Russen auf eine neue Leitung aus sicherheitspolitischen Gründen ablehnen zu können. Über diese Möglichkeit denken er und die übrige Regierung sorgfältig nach, und noch ist keine Entscheidung getroffen, wie die Antwort aussehen soll. Diese Situation ärgert Thilo Wieland. Dänemark solle sich zusammenreißen und dafür sorgen, dass das Nord-Stream-Projekt nicht weiter verzögert wird, meint er.

»Es ist wichtig, dass auch die dänischen Ministerien und Behörden Verantwortung zeigen und ihre Entscheidungen auf der Grundlage wirtschaftlicher und verwaltungsrechtlicher Kriterien treffen, und nicht aus politischen Gründen«, schreibt er unter anderem in Altinget und betont erneut, dass Nord Stream ein ökonomisches und kein politisches, vom Kreml gelenktes Projekt ist.

»Die Unternehmen sind dafür verantwortlich, Nord Stream 2 finanziell zu unterstützen. Und Verantwortung der Politiker ist es, ihnen dabei keine Steine in den Weg zu legen«, beendet er seinen Beitrag.

Doch in Polen sieht man das anders. Dort ist man der Ansicht, Nord Stream sei politisch. Daher hat das polnische Energieministerium lange an zwei Fronten gearbeitet, die russische Energiedominanz in Ost- und Zentraleuropa zu beschränken. Die eine Front dreht sich um die Versorgung; hier versucht man, Alternativen zu den Gaslieferungen aus Russland zu finden. Die andere ist mehr strategisch und arbeitet mit Projekten, die dem Nord-Stream-2-Projekt direkt einen Stein ins Getriebe werfen können.

Eine der Maßnahmen, die Polen von Putin und seinem Erdgas unabhängiger machen sollen, ist Baltic Pipe – eine Gaspipeline, die auf dem Zeichenbrett von den norwegischen Öl- und Erdgasfeldern in der Nordsee über Dänemark nach Polen führen soll.

Dieses Projekt, das von der dänischen Regierung gutgeheißen wurde und auf das der dänische Ministerpräsident seinem polnischen Kollegen die Hand gegeben hat, würde mit einer 950 km langen Leitung Polen, die baltischen Staaten und die Ukraine mit jährlich zehn Milliarden Kubikmeter Gas versorgen und somit unabhängiger von Russland machen. Von diesem Projekt sind Russland, Nord Stream und Gazprom nicht sonderlich begeistert und wollen natürlich alles darüber wissen.

Mit einer ganz gewöhnlichen Internetverbindung kann man ohne Probleme auf den Webseiten der beiden Projektmacher – der staatlichen polnischen Energiegesellschaft PGNiG und ihres dänischen Partners Energinet – viel über das Projekt lesen.

Das hauptsächliche Ziel des Projekts ist öffentlich zugänglich, das können auch die Russen lesen. Aber wenn es um Details für strategische, sicherheits- und konkurrenzmäßige Pläne und Verhältnisse geht, hält man seine Karten natürlich lieber verdeckt. Wenn man Zugang zu diesen Informationen haben möchte, braucht man mehr als einen Computer mit Internetzugang. Da benötigt man ganz andere Quellen:

Jemanden, der Insiderwissen über Details, Pläne und Umfang hat. Jemanden, der diese Informationen aus dem Ministerium schmuggeln kann. Und jemanden, der bereit ist, das zu tun. Mit anderen Worten:

Jemanden wie Marek W.

Marek W. hat alles zugegeben, sagt Sprecher Stanislaw Zaryn vom polnischen Geheimdienst. Der Verdächtige habe Informationen über Polens Widerstand gegen Nord Stream an einen Agenten des russischen Geheimdienstes GRU geliefert. Der Mann war offiziell als Diplomat an der russischen Botschaft in Warschau registriert und konnte daher unter dem Schutz der Wiener Konvention, die ihm Immunität zusichert, als Spion agieren. Als Führungsoffizier von Marek W. nahm er der Anklageschrift vom 6. September 2016 nach zwischen 2014 und 2016 vertrauliche Informationen über Polens Energiepläne von ihm entgegen.

Demzufolge und nach den vorausgegangenen Nachforschungen hat der Agent also im Auftrag des russischen Staates und dessen militärischen Geheimdienstes Informationen gesammelt, von denen auch Nord Stream profitiert.

Wie kann es sein, dass Nord Stream ein rein kommerzielles Projekt ohne jede Art politischer Kontrolle oder Einflussnahme ist, wie sowohl Russland als auch Österreich und Deutschland behaupten, und dass es keinerlei Verbindung zwischen dem Staatsapparat im Kreml und dem Hauptsitz von Nord Stream im Schweizer Steuerparadies Zug gibt?

Wieso beschäftigen sich der russische Geheimdienst GRU und seine Angestellten dann so intensiv mit Spionage, die der Firma zugutekommt?

Wenn man Gazprom und allen Abteilungen und Tochtergesellschaften genauer auf die Finger schaut, erhält man Antwort auf einige Fragen, denn dieses Unternehmen unterscheidet sich markant von allen anderen Energiegesellschaften in der Welt.

Wenn Öl- und Gasfördergesellschaften wie Exxon Mobil, BP, Equinor – das früher Statoil hieß – oder Royal Dutch Shell Mitarbeiter für die Führungsspitze brauchen, suchen sie in der Regel nach Leuten mit dem entsprechenden fachlichen Hintergrund und eingehender Kenntnis der Branche. Man holt sich Leute, die an Universitäten wie McDougall School of Petroleum Engineering in Tulsa, USA, der Universität von Aberdeen oder am französischen IFP studiert haben – alles hoch angesehene Bildungsinstitute mit Spezialausbildungsprogrammen im Bereich Öl und Gas.

Doch nicht bei Gazprom. Hier braucht man einen ganz anderen fachlichen Hintergrund, wenn man Direktor oder Vorstandsvorsitzender werden will, und es scheint, dass die Grundvoraussetzung eine Vergangenheit als Spion bei entweder KGB oder FSB ist.

Fünf von sechs Topchefs bei Gazprom waren genau wie Wladimir Putin früher bei einem der beiden Geheimdienste tätig. Und viele ehemalige Spione und Agenten scheuen sich nicht, die Mittel einzusetzen, die sie dort gelernt haben.

Wenn sich Marek W. im Sinne der Anklage, die gegen ihn erhoben wird, schuldig gemacht hat, ist er bei Weitem nicht der Erste, den Gazprom oder Nord Stream dafür bezahlt haben, Informationen für Nord Stream zu beschaffen. Und dabei bleibt es nicht bei dem anrüchigen Geschäftsverhalten. Die Firma setzt auch andere, wenig traditionelle Mittel ein.

Es gibt viele Fälle, in denen Gazprom und Wladimir Putin sich nicht zu schade sind, mit Drohungen und Schikanen zu arbeiten, wenn es Nord Stream hilft.

Dass dies und die Spionage offenbar völlig in die Firmenpolitik integriert sind, kann man in einigen vertraulichen Dokumenten der EU-Kommission erkennen, die an die Öffentlichkeit gelangt sind. In diesen Papieren ist davon die Rede, dass Gazprom und der russische Staat sich in hohem Maße illegaler Methoden bedient haben, um sich auf dem Energiemarkt Europas zu etablieren.

Weiter geht aus diesen Dokumenten hervor, dass die EU-Kommission von diesen illegalen Methoden schon seit 2015 weiß, bisher jedoch nichts dagegen unternommen hat – im Gegenteil. Anstatt die Russen aufzuhalten, haben Politiker und Beamte des EU-Systems den Prozess zur Vorbereitung des Nord-Stream-2-Projekts noch beschleunigt.

In der internen Analyse, zu der unter anderem die dänische EU-Kommissarin für Wettbewerb, Margrethe Vestager, Zugang hatte, steht, der Zweck der Methoden von Gazprom sei, »den internen Markt entlang der nationalen Grenzen aufzuteilen«, um »unfaire Preise« in Europa einführen zu können.

So etwas sollte eine Wettbewerbshüterin eigentlich dazu bringen, einzugreifen. Doch das tat sie nicht einmal, obwohl sie in den Papieren der Mitarbeiter lesen konnte, dass deren Meinung nach Gazprom mit dieser Taktik in Zukunft fortfahren will und dass es mit größter Wahrscheinlichkeit zu unerwünschten und negativen Reaktionen aus Ländern wie Polen, der Slowakei, Bulgarien, Litauen, Lettland und Estland kommen wird, wenn die Kommissarin nichts unternimmt.

Das sind nicht die einzigen Kritikpunkte in dem 272 Seiten langen Dokument, die unter anderem auch beschreiben, wie die Russen und Gazprom die staatliche polnische Energiegesellschaft PGNiG mehrmals bedroht und erpresst haben.

»PGNiG hatte keine andere Wahl, als zu akzeptieren«, steht in dem Bericht, der detailliert die vielen unangemessenen Forderungen beschreibt, die die Russen stellten, damit die Gaslieferungen nach Polen nicht eingestellt wurden.

Es ist also keine ganz normale Firma, die sich an den Gaslieferungen für Europa beteiligen will, und nicht nur in Verbindung mit dem Nord-Stream-2-Projekt kam es zu zweifelhaften und in vielen Fällen regelrecht illegalen Aktionen.

Schon vom ersten Spatenstich an war das Nord-Stream-Projekt

von einer Grundhaltung und von Werten geprägt, die besser in einen Spionagethriller aus der Zeit des Kalten Krieges passen. Die alten Spione bei Nord Stream und Gazprom haben vielleicht Bart und Brille gegen Nadelstreifenanzug und Schlips der Wirtschaftsbranche eingetauscht, doch ihre Arbeitsmethoden haben sie beibehalten.

In allen Ländern, in denen Gazprom operiert oder das zu tun wünscht, wurden vertrauliche Informationen und Loyalität erkauft. Marek W. ist durchaus kein Einzelfall.

Bei Weitem nicht.

2. KAPITEL

SCHWARZGELD UND GEHEIMAGENTEN

Genau beim Crescendo im verträumten Mittelteil von Richard Claydermans »Ballade pour Adeline« wechselt die Kameraperspektive vom Profil des Mannes am Steuer seines Wagens zu seinem eigenen Blickwinkel. Während man die verschneiten Häuser und Bäume an der Einfallstraße nach Sankt Petersburg sieht, wird die Hintergrundmusik durch Wladimir Putins Stimme aus dem Off ersetzt, der über sich selbst und seine Pläne für die Stadt erzählt.

»Ich wurde vom KGB angeworben, als ich noch auf die Universität ging«, beginnt er seinen Bericht.

Man schreibt das Jahr 1991, und Russlands Lage ist verzweifelt. Der Wechsel von der kommunistischen Planwirtschaft zur kapitalistischen Marktführung hinterließ im Land ein Vakuum, in dem es Kriminalität und Korruption wesentlich leichter hatten als der Traum des einfachen Russen von Demokratie und einem wohlgefüllten Kühlschrank.

Wladimir Putin ist 39 Jahre alt und eilt im Sturmschritt die Karriereleiter hinauf. Nach fünf Jahren als KGB-Spion in Ostdeutschland ist er in seine Heimatstadt Leningrad zurückgekehrt, die jetzt wieder Sankt Petersburg heißt, und seit einem Jahr im Rathaus beschäftigt, als Vizebürgermeister und Leiter der städtischen Abteilung für ausländische Kontakte.

Eine seiner Aufgaben besteht darin, frische Lebensmittel in die Stadt zu schaffen, doch in den Läden sind die Regale und Kühltruhen genauso gähnend leer wie zur Sowjetzeit. Die russische Agrarwirtschaft ist angeschlagen; da westliche Währungen Mangelware sind, kann man landwirtschaftliche Produkte nicht einmal von ausländischen Lieferanten kaufen. Aus diesem Grund wurde das Programm »Öl für Lebensmittel« ins Leben gerufen.

Dieses Programm beruht im Wesentlichen darauf, dass die Zentralregierung in Moskau den Lokalregierungen Öl, Holz und andere Rohwaren zukommen lässt, um damit Lebensmittel aus dem Ausland bezahlen zu können. Doch statt des geplanten Tauschhandels verkaufen viele der Unternehmer, die diese Geschäfte vermitteln sollen, die Rohwaren an andere und stecken den Verdienst in die eigene Tasche oder in die von korrupten Regierungsbeamten. Das wird den hungrigen Bürgern der Stadt allmählich bewusst, und sie klagen den Stadtrat des Betrugs an. Putin ist einer derjenigen, die unter Anklage stehen.

Wenn seine Karriere hier nicht stecken bleiben soll, muss er Abstand zwischen sich und diese Anklagen, aber auch seiner Vorgeschichte als KGB-Spion legen. Daher hat er einen Teil der städtischen Gelder in einen Dokumentarfilm über sich selbst und über die wichtige Aufgabe investiert, die er für die Stadt übernommen hat.

Den Film nennt er »Macht«; nach der einleitenden Szene im Auto folgen wir ihm in sein Büro, wo er über das Lebensmittelprogramm spricht, für das er hauptverantwortlich ist.

Während der Sowjetzeit hingen in jedem einzelnen Büro des Rathauses die Porträts der großen Männer des Kommunismus. Im Büro des obersten Chefs waren es für gewöhnlich zwei Bilder: Eines stellte stets Lenin dar und das andere in der Regel den früheren

Ersten Sekretär von Leningrad, Sergei Kirow. In den Räumen der rangniedereren Beamten war das obligatorische Leninporträt der einzige Wandschmuck. Doch mit dem Fall des sowjetischen Imperiums fielen auch die Bilder, und zurück blieben nur die Nägel, an denen sie gehangen hatten.

Als Wladimir Putin sein neues Büro bezieht, gibt er eine Bestellung beim Bilderverwalter der Stadt auf. Während in den anderen Räumen des Radhauses Porträts von Boris Jelzin die Stelle der Helden des Kommunismus und der Revolution übernommen haben, schlägt Putin einen anderen Weg ein. Anstatt eines Fotos des Mannes, den er schließlich als Präsident ablösen wird, wählt er einen Kupferstich seines eigenen persönlichen Helden: Zar Peter der Große, der Russland zur Großmacht machte und gemeinsam mit Dänemark den schwedischen König Carl XII. vernichtend schlug, um sich der Herrschaft über die Ostsee zu bemächtigen.

In der zentralen Szene des Films hat Putin in seinem Büro sein Jackett ausgezogen und sitzt in Hemdsärmeln und Schlips am Schreibtisch, um aus einem Dokument vorzulesen, das er in einer Hand hält: »Butter, 2000 Tonnen. Trockenmilch: 2000 Tonnen«, sagt er und fährt fort, jeden einzelnen Posten vorzulesen. Als er fertig ist, die Waren aufzulisten, die auf dem Weg nach Sankt Petersburg sind, hebt er den Blick, sieht den Interviewer an und erklärt: »Das deckt praktisch unseren gesamten Bedarf, und lassen Sie mich ehrlich sagen: Das ist beeindruckend.« Dann legt er das Blatt beiseite und sieht weg – vielleicht aus gutem Grund. Denn der weitaus größte Teil der Waren, die er den Bürgern gerade versprochen hat, wird nie ankommen.

In Putins Stellenbeschreibung steht unter anderem, er solle dafür sorgen, dass sich ausländische Firmen mit ihren Filialen in der früheren Zarenstadt niederlassen. Daher reist er regelmäßig zu den Wirtschaftskonferenzen im Ausland, um sich mit den westlichen Geschäftsleuten zu treffen, und vor seinem Büro im Rathaus warten ständig viele Ausländer, die gerne Geschäfte mit Russland und Putin machen wollen. Will man einen Fuß auf den Markt in Sankt Petersburg setzen, so führt kein Weg am Büro für Auslandsbeziehungen vorbei, wo Putin über alle Dokumente und Stempel herrscht, die man für eine Genehmigung zum Handel oder für die Gründung eines Unternehmens in der Stadt benötigt.

Eine von Putins Reisen führt ihn in Deutschlands Finanzhauptstadt Frankfurt, wo er Einladungen für eine internationale Bankenkonferenz verteilt, die er in Sankt Petersburg abhalten will. Seine Stadt steht in dem Ruf, vom Verbrechen geprägt zu sein und von der Mafia, Verbrechersyndikaten und korrupten Politikern regiert zu werden. Und es ist allgemein bekannt, dass man einen »Beschützer« braucht, wenn man dort ein Geschäft eröffnen will – was entweder eine Mafiagruppe oder ein Angestellter des öffentlichen Dienstes sein kann. Daher hat es bislang keine ausländische Bank gewagt, sich in Sankt Petersburg niederzulassen. Doch eine deutsche Bank traut sich, und auf der Konferenz erreicht Putin ein Abkommen mit der ersten ausländischen Bank in Sankt Petersburg. Die Bank, die die Lizenz erhält, ist die Dresdner Bank; und der Mann, der im Auftrag der Bank in Sankt Petersburg tätig ist, ist ein alter Agentenkollege aus seiner Zeit in Ostdeutschland. Sein Name ist Matthias Warnig.

Im Gegensatz zu Putin ist Warnig nicht sonderlich erpicht darauf, über seine Vergangenheit als Spion zu reden. Nach der Wende haben es ehemalige Stasi-Leute schwer, Arbeit zu finden; viele von ihnen fristen ihr Dasein als Arbeitslose und werden aufgrund ihrer Vergangenheit bei dem berüchtigten Geheimdienst schief angesehen. Und Warnig mit seiner Karriere erfüllt alle Voraussetzungen, dazuzugehören.

Bereits als Jugendlicher wurde er Sekretär in der Freien Deutschen Jugend, der Jugendabteilung der kommunistischen Partei.

Dokumente aus den Stasi-Archiven belegen, dass er am 2. Februar 1974 als 18-Jähriger einen Vertrag als inoffizieller Mitarbeiter der ostdeutschen Sicherheitspolizei unterschrieben hat. In seiner handschriftlichen Verpflichtungserklärung, 17 Tage später datiert, bestätigt er seine Verbindung und seine Aufgaben:

»Ich, Matthias Warnig, geboren am 26. Juli 1955 in Altdöbern, wohnhaft in Senftenberg, zurzeit Schüler an der EOS Lauchhammer, verpflichte mich, auf freiwilliger Grundlage das Ministerium für Staatssicherheit im Kampf gegen die Feinde unseres Staates inoffiziell zu unterstützen. Ich werde auftragsgemäß oder aus eigener Initiative über alle mir bekannt gewordenen Missstände, Vorkommnisse und negativen Erscheinungen, insbesondere aus dem Bereich Jugend, aber auch aus allen anderen Bereichen, berichten. … Zu meiner eigenen Sicherheit wähle ich mir den Decknamen ›Hans-Detlef‹«, schreibt der junge Warnig in seinem Treuegelöbnis für die Stasi.

Der freiwillige und unabhängige Mitarbeiter »Hans-Detlef« erledigt seine Aufgaben so gut, dass der lokale Oberstleutnant in Senftenberg der Meinung ist, Warnig sei ein Mann, auf den man setzen sollte. Er lobt seine Bereitschaft und seine Fähigkeit, an republikschädliche Informationen zu kommen, und in einem Brief vom 27. November 1974 rät er seinen Vorgesetzten, Warnig enger an die Stasi zu binden.

Fünf Monate später wird der junge Agent vom freiwilligen zum bezahlten Mitarbeiter befördert und steigt in den folgenden Jahren innerhalb des Systems immer weiter auf. Immer wieder wird seine Kaderkarte im Aktenschrank der Stasi hervorgeholt, um Beförderungen, Auszeichnungen und neue Decknamen einzutragen. Sein heimliches Alias »Hans-Detlef« benutzt er, bis er an der Bruno-Leuscher-Handelshochschule in Berlin ein Studium beginnt, wo er den neuen Decknamen »Ökonom« wählt. 1985 als Spion in

Westdeutschland und während der Zeit, als auch Putin in Dresden aktiv war, verwendet er den Namen »Arthur«.

Aufgrund seiner Karriere als Spion wird Matthias Warnig von der allgemeinen Wehrpflicht befreit, klettert aber dennoch rasch die militärische Rangleiter hinauf. 1974 beginnt er als gemeiner »Soldat«, 1977 wird er zum Unteroffizier befördert. 1980 wird er Feldwebel und im Jahr darauf Leutnant. 1985 macht man ihn zum Oberleutnant und von 1988 bis zur Abwicklung der Stasi 1990 hat er den Rang eines Hauptmanns inne.

Als sich Matthias Warnig im Alter von 18 Jahren als IO (Inoffizieller Mitarbeiter) anwerben lässt, wird er ein Teil des Netzwerkes von Bürgern, deren vornehmste Aufgabe es ist, Familienmitglieder, Freunde und Kollegen zu bespitzeln, wenn auch nur der geringste Verdacht besteht, dass sich einer oder mehrere von ihnen mit sogenannten »staatsfeindlichen Aktivitäten« befasst haben. Mit 200 000 Spionen in ganz Ostdeutschland hat die Stasi ihre Augen und Ohren überall in der Republik und ist damit das effektivste und repressivste Organ des totalitären Regimes. Kein Bürger des Arbeiter- und Bauernstaates DDR kann sich sicher fühlen, besonders da die festangestellten Führungsoffiziere danach beurteilt werden, wie viel Informanten sie im Feld haben und wie viele Informationen die Freiwilligen dem System zukommen lassen.

Es dauert nicht lange, bis die Stasi erkennt, dass der junge »Hans-Detlef« ein wahrer Goldjunge für den Geheimdienst ist. Er findet leicht Kontakt zu anderen Menschen, wird schnell akzeptiert und integriert sich leicht in sein soziales Umfeld. Da er gleichzeitig analytisch denken kann und strategisch veranlagt ist, ist er genau aus dem Stoff gemacht, aus dem professionelle Spione bestehen.

Daher ist er kaum ein halbes Jahr als Freiwilliger bei der HVA (Hauptverwaltung für Aufklärung), der Stasi-Abteilung für Auslandsspionage, bis er neben seinem Studium und seinem Job als Spitzel als Spion ausgebildet wird.

Mit 28 Jahren ist er schließlich bereit für seinen ersten Auftrag im Westen.

Bei seiner ersten Mission ist Matthias Warnig, der jetzt unter dem Decknamen »Arthur« operiert, offiziell Handelsattaché bei der ostdeutschen Handelsdelegation in der Graf-Adolf-Straße 45 in Düsseldorf. Inoffiziell fungiert er als Spion, und seine Tätigkeit richtet sich besonders gegen westdeutsche Industrieunternehmen und ihre Entwicklungsabteilungen. Sein herzliches und geselliges Wesen macht es ihm leicht, sich »auf die andere Seite« zu begeben, und wenn er eine potenzielle Quelle auf einen Drink und eine unverbindliche Unterhaltung einlädt, braucht er sich nicht weit aus seinem Büro zu bewegen. Die Graf-Adolf-Straße liegt in der Nähe des Bahnhofes, und wie in so vielen anderen Städten blinken hier auch in Düsseldorf die roten Lampen von Bordellen, Sexclubs und Varietés mit leicht gekleideten Damen und frivoler Unterhaltung. Und in der Etage unter dem ostdeutschen Handelskontor befindet sich eines der berüchtigtsten Etablissements dieser Art – die Femina-Bar.

Warnig ist in Westdeutschland ein Erfolg. Innerhalb kürzester Zeit rekrutiert er nicht weniger als 20 nützliche Quellen, denen er Informationen entlockt, während er sie im Nachtleben der Stadt bewirtet. Er hat Insider in großen deutschen Unternehmen wie zum Beispiel Krupp und Thyssen und bekommt vertrauliche Informationen über Data-Becker, einen der Pioniere auf dem Markt der Computersoftware, sowie über BASF und die Dresdner Bank – zwei Unternehmen, die für seine Karriere und seine Geschäftstätigkeit später noch große Bedeutung erlangen sollen. Der Job bei der Dresdner Bank in Sankt Petersburg ist der erste Schritt auf seinem goldgepflasterten Weg in der Wirtschaft von Putins Russland. Durch ihre Tochtergesellschaft Wintershall wird auch BASF ein wichtiger Partner beim Nord-Stream-Projekt.

Die wichtigen und oftmals streng geheimen Berichte, die »Arthurs« Quellen liefern, werden direkt ins ostdeutsche Hauptquartier weitergeleitet. Im Mai 1987 versorgt Warnig sein Land mit Informationen über die westdeutsche Energiepolitik, im Dezember desselben Jahres schickt er einen Bericht über die Energiepreissteuerung im Westen, und während seiner Jahre in Düsseldorf führt seine Industriespionage zu einer Flut von Berichten und Dokumenten über alles Mögliche: von biotechnologischen Forschungen und Computertechnologie bis zur Raketen- und Flugzeugforschung.

Doch 1989 ist damit Schluss. Seine Fähigkeiten werden auf der anderen Seite des Eisernen Vorhangs benötigt, wo sich die Bevölkerung gegen das totalitäre Regime auflehnt.

In Polen hat Solidarność die Regierungsmacht übernommen, Ungarn hat seine Grenzen zu Österreich geöffnet, und in der DDR wird der Ruf nach Reformen und Reisefreiheit immer lauter.

Seit Mitte der 1970er-Jahre waren die wechselnden Führer der kommunistischen Partei in der Sowjetunion besorgt, dass sich die Dinge in der DDR lockern könnten, wo die Einwohner westdeutsches Fernsehen sehen können und wo Familienbesuch aus Westdeutschland die Bürger dazu bewegen kann, sich eine Meinung gegen die ostdeutsche Gesellschaft zu bilden. Daher unterhielt der KGB jahrelang eine heimliche Operation in der DDR. Es war die sogenannte »Operation LUCH«, deren Aufgabe es war, Informationen über Oppositionsgruppierungen in der DDR zu sammeln und sie zu beobachten.

Als Putin 1984 nach Dresden kommt, wird er der LUCH zugewiesen und zum Leiter der Gruppe »Freunde« ernannt. Deren Hauptaufgabe ist es, das kommunistische Brudervolk auszuspionieren. In seiner Biografie »Aus erster Hand«, die er ebenso wie den Dokumentarfilm »Macht« selbst initiiert, lässt er sich vor der Präsidentenwahl in Russland 2001 von drei ausgewählten Journalisten interviewen und antwortet auf deren Frage, mit was er sich während seiner Zeit in Ostdeutschland eigentlich beschäftigt hat:

»Ich arbeitete im Bereich der politischen Aufklärung. Ich sammelte Informationen über Politiker und über Pläne potenzieller Feinde [...] Es ging um Nachrichten über politische Parteien, über Parteichefs, sowohl gegenwärtige als auch mögliche zukünftige, über die Beförderung von Leuten auf bestimmte Posten in den Parteien und im Staatsapparat. Es war wichtig zu wissen, wer was wann tat, was im Innenministerium eines für uns interessanten Landes vorging, wie dieses Land seine Politik in verschiedenen Bereichen und in verschiedenen Erdteilen aufbaute. Oder – welche Haltung unsere Partner zum Beispiel bei Abrüstungsverhandlungen einnehmen würden. Um solche Informationen zu erhalten, muss man entsprechende Quellen haben. Also lief da Anwerben von Informationsquellen und das Sammeln von Informationen sowie ihre Bearbeitung und Analyse parallel. Alles Routinearbeit.«

In seinem Buch erzählt Putin nicht, dass er noch für eine weitere Operation in Dresden verantwortlich war: Er sollte potenzielle Undercoveragenten anwerben, die im Falle des Zusammenbruchs der DDR oder einer Wiedervereinigung der beiden Hälften von Deutschland eigenständig und ohne diplomatische Unterstützung auf feindlichem Gebiet operieren konnten.

Das erzählt der frühere KGB-Offizier Wladimir Usolzew im Buch »Waffenbrüder« über seine Zeit in Dresden, als er sich mit Putin ein Büro teilte. Usolzew kann ebenfalls berichten, dass der KGB besonders daran interessiert war, Schlüsselpersonen der Stasi anzuwerben, damit der russische Geheimdienst deren Agentennetz im Westen übernehmen konnte. Warnig war eine solche Person, und als er aus Düsseldorf zurückkehrte, wurde er sofort einer der KGB-Zellen zugewiesen, die Putin etabliert hatte.

Matthias Warnig ist nicht der einzige Stasi-Mann, auf den Putin in Dresden stößt. Vom ersten Tag an, an dem er seinen Fuß auf ostdeutschen Boden setzt, ist er von Stasi-Leuten umgeben. Der KGB sitzt in einer herrschaftlichen Villa in der Angelikastraße 4, nur hundert Meter vom Hauptquartier der Stasi entfernt, und im Wohnblock in der Radeberger Straße 101, wo Putin und seine Familie eine Dienstwohnung zur Verfügung gestellt wird, wohnen nur Menschen mit Verbindungen zu KGB oder Stasi.

Der Umzug in die DDR ist für Putin und seine Frau Ljudmila ein kleinerer Kulturschock. Im Gegensatz zu ihrem Zuhause in Leningrad gibt es hier Waren in den Läden, und die Straßen quellen nicht vor Müll über. Ljudmila erzählt in »Aus erster Hand«, dass der Lebensstandard in Ostdeutschland höher war als der, den sie und Wolodja (die Koseform von Wladimir) aus Leningrad gewohnt waren, und dass das Leben der Deutschen und ihr Land im Großen und Ganzen von Ordnung geprägt waren. »Es ist ein Detail, das mich überrascht, und ich weiß nicht recht, ob ich es erzählen soll, denn eigentlich ist es ganz banal«, sagt sie, als sie für das Buch interviewt wird, berichtet aber dennoch, dass das, was sie so überraschte, die Art war, wie die deutschen Nachbarsfrauen ihre Wäsche trockneten. »Morgens vor der Arbeit um sieben gehen sie auf den Hof. Dort stehen diese Metallpfosten, und jede Hausfrau spannt die Leine und steckt Reihe für Reihe die Wäscheklammern auf die Wäsche. Ganz gleichmäßig.«

Trotz der befremdlichen Waschgewohnheiten gefällt es der Familie Putin gut in Dresden. Verglichen mit den Verhältnissen in der Sowjetunion ist alles gut organisiert, und das Leben ist angenehm. Putin hat einen Dienstwagen erhalten, einen Lada VAZ-2101, mit dem die Familie an den Wochenenden Ausflüge unternimmt, isst Hotdogs und trinkt Bier. Das einheimische Radeberger Pils schmeckt ihm besonders gut. Jede Woche holt er ein Fässchen mit 3,8 l von der Brauerei und nimmt gelegentlich ein Feierabendbier mit seinen Agentenkollegen im Wirtshaus »Am Thor«, was sich auch auf sein Gewicht auswirkt. Innerhalb kürzester Zeit nimmt er 12,5 Kilo zu, die er sich beim wöchentlichen Fußballspiel zwischen KGB und Stasi vergeblich abzuschwitzen versucht.

Doch so angenehm sich das Familienleben auch gestaltet, so unangenehm ist Putins Job in Dresden. Daher wird am Esstisch der Wohnung in der Radeberger Straße auch nicht über die Arbeit gesprochen, erzählt Ljudmila Putin später. »Beim KGB gab es die Richtlinie, nicht mit der Ehefrau über die Arbeit zu sprechen. Es soll Fälle gegeben haben, wo übermäßige Offenheit bedauerliche Folgen nach sich zog. Man ging immer davon aus, je weniger eine Ehefrau weiß, desto besser kann sie schlafen«, sagt sie im Buch »Aus erster Hand«.

Ebenso konsequent wie Putin es damals unterließ, seiner Frau von seiner Spionagetätigkeit zu berichten, leugnen sowohl er als auch Matthias Warnig heute, dass sie einander kannten und in der DDR vor dem Fall der Mauer zusammenarbeiteten. Beide behaupten hartnäckig, dass sie einander das erste Mal trafen, als Warnig 1991 nach Sankt Petersburg kam, um den Vertrag zur Eröffnung einer Filiale der Dresdner Bank zu unterschreiben.

Doch das Material aus den Stasi-Archiven macht deutlich, dass sich die Wege der beiden Männer in der Zeit Putins in Dresden mehrmals gekreuzt haben müssen.

Eine dieser Gelegenheiten war am 8. Februar 1988. An dem Tag, an dem das Ministerium für Staatssicherheit sein 38-jähriges Jubiläum feiert, werden sowohl Putin als auch Warnig bei derselben Zeremonie geehrt. Gemäß dem Befehl Nr. K 109/88, unterschrieben vom Leiter der Stasi, Erich Mielke, wird Matthias Warnig bei der Zeremonie vom Oberleutnant zum Hauptmann befördert. Und bei derselben Gelegenheit erhält Wladimir Putin gemäß Befehl Nr. K 114/88 den Verdienstorden der Nationalen Volksarmee in Bronze. Bei einer weiteren Gelegenheit im Dezember desselben Jahres feiern KGB- und Stasi-Leute in Dresden erneut gemeinsam. Der KGB-Vorläufer Tscheka begeht seinen 71. Jahrestag, und nach dem Empfang des Museums der 1. Gardepanzerarmee in Dresden wird ein Gruppenbild von den Gästen gemacht. In der ersten Reihe erkennt man den jungen Wladimir Putin und in der hintersten eine Person, die derjenigen, die auf Matthias Warnigs Stammdatenblatt bei der Stasi abgebildet ist, zum Verwechseln ähnlich sieht. Mit auf dem Bild ist auch Putins Nachbar in Dresden, Sergei Tschemesow, der – wie Warnig – Putin auf seinem Weg an die Spitze der Macht in Russland folgt und dafür fürstlich belohnt wird. Von Putin zum leitenden Direktor der Rostec Corporation, der staatlich russischen Gesellschaft für Waffenproduktion und -export, gemacht, ist er heute Multimillionär und steht auf Obamas Liste mit Personen, die in den USA aufgrund ihrer Rolle bei der Annektierung der Krimhalbinsel und den Unruhen in der Ukraine unerwünscht sind.

Doch es ist nicht Matthias Warnig auf dem Gruppenbild des Panzermuseums in Dresden. Das behauptet er in einem Brief über seinen Rechtsanwalt dem Autor dieses Buches gegenüber.

Die Informationen von Matthias Warnigs Rechtsanwalt werden allerdings vom Inhalt der Korrespondenz infrage gestellt, die Wladimir Putins Ehefrau während einer Reihe von Jahren mit einer deutschen Freundin führte.

Als Putin Vizebürgermeister in Sankt Petersburg ist, wird es Partnerstadt von Hamburg, und das bedeutet, dass er die norddeutsche Stadt häufig besucht. Bei einem Empfang im russischen Generalkonsulat in Hamburg 1995 ist auch Ljudmila mit eingeladen, und hier unterhalten sich die beiden mit einem deutschen Ehepaar. Der Mann ist Bankier und die Frau sehr elegant, wie Ljudmila meint. Die beiden Frauen sind sich sympathisch, und im folgenden Jahr entwickelt sich zwischen ihnen ein freundschaftliches Verhältnis. Sie schreiben sich gegenseitig lange persönliche Briefe und Telefaxe, und wenn sie sich bei privaten Anlässen treffen, reden sie offen und unverhüllt über alles. Unter anderem erzählt Ljudmila, als Putin Ministerpräsident unter Boris Jelzin ist, von der Zeit in Dresden und der Freundschaft mit der Familie Warnig.

»Als du mich kennengelernt hast, war ich die Frau des Vizebürgermeisters«, schreibt sie der deutschen Freundin. »Damals war das nichts Besonderes. Jetzt bin ich die Frau eines einflussreichen Politikers, und das hat nichts an unserem Verhältnis geändert. Genauso ist es mit unseren Freunden aus Dresden. Wir kennen sie schon lange. Der Mann war Wolodias Stasi-Kollege, daher verstehen wir Frauen einander. Wir haben eine gemeinsame Vergangenheit. Unsere Männer arbeiten in der gleichen Firma – KGB und Stasi.«

Im Buch »Heikle Freundschaften« berichtet Irene Pietsch von der engen Freundschaft. Daraus geht auch hervor, dass Ljudmila Putin ihre Briefe von Telefaxgeräten in verschiedenen Büros abschickte. In einigen Fällen wurden sie von Putins Residentur aus versandt, gelegentlich auch von einer Firma mit dem Namen Intercommerz. Sie kennt die Firma nicht, doch als sie sich darüber informiert, stellt sie fest, dass der Name des Inhabers dieser Firma mit dem des Mannes übereinstimmt, von dem Ljudmila ihr im Zusammenhang mit dem befreundeten Paar später erzählt. »Es war ein Paar aus Ostdeutschland, das die Familie Putin in Dresden kennengelernt hatte und das jetzt in Russland wohnt. Der Mann hat jetzt eine leitende Position bei einer deutschen Großbank mit einer ostdeutschen Stadt im Namen«, schreibt sie in ihrem Buch.

Gegen Ende des Jahres 1989 wird die Lage in Ostdeutschland immer angespannter. Der Widerstand gegen das Regime wächst, und das Volk demonstriert offen auf Straßen und Plätzen. Die ersten Demonstrationen nehmen ihren Ausgangspunkt in Kirchen, unter anderem in Dresden, und am 9. Oktober versammeln sich 70 000 Demonstranten in Leipzig. Dort erklingt zum ersten Mal die Parole: »Wir sind das Volk!« Doch Regierungschef Honecker beachtet die Forderung der Bevölkerung nach Veränderungen nicht. Nur zwei Tage vor der Demonstration in

Leipzig feiert er das 40-jährige Bestehen der DDR mit einer massiven Militärparade in Berlin.

Unter den Ehrengästen auf der Tribüne befindet sich auch der russische Staatspräsident Michail Gorbatschow. Mit Perestroika und Glasnost setzte er in der Sowjetunion einen Reformprozess in Gang. Als er sich in Berlin zeigt, wird er von der Menge der Demonstranten, die sich vor dem Paradeplatz versammelt hat, mit dem Ruf »Gorbi, Gorbi, hilf uns!« begrüßt, während die Polizei vergeblich versucht, sie mit Gewalt auseinanderzudrängen.

Gorbatschow hört die Demonstranten, und als er die DDR verlässt, gibt er Honecker den Todeskuss und sagt: »Wer zu spät kommt, den bestraft das Leben.«

Elf Tage später, am 18. Oktober, wird Honecker durch Egon Krentz ersetzt, was jedoch die Demonstranten und ihre Forderung nach einem Regimewechsel nicht aufhalten kann. Mit dem Austausch eines Wortes in der Parole von »Wir sind das Volk« zu »Wir sind ein Volk« wird jetzt auch der Ruf nach einer Wiedervereinigung Deutschlands laut.

Um acht Uhr abends am 9. November verkündet der Regierungssprecher Günter Schabowski irrtümlich, dass das Politbüro die Genehmigung erteilt habe, alle Ostdeutschen dürften ungehindert in den Westen reisen. Als er gefragt wird, ab wann diese Verordnung in Kraft tritt, antwortet er, das gelte nach seiner Kenntnis ab sofort.

Er hat die Worte kaum ausgesprochen, als sich auch schon Tausende von Ostberlinern am Grenzübergang Bornholmer Straße versammeln und verlangen, dass die Schlagbäume geöffnet werden, damit sie nach Westberlin können. Die Grenzbeamten haben keine Weisungen erhalten und wissen nicht, was vor sich geht. Schließlich lässt der Leiter der Passkontrolle, Harald Jäger, eine kleinere Gruppe passieren. Da die Menge der Menschen, die hinauswollen, ständig wächst, werden um halb zwölf die Schlagbäume geöffnet.

An den anderen Grenzübergängen der Stadt spielen sich gleichzeitig ähnliche Szenarien ab.

Im KGB-Büro in der Angelikastraße 4 in Dresden verfolgen Wladimir Putin und seine Kollegen die Geschehnisse genau. Am Dienstag, den 5. Dezember brennt es auch in ihrem Viertel. Eine kleinere Demonstration mit wenigen Hundert Teilnehmern vor dem Stasi-Gebäude in der Bautzner Straße, das nicht weit vom Domizil des KGB entfernt liegt, wächst schnell auf mehrere Tausend Demonstranten an. Sie rufen »Wir sind das Volk« und verlangen Zugang zu dem verhassten Gebäude. Stasi-Chef Horst Böhm betrachtet die wachsende Menschenmenge vor den Toren mit Besorgnis und aus Furcht davor, was geschehen könnte, wenn er ihnen den Zugang verweigert, öffnet er die Türen.

Von einem Balkon der KGB-Villa sieht Putin zu, wie um fünf Uhr nachmittags die Menschenmenge durch die Tore der Stasi-Kollegen stürmt, und beginnt sich Sorgen zu machen, wie das Ganze wohl enden wird. In seinem eigenen Büro herrscht Personalmangel. Der Chef, Wladimir Schirokow, ist nicht in der Stadt, und viele Kollegen haben früher Feierabend gemacht. Außer Putin sind nur noch vier Männer da, und als Stellvertreter hat er nun das Kommando. Daher will er die Lage persönlich in Augenschein nehmen, zieht sich die Jacke an und geht zur Stasi-Zentrale, wo er sich unter die Demonstranten mischt.

In »Aus erster Hand« erzählt er von dem Ereignis: »Ich beobachtete aus der Menschenmenge, was geschah. Leute drangen in die Verwaltung des Ministeriums ein. Eine Frau rief: ‚Suchen Sie nach einem Zugang unter der Elbe! Es werden dort Gefangene gehalten, die bis zu den Knien im Wasser stehe müssen!‘« Das irritiert Putin. »Was für Gefangene? Wieso unter der Elbe? Es gab zwar einen Isolationsraum für Untersuchungsgefangene, aber nicht unter der Elbe«, sagt er in seinem Buch. Die Reaktion der Frau versteht er nicht. Die, über die sie redet und die sie beschuldigt, gewöhnliche Bürger zu verfolgen und brutalen Verhörmethoden zu unterziehen, sind seine Freunde und Kollegen. Sie wurden nach den gleichen Idealen ausgebildet wie er selbst und haben ihr Leben und ihre Zukunft danach ausgerichtet. Jetzt werden diese Menschen beschuldigt, auf der falschen Seite gestanden zu haben. Er versteht es nicht. »Es arbeiteten dort die verschiedensten Leute, aber die, die ich kennenlernte, waren anständige Menschen. Mit vielen bin ich befreundet, und dass sie jetzt so drangsaliert werden, finde ich genauso ungerecht wie das, was das System des Ministeriums für Staatssicherheit seinem Volk angetan hat. Unter den Mitarbeitern gab es sicher auch solche, die Repressionen ausführten, auch wenn ich selbst das nicht feststellen konnte. Ich will nicht sagen, dass es so etwas nicht gegeben hat. Aber ich persönlich habe nichts davon bemerkt«, sagt er.

Als Putin von seinem Spionageausflug bei den Demonstranten zurückkommt, ist es bereits dunkel. Kaum sitzt er wieder in seinem Büro, stürmen die Wachen vom Tor herein und berichten, dass sich jetzt auch Demonstranten vor der KGB-Villa versammeln. Sie drohen, das Tor aufzubrechen, und skandieren: »Wir sind das Volk!«

Putin nimmt die Warnung ernst. In den Archiven des Büros lagern vertrauliche und geheime Dokumente. Er greift zum Telefonhörer, um bei der sowjetischen Militärbasis der Stadt um Verstärkung zu bitten. Doch der wachhabende Offizier kann ihm nicht helfen, und so nimmt Putin die Sache selbst in die Hand. Er stellt sich der wütenden Menschenmenge und sagt: »Dies hier ist eine sowjetische Militäreinheit, dazu haben Sie keinen Zutritt. Wir sind bewaffnet und bereit, unsere Waffen zu gebrauchen, falls Sie versuchen sollten einzubrechen.«

Putin ist sich nicht sicher, ob sich die Menge beruhigen lässt. Nachdem er wieder hineingegangen ist, ruft er sofort noch einmal beim Wachhabenden des russischen Militärs an.

»Wo bleibt die Verstärkung? Ist sie unterwegs?«, fragt er aufgebracht und erklärt erneut, dass die Gefahr besteht, dass die Demonstranten durchbrechen und die geheimen russischen Archive durchsuchen.

»Ich kann Ihnen nicht helfen«, antwortet der Wachhabende. »Ich habe in Moskau angerufen und Bescheid gegeben, doch ich bekomme keine Antwort. Moskau schweigt.«

Nach kurzer Zeit verstummen auch die Demonstranten vor dem Tor, die Parolen werden leiser, und im Lauf der nächsten Stunde löst sich die Gruppe auf. Erst Stunden später kommt Hilfe vom russischen Militär, doch da ist es zu spät, die Demonstranten sind mittlerweile nach Hause gegangen.

Da man eine Wiederholung des Vorfalls fürchtet, arbeiten Putin und seine Kollegen im Laufe der nächsten Tage fieberhaft daran, alle Spuren ihrer Spionagetätigkeit zu beseitigen.

»Wir vernichteten alles – unsere gesamte Kommunikation, die Listen mit unseren Kontakten und Agentennetzen. Tag und Nacht verbrannten wir Papiere. Ich persönlich verbrannte so viel, dass der Kamin einstürzte«, erzählt Putin in seiner Biografie, wo er auch verrät, dass er sich im Stich gelassen fühlte. Das System, auf das er vertraute und dem er sein Leben geweiht hatte, begann zu bröckeln, und so, wie seine Arbeit der letzten fünf Jahre in den Flammen in seinem Büro verschwand, so verschwand auch sein Vertrauen in die Sowjetunion. Die Mitteilung »Moskau schweigt« schmerzt und lässt ihn verzweifeln. »Ich hatte den Eindruck, als existiere das Land nicht mehr. Dass es verschwunden war. Es war klar, dass die Union angeschlagen war und sich in einem Zustand befand, in der keine Hilfe mehr möglich war«, erzählt er 2000 den Journalisten für die von ihm bestellte Biografie. Der Verrat, den er spürt, und das Schicksal seines Landes prägen sich tief in ihm ein. In seiner Biografie sagt er, dass er wohl sieht, dass der Fall der Berliner Mauer und der Zusammenbruch der Sowjetunion unumgänglich waren, doch dass er es bedauert, dass die Sowjetunion ihre Position innerhalb Europas verlor, »obwohl mir mein Verstand sagte, dass eine Position, die nur auf Mauern basiert, nicht ewig bestehen kann. Es wäre zu wünschen gewesen, dass auf diese Ereignisse ein Wechsel folgte. Aber es war nichts Neues vorgesehen. Und das ist das Ärgerliche. Sie haben einfach alles hingeschmissen und sind gegangen.«

Nach seiner Rückkehr nach Sankt Petersburg findet er unerwartete Unterstützung für seine Sicht auf die Entwicklungen in der früheren Sowjetunion und in den kommunistischen Satellitenstaaten in Osteuropa.

Eine der vielen Initiativen, die in Gang gesetzt wurden, um ausländische Investoren nach Sankt Petersburg zu locken, ist die Kissinger-Sobtschak-Kommission, deren Galionsfigur der frühere US-Außenminister Henry Kissinger ist. Der amerikanische Politiker mit deutschen Wurzeln besucht Sankt Petersburg oft, und bei einer dieser Gelegenheiten wird Putin zum Flughafen geschickt, um ihn abzuholen. Auf dem Weg zurück nimmt Kissinger Putin ins Verhör.

»Arbeiten Sie schon lange hier?«, fragt er.

»Etwa ein Jahr«, antwortet Putin.

»Und wo haben Sie vorher gearbeitet?«

»Vorher war ich beim Lensowjet.«

»Und davor?«

»Davor an der Universität.«

»Und davor?«

»Davor war ich beim Militär.«

»Bei welcher Einheit?«

Putin ist sich sicher, dass seine Antwort Kissinger nicht gefallen wird, daher zögert er etwas, bevor er sagt: »Wissen Sie, ich war beim Geheimdienst.«

Doch der Amerikaner scheint wenig beeindruckt.

»Sie haben im Ausland gearbeitet?«, will er wissen.

»Ja«, antwortet Putin. »In Deutschland.«

»Ostdeutschland oder Westdeutschland?«

»Ostdeutschland.«

»Alle hervorragenden Leute fangen beim Geheimdienst an. Auch ich war beim Geheimdienst«, erklärt Kissinger und stellt eine Analyse vor, die Putin überrascht.

»Sie wissen, dass man mich sehr kritisiert wegen meiner gegenwärtigen Haltung gegenüber der UdSSR. Meiner Meinung nach sollte die UdSSR nicht so schnell aus Osteuropa aussteigen. Wir verlagern das Gleichgewicht der Welt sehr schnell, was unerwünschte Folgen bergen kann. [...] Ehrlich gesagt, weiß ich bis jetzt noch nicht, wieso Gorbatschow das getan hat.«

Putin hört Kissinger begierig zu und ist völlig seiner Meinung. In seinem Buch »Aus erster Hand« sagt er: »Kissinger hatte recht. Wir hätten eine Menge Probleme vermeiden können, wenn die Sowjetunion sich nicht so übereilt aus Osteuropa zurückgezogen hätte.«

3. KAPITEL

MINISTERPRÄSIDENTEN ZU VERKAUFEN

Als der frühere deutsche Bundeskanzler Gerhard Schröder im April 2014 70 Jahre alt wird, feiert Nord Stream ihn mit einem Fest in dem exklusiven Restaurant Dvorianskoje Gnezdo im Jussupow-Palast von Sankt Petersburg.

Vor der Revolution gehörte der Palast der Zarenfamilie und ging auch deshalb in die Geschichte ein, weil dort der Mönch und Mystiker Grigorij Rasputin von einer Gruppe royalistischer Adliger ermordet worden war, weil sie seinen Einfluss auf Zarin Alexandra Feodorowna fürchteten.

Dvorianskoje Gnezdo bedeutet »Adligenversteck« oder »Adelsnest«, doch Schröder und seine 100 Gäste müssen das Fest oder die Freude an der Gesellschaft keineswegs verbergen. Ganz im Gegenteil!

Flankiert von Nord-Stream-Direktor Matthias Warnig und dem Parteikollegen Erwin Sellering, dem Ministerpräsidenten von Mecklenburg-Vorpommern, dem Bundesland, in dem die deutsche Landestelle der Nord-Stream-Pipeline liegt, steht Gerhard Schröder vor dem Restaurant, als der absolute Stargast des Abends, Wladimir Putin, in seiner schwarzen Limousine vorfährt.

Schröder strahlt übers ganze Gesicht, als sein bester russischer Freund ihn lange und herzlich vor den anwesenden Pressefotografen umarmt. Die Bilder dieser Umarmung sorgen in Deutschland augenblicklich für Aufruhr. Russland und Präsident Putin sind hauptsächlich für die Krise in der Ukraine verantwortlich, wo prorussische Separatisten nur drei Tage zuvor ein von den Deutschen geführtes militärisches Observationsteam der OSZE gefangen genommen haben. Dass in einer derartig angespannten Situation der frühere Kanzler mit dem Mann hinter dem Ukraine-Konflikt feiern kann, bringt die Journalisten und Kommentatoren dazu, vernichtende Kritiken zu äußern: »Die Bilder vom lachenden Schröder, der von seinem Freund Wladimir im ehemaligen Zaren-Palais geherzt und geknuddelt wird, während deutsche Bundeswehrsoldaten in der Geiselhaft von fanatischen Putinverehrern sind, wirken makaber«, schreibt Thomas Holl, der verantwortliche Redakteur von *Politik Online*, und im *Tagesspiegel* hat Chefredakteur Malte Lehming auch genug von Schröders öffentlichem Flirt mit Putin. »Eine solche Inszenierung geschmacklos zu nennen ist untertrieben. Abstoßend ist sie«, schreibt er.

Doch Schröder lässt sich von der verärgerten deutschen Presse nicht beeindrucken.

In einem Interview mit der *Welt am Sonntag* sagt er: »Natürlich war mir klar, dabei fotografiert zu werden. Aber ich habe nichts zu verbergen und ich werde mich auch nicht verbiegen. Seitdem ich Wladimir Putin kenne, seit mehr als 14 Jahren, begrüßen wir uns so. Das ändere ich auch nicht in schwierigen Zeiten. (…) Der russische Präsident ist keine Persona non grata. Ich habe mich gefreut, dass er gekommen ist.«

Es ist nicht das erste Mal, dass die enge Verbindung zwischen Gerhard Schröder und dem russischen Präsidenten für Aufmerksamkeit sorgt. Seit Putins erstem offiziellem Besuch in Deutschland im Juni 2000 sind die beiden befreundet, und diese Freundschaft vertiefte sich von Jahr zu Jahr. So sehr, dass Putin persönlich Gerhard Schröder und seiner damaligen Frau Doris geholfen hat, zwei russische Kinder zu adoptieren – einen Jungen und ein Mädchen.

Und im Dezember 2005 wird der Pakt zwischen den beiden öffentlich besiegelt.

Gerhard Schröder ist bei der breiten deutschen Bevölkerung unbeliebt. Seit 1998 ist er Kanzler, doch seine Wirtschaftsreformen, die unter anderem starke Kürzungen bei den sozialen Leistungen beinhalten, stoßen auf nicht viel Gegenliebe bei den Bürgern, und in den Meinungsumfragen sinken die prognostizierten Zahlen für die SPD kräftig. 2003 ist der Druck auf Schröder so groß, dass er als Vorsitzender der SPD zurücktritt und den Posten dem 64-jährigen Franz Müntefering überlässt. Im Gegensatz zu Schröder, der bei der breiten Masse der Partei nie sonderlich beliebt war, hat Müntefering ein gutes Verhältnis zur Basis der Partei. Er soll daher für Ruhe auf den Hinterbänken sorgen, damit Schröder sich als Kanzlerkandidat darum kümmern kann, für die Sozialdemokraten die Stimmen in den Meinungsumfragen und für die kommenden Landtagswahlen zurückzugewinnen.

Doch der Plan geht nicht auf.

Bei der Landtagswahl am 22. Mai 2005 in der Hochburg der Sozialdemokraten, in Nordrhein-Westfalen, erlebt die Partei eine vernichtende Niederlage. Nach 39 Jahren an der Macht muss man das Zepter an die CDU übergeben. Es ist die neunte Niederlage der SPD in den Landtagswahlen. Unmittelbar darauf verkündet Gerhard Schröder, dass er Bundestagswahlen abhalten will.

»Mit dem bitteren Wahlergebnis für meine Partei in Nordrhein-Westfalen ist die politische Grundlage für die Fortsetzung unserer Arbeit infrage gestellt. Für die aus meiner Sicht notwendige Fortführung der Reformen halte ich eine klare Unterstützung durch eine Mehrheit der Deutschen gerade jetzt für erforderlich. Deshalb betrachte ich es als Bundeskanzler der Bundesrepublik Deutschland als meine Pflicht und Verantwortung, darauf hinzuwirken, dass der

Herr Bundespräsident von den Möglichkeiten des Grundgesetzes Gebrauch machen kann, um so rasch wie möglich, also realistischerweise für den Herbst dieses Jahres, Neuwahlen zum Deutschen Bundestag herbeizuführen.«

Gemäß der deutschen Verfassung ist der Bundestag für eine vierjährige Legislaturperiode gewählt. Doch nach der schmählichen Niederlage in Nordrhein-Westfalen fühlt sich der Kanzler unter Druck gesetzt und lässt sich auf ein riskantes Spiel ein mit der Verfassung, seiner eigenen Position und der rot-grünen Regierung, an deren Spitze er steht. Daher bittet er entgegen aller Tradition den Bundestag darum, ein Misstrauensvotum gegen ihn zu stellen – und bekommt es auch. Damit kann er beim Bundespräsidenten Neuwahlen einfordern, und da sowohl der Bundespräsident als auch das Verfassungsgericht die ungewöhnliche Vorgangsweise akzeptieren, kann Schröder den Deutschen mitteilen, dass am Sonntag, dem 18. September, Neuwahlen stattfinden werden.

Schröder geht davon aus, dass er im Wahlkampf das verlorene Terrain wiedergutmachen kann, wenn er gegen die Spitzenkandidatin von CDU/CSU, Angela Merkel, antritt. Sie ist die neue Kanzlerkandidatin der Union und kommt aus der ehemaligen DDR. Dieser Herausforderung fühlt sich der Macht- und Machopolitiker mit politischer Führungserfahrung aus seinen sieben Jahren als Bundeskanzler und acht Jahren als Ministerpräsident von Niedersachsen mehr als gewachsen. Doch als die Stimmen ausgezählt sind, steht immer noch kein Wahlsieger fest. Die beiden großen Parteien erleben einen hohen Wählerschwund, und mit ihren üblichen Koalitionspartnern kann keine von ihnen eine Mehrheit bekommen. In den darauf folgenden Fernsehduellen der Parteivorsitzenden, auch gerne als »Elefantenrunden« bezeichnet, ist Schröder trotz des Wahlergebnisses, das der SPD 34 und Merkels CDU 35 Prozent der Stimmen beschert, sicher, dass er als Kanzler weitermachen kann. »Niemand außer mir ist in der Lage, eine stabile Regierung anzuführen. Niemand!«, behauptet der sozialdemokratische Elefant. Und er weist die Vorstellung von einer großen Koalition zwischen seiner und Merkels Partei strikt von sich. Erst recht mit Merkel als Kanzlerin. »Wir müssen die Kirche doch mal im Dorf lassen«, meint er und bezeichnet ein solches Szenario als völlig unrealistisch und unvorstellbar. Doch es geht nicht immer alles nach Wunsch, und knapp zwei Monate später, am 11. November, muss Schröder zu Kreuze kriechen und Angela Merkel den Kanzlerposten überlassen. Nach langen, intensiven Verhandlungen zwischen SPD und CDU/CSU einigt man sich darauf, eine Koalitionsregierung zu bilden, und da dabei Angela Merkel am Kopf des Tisches sitzen soll, beschließt Gerhard Schröder umgehend, die deutsche Politikszene zu verlassen. Doch lange bleibt er nicht arbeitslos.

Am 9. Dezember macht der Vorstandsvorsitzende von Gazprom Alexei Miller den ersten Spatenstich zum Nord-Stream-Projekt im russischen Babajewo, gut vierhundert Kilometer nördlich von Moskau. Gleichzeitig kann er verkünden, dass Deutschlands jetzt ehemaliger Kanzler das Angebot angenommen hat, Aufsichtsratsvorsitzender von Nord Stream zu werden. In seiner letzten Zeit als Kanzler der Bundesrepublik Deutschland ist Gerhard Schröder besonders aktiv für Gazprom. Am 8. September, zehn Tage vor der Wahl, empfängt er Putin in Berlin, um einen Vertrag für die deutsch-russische Zusammenarbeit bei Nord Stream zu unterzeichnen. Das Treffen ist eigentlich erst für Oktober angesagt, doch Schröder und Putin ziehen es vor, damit sie den Vertrag noch vor der Wahl und einem möglichen Regierungswechsel unterschreiben können. Nach der Wahlniederlage, nur zehn Tage vor seinem Rücktritt, gewährt die deutsche Regierung Nord Stream eine Darlehensbürgschaft über 1 Milliarde Euro.

Die Abmachung mit den Russen wird erst fünf Monate später bekannt, als das deutsche Finanzministerium dem Wirtschaftsausschuss des Bundestages einen Brief schickt, um ihn über die Verpflichtung zu informieren, was sowohl in den Medien als auch unter politischen Freunden und Feinden für große Aufregung sorgt.

Reinhard Bütikofer von der früheren Koalitionspartei Die Grünen nennt Schröders Handeln unakzeptabel und unverschämt, und Oppositionsführer Guido Westerwelle von der FDP fordert Schröder auf, den Vorstandsposten bei Nord Stream aufzugeben. »Die Seitenwechsel des Altbundeskanzlers nach der Bundestagswahl sind unappetitlich und fragwürdig«, äußert er gegenüber deutschen Medien.

Doch der ehemalige Kanzler glaubt nicht, dass er sich selbst oder Deutschland in eine dumme oder bedenkliche Situation gebracht hat. Nach vier Tagen öffentlicher Schelte in den deutschen Medien nimmt er auf der Titelseite der *Süddeutschen Zeitung* Stellung: »Da wird von Politikern und Medien viel Unsinn verbreitet. Ich habe schon in der Vergangenheit das Projekt politisch unterstützt, weil ich es für sinnvoll halte. […] Ich bin erst 61 Jahre alt und will arbeiten. Ich will meiner Frau nicht daheim auf den Wecker fallen. Für mich ist es eine Ehrensache, bei dem Pipeline-Projekt mitzumachen.«

Gazprom und Nord Stream können sich darüber freuen, dass Schröder nicht lieber zu Hause in seiner Villa im exklusiven Zooviertel von Hannover bleibt. Durch die Anstellung des Ex-Bundeskanzlers hat der russische Energiegigant nicht nur eine direkte Hotline zur Merkel-Regierung, in der Schröders politischer Lehrling und treuer Gefolgsmann Frank-Walter Steinmeier Außenminister ist, sondern mit Schröder auf der Gehaltsliste haben sich die Russen auch direkten Zugang zu einer langen Reihe hochrangiger europäischer Sozialdemokraten erkauft. Schröder gehört der Generation von sozialdemokratischen Parteivorsitzenden an, die in den 1990er-Jahren und zu Beginn des neuen Jahrtausends in ganz Europa an der Macht waren: Poul Nyrup Rasmussen in Dänemark, Göran Persson in Schweden, Gro Harlem Brundtland und Jens Stoltenberg in Norwegen, Paavo Lipponen in Finnland, Tony Blair in Großbritannien, Gerhard Schröder in Deutschland, Lionel Jospin in Frankreich, Massimo D'Alema in Italien und Wim Kok in Holland.

Auch wenn die meisten von ihnen mittlerweile keine Regierungschefs mehr sind, handelt es sich doch um »wichtige« Persönlichkeiten mit immer noch großem Einfluss und vielen Kontakten innerhalb der politischen Verwaltungs- und Entscheidungsorgane sowohl in ihren eigenen Ländern als auch in der EU. Ein solch mächtiges Netzwerk ist für Gazprom Gold wert, wenn Druck auf lokale Regierungen ausgeübt werden soll, um sie von der Vortrefflichkeit der Nord-Stream-Gasleitung zu überzeugen. Und für Schröder sind die einflussreichen Parteigenossen nur einen Telefonanruf weit entfernt.

Im Mai 2007 ruft er Göran Persson in Schweden an. Er würde beim Mittagessen gerne etwas mit ihm besprechen.

Göran Persson und Gerhard Schröder kamen immer gut miteinander aus. Gemeinsam kämpften sie darum, die europäische Automobilindustrie und Arbeitsplätze in den Industriezweigen zu retten, die zu Beginn des neuen Jahrtausends immer rascher besonders Deutschland und Schweden verließen, um sich in Osteuropa und Asien niederzulassen. Und wenn einer von ihnen Unterstützung brauchte, war der andere stets zu lobenden Worten und einem Schulterklopfen bereit. Bei seinem eigenen Wahlsieg im September 2002, als die Sozialdemokraten mit einer Wählerunterstützung von 39,9 Prozent in den Reichstag einzogen, sah Göran Persson in einem Interview in Sveriges Radio voraus, dass es seinem deutschen Kollegen Gerhard Schröder bei der Bundestagswahl in der nächsten Woche genauso gut ergehen würde. »Die sogenannte rechte Welle ist gestoppt. Nächste Woche wird Gerhard Schröder diese Tendenz mit einem Wahlsieg in Deutschland fortsetzen«, sagte er und bezeichnete Schröder als »einen der absolut führenden Politiker der Welt«.

Im Jahr darauf gibt der deutsche Kanzler dieses Kompliment an Göran Persson in ähnlicher Weise zurück.

Der dänische Ministerpräsident Anders Fogh Rasmussen beginnt nach dem dänischen EU-Ratsvorsitz, bei dessen abschließendem Gipfeltreffen in Kopenhagen er auf der Bühne des Bella Center mit den Worten »Ladies and Gentlemen, we have an agreement!« die EU-Erweiterung verkünden konnte, von etwas Größerem als dem dänischen Ministerpräsidentenamt zu träumen. Und 2003 haben der ehrgeizige Fogh und die Leute in seinem Umkreis ein Auge auf die Präsidentschaft der EU-Kommission geworfen.

Dass ein Land, das nicht in der Währungsunion ist, überhaupt auf die Idee kommen kann, einen Kandidaten für den Kommissionspräsidenten zu stellen, löst in Brüssel Kopfschütteln aus. Doch Foghs ausgewählte Mitstreiter und die dänischen Medien suchen unablässig nach Möglichkeiten, den dänischen Kandidaten ins Spiel zu bringen. Nur wenige sehen in Fogh einen wahrscheinlichen Anwärter auf das Amt des Präsidenten, und die dänischen Ambitionen werden völlig zunichtegemacht, als Gerhard Schröder über Foghs Chancen befragt wird. »Wenn man einen skandinavischen Präsidenten wählen soll, dann ist der schwedische Ministerpräsident Göran Persson der einzig mögliche Kandidat«, antwortet der deutsche Kanzler.

Während der zehn Jahre als Ministerpräsident von Schweden zeichnete sich der Arbeiterjunge und Sozialdemokrat Göran Persson als engagierter Umweltschützer aus. Früher als viele andere setzte er sich mit dem Klimawandel auseinander und erkannte die Bedeutung alternativer Energiequellen. Er sitzt unter anderem gemeinsam mit dem früheren amerikanischen Vizepräsidenten Al Gore im Vorstand der Denkfabrik World Resources Institute. Dieser globale Thinktank, der in über 50 Ländern agiert, setzt sich für ein neues internationales Klimaabkommen und den Klimaschutz ein, der den weltweiten Ausstoß an schädlichen Treibhausgasen wie Kohlendioxid, Methan oder Freon verringern soll.

Kohlendioxid (CO_2) als Rückstand fossiler Brennstoffe wie Kohle, Öl und Erdgas zur Wärmeerzeugung ist größtenteils verantwortlich für die vom Menschen verursachte Erhöhung des Treibhauseffekts. Daher steht Göran Persson den Plänen von Nord Stream, Russland und Deutschland über eine Erdgasleitung durch die Ostsee miteinander zu verbinden, mehr als skeptisch gegenüber.

In einem großen Porträtartikel im schwedischen Nachrichtenmagazin *Veckans Affärer* unterstreicht er im August 2006, dass es ein Fehler wäre, wenn Schweden jetzt oder in Zukunft auf Erdgas setzen würde.

»Im Augenblick haben wir einen Energiehaushalt, in dem wir fast ganz ohne Erdgas auskommen, und in einer Zeit, da der Klimawandel ein immer größeres Problem wird, bietet Erdgas keine Alternative zu Erdöl«, sagt er und droht direkt damit, das Nord-Stream-Projekt zu verhindern. »Wer glaubt, man könne einfach eine Leitung durch die Ostsee legen, liegt falsch. So etwas geschieht nicht, ohne dass es von schwedischer Seite aus gründlich untersucht wird, und wir könnten gut die Bremse ziehen und Stopp sagen. Es gibt noch andere mögliche Alternativen.«

Bengt Ekenstierna, Direktor von E.ON Gas Sverige – einer Tochtergesellschaft der deutschen E.ON, eines Aktionärs von Nord Stream – knöpft sich Göran Persson sofort vor. Er ist der Meinung, dass Persson gegen Erdgas ist, weil der Bauernverband LRF Lobbyarbeit für die Ölkommission der Regierung leistet. Persson ist Vorsitzender des Verbandes, zu dessen Mitgliedern auch Experten und Repräsentanten aus LRF, Wirtschaft und Forschung zählen. Seine

Aufgabe ist es, Vorschläge zu machen, wie man den Verbrauch von Erdöl in Schweden senken kann – solche Vorschläge enthält ein Bericht vom Juni 2006. Dort wird der Schluss gezogen, dass man auf Heizöl für Wohnungen und Betriebe bis zum Jahr 2020 ganz verzichten kann, wenn man beispielsweise auf Heizen mit Biobrennstoffen setzt, die die Landwirtschaft in Form von Restprodukten wie Stroh, Hülsen und Sägespänen liefern kann.

Am Montag, den 7. Mai 2007 essen Gerhard Schröder und Göran Persson wie verabredet zu Mittag, und am Tag darauf serviert Persson eine Neuigkeit, die sowohl Medien als auch Rechtsexperten für unverdaulich halten: Er hat einen Job als Lobbyist im Kommunikationsbüro JKL angenommen, dessen Großkunde der Nord-Stream-Aktionär E.ON ist.

In einem Kommentar gegenüber der schwedischen Nachrichtenagentur *TT* sagt Staatsrechtsexpertin Professorin Marie Demker: »Ich finde, es ist ein Problem für die politische Glaubwürdigkeit, wenn Politik und strategische Kommunikation – sei es PR oder Lobbyismus – offenbar vermischt werden und – wie es hier der Fall ist – auch noch die private Ebene. Viele Menschen sind bereits der Meinung, dass es in der Politik heutzutage mehr darum geht, wer am besten eine Tagesordnung mit persönlicher Botschaft aufstellen kann, als sachliche Wertediskussionen zu führen. Derartige Jobvermischungen werden diesen Eindruck beim Wähler nur noch verstärken.«

Als Persson am Tag darauf seinen ersten Tag bei JKL im Sveavägen in Stockholm antritt, nur knapp 1000 Meter vom Staatsministerium in Rosenbad entfernt, ist er jedoch nicht völlig unter Fremden. Seine alte Pressesekretärin aus dem Staatsministerium, Anna Helsén, hat ein paar Monate zuvor bei JKL angefangen, doch das ist reiner Zufall, erklärt ein sonnengebräunter, entspannter Persson den eingeladenen Journalisten. Und im Gegensatz zu seiner früheren PR-Beraterin hat er bei JKL nur einen Halbtagsjob, erklärt er. Dabei verschweigt er jedoch, dass ihm sein Teilzeitjob jährlich fast 200 000 Euro einbringt. Er will auch nicht sagen, wofür er sich einsetzen soll, doch als Erik Wahlin vom *Svenska Dagbladet* fragt, ob das Mittagessen mit Schröder ein Teil seiner Arbeit für JKL gewesen sein könnte, antwortet er: »Das könnte sein, wenn wir beide involviert wären. Meine Arbeit kann auch ein Treffen mit einem alten Kollegen sein. Oder eine Reise dorthin, wo man meine Erfahrung brauchen kann.«

1967 säte Dänemarks damaliger sozialdemokratischer Ministerpräsident Jens Otto Krag den Samen für die steigende Politikverdrossenheit der Wähler, als er sagte: »Man vertritt einen Standpunkt, bis man einen neuen einnimmt.«

Vor der Parlamentswahl 1966 wollte er nichts von einer Zusammenarbeit der Sozialdemokraten mit der Sozialistischen Volkspartei wissen, die vom früheren Kommunisten Aksel Larsen gegründet und geleitet wurde. Doch direkt nach der Wahl sah es anders aus. 40 Jahre später hätte diese Aussage auch von Göran Persson in Schweden kommen können. Auf dem sozialdemokratischen Kongress in Sundsvall 1997 hielt der damalige Ministerpräsident eine Brandrede gegen Lobbyismus, der im politischen Alltag und in der Entscheidungsebene Schwedens immer mehr Fuß fasste. »Wie sieht es eigentlich mit den bezahlten Meinungsmachern aus, die ihre Dienste erst an ein Unternehmen und am nächsten Tag an eine politische Partei verkaufen? Was ist Lobbyismus eigentlich? Werden die Entscheidungsträger manipuliert und hinters Licht geführt? Das sind wichtige Fragen für die Demokratie.«

Zehn Jahre später sieht Persson keinen Grund, Fragen zu beantworten, die seine eigene Rolle als Lobbyist für den Nord-Stream-Aktionär und nebenbei auch noch für die Branchenorganisation der Automobilindustrie Bil Sweden und die schwedische

Rüstungsindustrie betreffen. Er spielt die Bedeutung seiner eigenen Rolle herunter, so zum Beispiel in einem Interview mit der Medienfachzeitschrift *Resumé* im November 2008.

»Ich trage zu einigen besonderen Arrangements bei, die JKL oder deren Kunden organisieren, und spreche bei diesen Gelegenheiten über Themen, die ich selbst wähle. Außerdem bin ich eine Art interner Berater, ein kluger Mann, der Pressemitteilungen und Papiere durchliest, die die jungen Menschen geschrieben haben, und gebe ihnen Ratschläge wie zum Beispiel: ›Das da ist nicht ganz richtig und hier musst du etwas ändern.‹«

Wenn diese Erklärung *Resumé* gegenüber die volle Wahrheit über Perssons Stellenbeschreibung bei JKL ist, dann ist er zweifellos einer der bestbezahlten Korrekturleser der Welt. Die schwedische Zeitung *Expressen* untersuchte 2016 seine wirtschaftlichen Verhältnisse und konstatierte, dass er nach dem Verlassen des Staatsministeriums ein sehr wohlhabender Mann mit einem monatlichen Einkommen von knapp 100 000 Euro geworden war, Besitzer eines Landsitzes im Wert von fast 5 Millionen Euro und mit einem Eigenkapital von 2,5 Millionen Euro in seiner privaten Gesellschaft Baven AB.

Göran Persson war immer dort, wo große internationale Interessen im Spiel sind. Solange er politisch aktiv war, orientierte er sich öfter nach Süden als zu den anderen nordischen Ländern hin, und selbst wenn auf den Posten der Ministerpräsidenten in den Nachbarländern Parteikollegen saßen, schloss er sich in Fragen der EU lieber dem bürgerlichen französischen Präsidenten Jacques Chirac oder Gerhard Schröder an. Das Verhältnis zu Finnlands Paavo Lipponen war eindeutig frostig, und auch für Poul Nyrup Rasmussen in Dänemark konnte sich Persson nicht erwärmen, sondern nutzte jede Gelegenheit, Gerüchte zu verbreiten und gegen den dänischen Kollegen zu sticheln. Bei einem Treffen der Europäischen Sozialdemokraten in Mailand 1999 sagte er in einer Pause zum Journalisten Olle Svenning vom *Aftonbladet:* »Poul sieht müde aus. Es wird Zeit, dass er einen Job in der EU findet.«

Fünf Jahre später feiert Poul Nyrup bei der Wahl zum Europaparlament mit einem sensationell hohen Stimmenanteil für die Sozialdemokraten, deren Spitzenkandidat der ehemalige Ministerpräsident jetzt ist, einen großen Sieg. Während der Siegesfeier taucht Persson auf, nur um die spitze Bemerkung zu machen: »Und, wann hattest du deinen letzten Kollaps, Poul?« Damit spielt er auf ein sieben Jahre zurückliegendes Ereignis an, als Nyrup während eines Trainings bei Form & Fitness im Kopenhagener Stadtteil Fredriksberg ohnmächtig wurde, weil er bei einer Trainingseinheit auf einem der Fitnessräder nicht genügend Wasser getrunken hatte.

Und auch Lipponen kommt nicht ungeschoren davon. Als er 2003 als früherer Ministerpräsident Präsident der EU-Kommission wird, meint Persson, der Job sei zu groß für Paavo, und generell über den Einsatz des Finnen in der EU: »Er steht loyal zu den Beschlüssen der EU-Obrigkeiten, schon bevor sie getroffen wurden.«

Im Juli 2008 schlägt Gerhard Schröder erneut sein Notizbuch mit Telefonnummern ehemaliger sozialdemokratischer Ministerpräsidenten auf und ruft Paavo Lipponen an, um ihn nach Berlin einzuladen.

In der deutschen Hauptstadt empfangen Gerhard Schröder und Matthias Warnig den finnischen Gast und machen ihm ein verlockendes Angebot.

Nord Stream hat Probleme mit der finnischen Genehmigung der Umweltverträglichkeit des Projekts und braucht jemanden vor Ort, der die Behörden zu einem schnellen Ja überreden kann. Und da ist der ehemalige finnische Ministerpräsident für die beiden Deutschen ein gefundenes Fressen. Paavo Lipponen stand acht

Jahre an der Spitze der Regierung, war vier Jahre lang Parlamentspräsident und wurde von seinem Land für mehrere internationale Spitzenpositionen aufgestellt. Auch wenn sich der 67-jährige Kandidat mittlerweile aus der internationalen Politik zurückgezogen hat, um seine Memoiren zu schreiben, ist er doch immer noch ein Mann mit großem Einfluss und viel Erfahrung und stets in den Korridoren der Macht zugegen. Nach seiner Pensionierung hat er im finnischen Reichstag ein eigenes Büro zur Verfügung gestellt bekommen, damit er in gewohnter Umgebung über sein Leben als Politiker schreiben kann.

Über Lipponens etwas langsame Art zu sprechen macht man sich regelmäßig lustig. So sagte zum Beispiel der Chefredakteur Torbjörn Kevin von der Zeitung *Åbo Underräddelser,* dass der frühere Ministerpräsident als amerikanischer Politiker ein Lieblingsgast bei den kommerziellen Radiosendern gewesen wäre, »weil sie während seiner Sprechpausen Werbung hätten senden können«. Doch in Berlin ist Lipponen keineswegs langsam und zögert nicht, was das Angebot von Nord Stream angeht. Er will sich gerne anwerben lassen, doch bevor Warnig und Schröder seine Anstellung publik machen, will er erst seinen Nachfolger Matti Vanhanen und Präsidentin Tarja Halonen über seinen Karrierewechsel vom Politiker zum Lobbyisten unterrichten.

Da die beiden Spitzenpolitiker nichts Anrüchiges darin sehen, wenn Lipponen in fremde Dienste tritt, kann Nord Stream am 15. August vermelden, dass Finnlands ehemaliger Ministerpräsident vorläufig für ein Jahr als Berater für die Gesellschaft tätig sein soll.

Dass Präsidentin und Ministerpräsident des Landes, die den Begriff Finnlandisierung geprägt haben, ob Lipponens Anstellung nicht einmal eine Augenbraue hochziehen, ist nicht verwunderlich. Finnland ist zwar Mitglied der EU und arbeitet eng mit der NATO zusammen, doch ist die Beziehung zu dem großen Nachbarn im Osten ein fester Bestandteil der finnischen Politik.

Von der sowjetischen Invasion in Ungarn 1956 bis zum Zusammenbruch des Kommunismus in der Sowjetunion und ihren osteuropäischen Satellitenstaaten wurde die finnische Freiheit als westlicher Staat damit bezahlt, dass man einen nicht unwesentlichen sowjetrussischen Einfluss in der finnischen Politik akzeptierte. Denn obwohl Finnland offiziell neutral und eine freie demokratische Republik war, so waren die Russen doch in allen wichtigen Fragen stets zugegen. Der Druck des Landes auf der anderen Seite der 1300 Kilometer langen russisch-finnischen Grenze war massiv, und sowohl die Sowjetunion als auch Ostdeutschland hatten große diplomatische Vertretungen in der finnischen Hauptstadt. Die meisten Diplomaten der beiden Länder hatten als Hauptaufgabe, gute Kontakte zu knüpfen und Spione in den Bereichen der Politik und der Presse zu finden, mit denen sie zu tun hatten. Fast alle wichtigen Politiker und Entscheidungsträger hatten engen Kontakt zu einem »Kotirussa« oder »Heimatrussen«, einem populären finnischen Ausdruck für KGB- und Stasi-Leute mit zeitweiligem Wohnsitz in Finnland. An der Spitze der finnischen Gesellschaft wurde dieser Zustand als Bedingung akzeptiert. Unter Urho Kekkonens Präsidentschaft von 1956 bis 1982 entwickelte sich ein realer russischer De-facto-Einfluss im finnischen Parlament. Wenn man nicht russenfreundlich war, konnte man eine politische Karriere glatt vergessen.

Das Treffen mit Matthias Warnig in Berlin ist für Paavo Lipponen nicht der erste Kontakt mit einem (ehemaligen) Stasi-Mann. Lipponens politische Karriere begann 1967, und zwischen 1979 und 1982 war er politischer Sekretär für den damaligen Ministerpräsidenten Mauno Koivisto. Damit war er ein geeignetes Ziel für einen »Heimatrussen« vom KGB oder für die Stasi. In einem Interview der Talkshow Punainen lanka vom öffentlichen finnischen Fernsehsender YLE im April 2008 erzählt er, dass die Stasi ihn in den 1970er-Jahren anwerben wollte, doch dass das Verhältnis zu den Ostdeutschen eher von kurzer Dauer gewesen sei.

»Ich musste mir wirklich auf die Zunge beißen, als sie kamen und mir erzählten, ich solle mich so verhalten, dass es der Sowjetunion gefällt. Da hatte ich genug.«

Doch Alpo Rusi zufolge, dem früheren Ratgeber von Präsident Ahtisaari und einem Diplomaten der UN, war Lipponens Verbindung zur Stasi nicht ganz so flüchtig.

September 2002 gab eine Quelle bei der finnischen Sicherheitspolizei SUPO Informationen an Zeitungen und Fernsehsender heraus, die besagten, Alpo Rusi und sein Bruder Jukka seien zwischen 1969 und 1976 aktive Spione der Stasi gewesen. Die Geschichten waren auf allen Titelseiten, doch nach neun Monaten intensiver Mediendeckung konnte der Geheimdienst keine Beweise vorlegen, die für eine Anklage der Brüder ausreichend gewesen wären. Daher wies Staatsanwalt Jamo Rautakosken den Fall ab. Sieben Jahre später bestätigte er diese Entscheidung und sagte in einem Interview mit der Zeitschrift *Helsingin Sanomat,* die SUPO hätte die Nachforschungen schon im Januar 2003 abschließen sollen, da bereits da klar war, dass Alpo Rusi nichts mit Stasi oder KGB zu tun gehabt hätte. 2007 ging Rusi vor Gericht und klagte auf einen Schadenersatz in Höhe von 20 000 Euro und Schmerzensgeld in Höhe von 50 000 Euro.

Dabei stieß man auf die sogenannte Tiitinen-Liste: Nach dem Fall der Mauer und der Öffnung der Stasi-Archive überließ der deutsche Nachrichtendienst BND 1990 den Kollegen bei der finnischen SUPO ein Dokument mit den Namen von 18 prominenten Finnen, die während des Kalten Krieges auf der Gehaltsliste der Stasi standen. Man nannte die Liste Tiitinen-Liste nach dem damaligen Geheimdienstchef Seppo Tiitinen, auf dessen Rat hin Präsident Mauno Koivisto beschloss, die Namen auf der Liste nicht zu veröffentlichen. Daher wurde sie bis 2050 mit dem Stempel »Streng geheim« versehen und in einem Safe des SUPO-Hauptquartiers Ecke Ratakatu und Fredrikinkatu in Helsinki eingeschlossen.

Im Oktober 2002 bekommt die Öffentlichkeit Wind von der Existenz der Liste, weil die Zeitschrift *Helsingin Sanomat* in einem Artikel darüber berichtet. 2003 wird sie im Fall Rusi erwähnt, da Alpo Rusi verlangt, dass sie veröffentlicht wird, um seinen Namen von der Anklage der Spionage reinzuwaschen.

Susanna Reinboth vom Fernsehsender Kanal 4 geht Rusis Antrag nach und bittet um Akteneinsicht, die ihr fünf Jahre später, im Juni 2008, vom Verwaltungsgericht gewährt wird. SUPO wird angewiesen, die Liste auszuhändigen. Doch SUPO legt Einspruch ein, und nach zwei weiteren Jahren bestimmt das oberste Verwaltungsgericht, dass die Geheimhaltung der Tiitinen-Liste aufrechterhalten wird. Diese Entscheidung gefällt sowohl Lipponen als auch Präsidentin Tarja Halonen.

Alpo Rusi ist ein hochgeschätzter Experte und Russlandkommentator, und seine Bücher über Geopolitik und das besondere Verhältnis von Finnland zu Russland wurden in mehrere Sprachen übersetzt und international publiziert. 2011 erschien sein Buch »Tiitinens Liste« über die Stasi-Spionage in Finnland zwischen 1960 und 1989. Nach gründlicher Recherche glaubt er beweisen zu können, dass sein eigener Fall nur dazu diente, die Aufmerksamkeit von anderen hochrangigen Politikern abzulenken, die während des Kalten Krieges im Gegensatz zu ihm selbst sehr eingehend mit Stasi und KGB zusammenarbeiteten. Bei der Arbeit zu seinem Buch erhielt Rusi eigenen Angaben zufolge Insiderwissen von einem langjährigen Abteilungsleiter der SUPO. Diese Quelle benennt die prominenten Personen auf der Liste, und Rusi zufolge sind unter den 18 Namen die zweier ehemaliger sozialdemokratischer Ministerpräsidenten: Kalevi Sorsa, der zwischen 1972 und 1982 dreimal Ministerpräsident von Finnland war, und Paavo Lipponen, der angeblich identisch ist mit dem finnischen Agenten, der den Registerkarten nach unter dem Decknamen Mungo XV/326/71 für den ostdeutschen Spionagedienst tätig war.

Kalevi Sorsas Name wird nicht zum ersten Mal mit Spionage in Verbindung gebracht. 1992 verkündete er, dass er sich für die kommende Präsidentenwahl 1994 als Kandidat aufstellen lassen wollte, doch die Aufräumarbeiten der kommunistischen Partei in Russland brachten Dokumente zutage, die zeigten, dass es über lange Zeiträume hinweg »vertrauliche Kontakte« zwischen dem finnischen Ministerpräsidenten und den russischen Geheimdiensten gegeben habe. Als die Nachricht über diese Zusammenarbeit in den finnischen Zeitungen erscheint, zieht Kalevi Sorsa seine Kandidatur zurück und bittet die Öffentlichkeit um Entschuldigung. Der Historiker Jukka Seppinen schreibt in seiner Biografie »Kalevi Sorsa« von 2008, dass Sorsa bereits 1969 vom KGB angeheuert wurde, als seine politische Karriere mit der Wahl zum Parteisekretär für die sozialdemokratische Partei SDP steil nach oben ging.

Im selben Jahr wurde auch der Nord-Stream-Berater Paavo Lipponen der Stasi angeschlossen, behauptet Rusi. Diese Information geht angeblich aus den sogenannten Rosenholz-Dateien hervor, die dem amerikanischen Geheimdienst CIA in die Hände fielen, als sich die DDR als Staat und System aufzulösen begann. Weitere Belege gibt es dafür jedoch nicht.

Rosenholz ist der Deckname für die Mikrofilme, welche die Auslandsspionageabteilung der Stasi (HVA = Hauptverwaltung Aufklärung) kurz vor dem Zusammenbruch des Kommunismus von verschiedenen Stasi-Archiven machte. Sie bestehen insgesamt aus drei verschiedenen Katalogen: F 16, der 293 000 Karteikarten mit Namen und Informationen über Personen von Interesse für die Stasi enthält. Das können sowohl Personen sein, die die Stasi überwachte, als auch Personen, die für sie als Agenten arbeiteten. Im Katalog F 22 beschreibt die ostdeutsche Staatssicherheitspolizei Operationen im Ausland. Ursprünglich umfasste er 63 000 verschiedene Operationen, doch einige Aufzeichnungen gingen verloren. Zurück blieben 57 000 umfassende, detaillierte Beschreibungen von

Agenteneinsätzen und Spionage im Ausland. Es werden keine Namen genannt, nur Registernummern, die sich auf die Karteikarten im Katalog F 16 beziehen. Durch den Abgleich der beiden Kataloge kann man die aktiven Agenten und Vermittler den einzelnen Operationen zuordnen. Der letzte Katalog enthält die Akten von 2000 Personen, die entweder Agenten oder Kontaktpersonen für Agenten waren. Dort sind nicht nur Namen, sondern auch Decknamen, persönliche Daten, das Motiv für die Rekrutierung und das Rekrutierungsjahr verzeichnet. In diesem letztgenannten Archiv wird von einem finnischen Agenten berichtet, der unter dem Decknamen »Pekka« zwischen 1969 und 1975 wichtige und vertrauliche finnische Dokumente an die Stasi weitergab. Diese Beschreibung entsprach den Vorwürfen, welche die SUPO gegen Alpo Rusi erhob, sie passt aber auch auf den Agenten Mungo XV/326/71 und zu den Informationen über Lipponen, die Rusi später von seiner Quelle bei der SUPO erhalten hat.

Wie die CIA in den Besitz der 381 CD-ROMs gekommen ist, ist nicht ganz klar. Es geht das Gerücht, ein Agent des amerikanischen Geheimdienstes habe sie für 75 000 Dollar von einem KGB-Mann gekauft; es heißt aber auch, der amerikanische Präsident George W. Bush sei direkt dafür verantwortlich gewesen, dass das belastende Material den Amerikanern in die Hände fiel.

Nach dem Mauerfall im November 1989 bedauerte der Präsident, der früher einmal Direktor der CIA gewesen war, dass CNN schneller war als die CIA, wenn es darum ging, Informationen über die Entwicklung in der DDR zu erhalten. Diese Aussage stieß der CIA so sauer auf, dass man die Operation Rosewood in Gang setzte, um an Material zu kommen, auch wenn das rechtlich gesehen eigentlich dem wiedervereinten deutschen Staat gehörte. Die Mission gelang, und die gestohlenen Archive wurden in das Hauptquartier der CIA nach Langley gebracht, wo das Material auf die vielen CDs kopiert wurde.

Paavo Lipponens Name wurde schon vier Jahre vor dem Erscheinen von Alpo Rusis Buch mit der Tiitinen-Liste in Verbindung gebracht. Im Juni 2007 geraten er und seine angebliche Rolle als gekaufter und bezahlter Stasi-Informant während des Kalten Krieges bei einer intensiven Berichterstattung über die Rosenholz-Dateien in der Zeitung *Aamulehti* des Alma-Medienkonzerns ins Scheinwerferlicht. Er weist die Vorwürfe zurück und wehrt sich gleichzeitig heftig dagegen, dass die Tiitinen-Liste und die Rosenholz-Dateien veröffentlicht werden. Und er ist zutiefst empört über den Vorschlag einiger Geschichtsprofessoren und Politiker, darunter auch Heidi Hautala, Mitglied des Parlaments für die Grünenpartei und früheres Mitglied des Europaparlaments, eine Untersuchungskommission einzurichten, die den Umfang des Einflusses von Stasi und KGB auf die finnische Politik sowie die Zusammenarbeit zwischen finnischen Politikern und den beiden ausländischen Geheimdiensten offenlegt.

In seinem Buch »Die Vernunft siegt«, das 2016 auf Deutsch erschien, schreibt Lipponen, Heidi Hautala sei »von ihrem Hass auf die Sozialdemokratie getrieben« und dass die »öffentliche Jammerei der Professorin peinlich« sei. Er hält die Forderung nach Untersuchungen für eine Frechheit und schreibt, die sogenannte »Stasi-Frage« hätte einen lächerlichen und unverhältnismäßig großen Anteil in der finnischen Debatte eingenommen.

»Es hat überhaupt keinen Sinn, aus der Stasi in Finnland eine überlebensgroße Frage zu machen«, schreibt er und argumentiert, dass der Umfang der Stasi-Aktivitäten während des Kalten Krieges relativ begrenzt war. »In den Siebzigerjahren gab es diplomatische Vertreter der DDR, von der Stasi wusste man im Allgemeinen nichts. … Die Stasi-Leute waren kleine Fische, die sich jetzt wie Superagenten aufführen, so als ob die finnischen Spitzenpolitiker bei ihnen wöchentlich am Mittagstisch gesessen hätten«, schreibt er und unterstreicht, dass die Liste mit den 18 angeblichen Stasi-

Mitarbeitern auch nichts bringen würde. »Das Innenministerium ließ wissen, man sei die Fälle auf der sogenannten ›Liste von Tiitinen‹ viele Male durchgegangen, habe aber keinen Anlass für eine Untersuchung oder eine Anklage gefunden.«

Paavo Lipponen hält auch die Forderung nach Zugang zu den Rosenholz-Dateien für unrealistisch und unmöglich, denn dazu gäbe es gar keinen Zugang, behauptet er. »Polizei und Innenministerium haben deutlich gemacht, dass die SUPO die sogenannten Rosenholz-Dateien nicht besitzt. Dennoch wurde das Thema monatelang in den Alma-Medien durchgekaut.«

Doch das entspricht nicht ganz der Wahrheit.

Auch wenn es stimmt, dass der finnische Geheimdienst nicht im physischen Besitz der 381 CD-ROMs ist, auf denen die Informationen stehen, so hat er doch Zugang zu diesem Material. Das liest man unter anderem in einem Newsletter der finnischen Botschaft in Oslo vom 6. August 2007. Unter der Überschrift »Rosenholz-Material sorgte für Diskussionen« steht unter anderem: »Die Frage, ob die SUPO die Informationen, die man über Finnen hat, die tatsächlich oder vermutlich mit dem früheren DDR-Geheimdienst Stasi zusammengearbeitet haben, sorgte im Juli für Diskussionen. Der Alma-Medienkonzern wollte der Frage nachgehen, bekam jedoch eine klare Absage vom Innenministerium und der SUPO. Es ist jetzt offenkundig, dass die SUPO tatsächlich Zugang zu den sogenannten Rosenholz-Dateien hat, die die CIA erhalten hat.«

Doch auch wenn der finnische Geheimdienst Zugang zu den vertraulichen Informationen über die Kollaborateure des Kalten Krieges hatte und noch immer hat, ist man in der Politik immer noch nicht bereit, diese Namen öffentlich zu machen. Daher bleibt es Paavo Lipponen auch weiterhin erspart, mit einer möglichen, allerdings immer noch unbewiesenen Vergangenheit als Spion für die ostdeutsche Stasi konfrontiert zu werden. Dafür hat er das Gefühl, dass mit dem gut bezahlten Gas-Job bei Nord Stream noch andere Kosten verbunden sind.

Als im November 2009 der Vertrag von Lissabon unterzeichnet wird, rotiert der Vorsitz der EU nicht länger unter den 27 Mitgliedstaaten. Statt des wechselnden Vorsitzes wird die EU von nun an von einem festen Vorsitz für den Europarat und einem außenpolitischen Repräsentanten vertreten. Im allgemeinen Sprachgebrauch werden sie als EU-Ratspräsident und EU-Außenminister bezeichnet.

Der Posten als Hoher Vertreter der EU für Außen- und Sicherheitspolitik, wie der korrekte Titel lautet, reizt Paavo Lipponen, und mit Unterstützung der finnischen Regierung wird er als Kandidat ins Spiel gebracht, bei dem auch Schwedens früherer Ministerpräsident Carl Bildt hoch gehandelt wird. Doch keiner von beiden erreicht das Ziel. Bildt wird als zu kontrovers disqualifiziert, und Polen sorgt dafür, dass Lipponen nicht auf die Zielgerade kommt, da es schon früh im Prozess deutlich macht, dass es keinen Kandidaten unterstützen wird, der Verbindungen zum Nord-Stream-Projekt hat. Gegen dieses Projekt hat sich Polen gewehrt, seit die Pläne offengelegt wurden. Und das ist nicht das einzige Mal, dass die Anstellung als Lobbyist für die russisch kontrollierte Gesellschaft sowohl Ansehen als auch Titel kostet.

Schon kurz nach Veröffentlichung seiner Anstellung muss Lipponen für den Jobwechsel zahlen, da er im Hinblick auf das Büro, das man ihm im finnischen Parlament zur Verfügung stellt, die Rechnung ohne den Wirt gemacht hat. Die Abmachung war, dass Lipponen das Büro nutzen kann, solange er seine politische Biografie schreibt. Da er es aber offenbar nicht falsch oder unangebracht findet, es auch für seine Lobbyarbeit für Nord Stream zu nutzen, gibt er seinen Sitz im Zentrum der Macht nicht auf. Erst als Zeitungen und Fernsehen die paradoxen Verhältnisse beleuchten, dass ein

Lobbyist kostenlose Büros in dem Parlament nutzt, deren Mitglieder er beeinflussen soll, verabschiedet er sich von seinem Büro und lässt gleichzeitig verlautbaren, dass er sich aus der Politik vollkommen zurückzieht.

In Deutschland kann sich Lipponens Parteigenosse und Kollege Gerhard Schröder ebenfalls in einem Büro des Bundestages niederlassen, als er das Kanzleramt und die deutsche Politik 2005 verlässt. Wenn ein deutscher Kanzler aus dem Amt scheidet, bekommt er automatisch ein Büro im Bundestag zur Verfügung gestellt und erhält auf Lebenszeit den Titel Bundeskanzler a.D. Im Gegensatz zu Finnland genießt man diesen Service mit einem gewissen Standard, darunter Lohn, Büro, Security, Reise- und Hotelkosten sowie ein Auto mit Privatchauffeur, für den Rest seines Lebens. Doch so war es nicht immer.

Als der erste Bundeskanzler, Konrad Adenauer, sich 1963 aus dem Amt verabschiedete, beschloss seine Partei, die CDU, die Ausgaben für ein Sekretariat und einen persönlichen Assistenten zu übernehmen. Als Adenauers Nachfolger Ludwig Erhard nach nur drei Jahren als Regierungschef aufgrund mangelnder Rückendeckung in der eigenen Partei zurücktrat, wurde ein ähnliches Modell gewählt. Das änderte der Sozialdemokrat Herbert Wehner. Als Innenminister in der SPD/CDU-Koalitionsregierung mit Kurt Georg Kiesinger als Kanzler und Willy Brandt als Außenminister und Vizekanzler machte er aus diesem Modell eine dauerhafte und aus Steuergeldern bezahlte Einrichtung. »Einem früheren Bundeskanzler kann ein Sekretariat zur Verfügung gestellt werden; hierzu können ein persönlicher Referent, eine Sekretärin, ein Kraftfahrer mit Wagen und Büroraum gehören. Sofern die Sicherheitslage es erfordert, kann zum persönlichen Schutz des früheren Bundeskanzlers ein Beamter der Sicherungsgruppe des Bundeskriminalamtes zur Verfügung gestellt werden. Die erforderlichen Mittel werden im Haushalt des Bundeskriminalamts ausgebracht«, stand im Kabinettsbeschluss vom 12. April 1967. Im Steuergesetz desselben Jahres wurden Bedeutung und Umfang der staatlich finanzierten Büros eingehender beschrieben: »Einem früheren Bundeskanzler kann zur Abwicklung seiner früheren Aufgaben ein persönlicher Referent, eine Sekretärin und ein Kraftfahrer zur Verfügung gestellt werden. Diese Regelung ist für höchstens drei Jahre vorzusehen.«

Doch im Steuergesetzestext des nächsten Jahres verschwindet der Passus zur zeitlichen Begrenzung, und in den folgenden Jahren und bis heute sind Umfang der Vergünstigungen und die Ausgaben beträchtlich angewachsen. Zwischen 1988 und 2015 stiegen die jährlichen Personalkosten um 542 Prozent. 1974 gehörten dazu ein Referent, ein Sachbearbeiter und ein Chefkraftfahrer. Diese Bemannung stieg an auf zwei Büroleiter, drei Sachbearbeiter, eine Sekretärin und einen Chefkraftfahrer. Gleichzeitig wurde die Frist von drei Jahren zur Auszahlung dieser Vergünstigungen und der Finanzierung des Büros gestrichen. Dieser Service gilt jetzt lebenslang.

Diese Entwicklung setzte sich ohne Kontrolle oder Einmischung bis 2018 fort, als der Bundesrechnungshof beschloss, sich die Ausgabenposten genauer anzusehen. Wichtigste Aufgabe des Bundesrechnungshofes ist es, Verhältnisse aufzuzeigen, die mit der geltenden Gesetzgebung in Konflikt stehen – wie zum Beispiel Missbrauch oder übermäßige Aufwendung öffentlicher Mittel. In einem 36 Seiten langen Bericht vom 18. September 2018 äußern die beiden Staatsrevisoren eine vernichtende Kritik gegen die Versorgung und Ausstattung der ehemaligen Bundeskanzler. »Der Bundesrechnungshof hat festgestellt, dass sich bei der Ausstattung der Bundeskanzler a. D. mit Büros, Personal und Dienstkraftfahrzeugen sowie beim Personenschutz im Lauf von Jahrzehnten ein Automatismus entwickelt hat, der weder hinsichtlich seiner ursprünglichen Begründung noch nach den Grundsätzen von Ordnungsmäßigkeit und Wirtschaftlichkeit hinterfragt wurde.« Sie fordern, dass die Ausgaben für die ehemaligen Kanzler stärker kontrolliert werden, und empfehlen daher dringend, dass die Bürohaltungskosten für ehemalige Kanzler sich künftig in den Rahmen halten, die in den Grundsätzen von Ordnungsmäßigkeit und Wirtschaftlichkeit angegeben sind.

Der Bundesrechnungshof sieht als ursprüngliche Begründung dafür, einen scheidenden Bundeskanzler mit einem Büro, Leibwächtern und Chauffeuren auszustatten, dass Angelegenheiten aus der Zeit als Kanzler abzuwickeln seien, und untersucht die derzeitigen Verhältnisse im Hinblick auf die Zeit 2013 bis 2015. In dieser Zeit nutzen drei ehemalige Kanzler die vom Steuerzahler getragenen Dienste, doch im Bericht werden keine Namen erwähnt. Zwischen den Zeilen ist jedoch unschwer zu erkennen, dass sich einzelne Kritikpunkte entweder gegen Helmut Schmidt, Helmut Kohl oder Gerhard Schröder richten. Unter anderem wird kritisiert, dass ein von Krankheit geschwächter Bundeskanzler a.D. sein Büro und den privaten Chauffeurservice und die kugelsichere Limousine für den Posttransport zwischen dem Büro in Berlin und dem Wohnort in einem anderen Teil des Landes behielt, dass beim Umbau eines Privathauses ein Büro die Verhandlungen mit Baumeistern übernahm und mit den Handwerkern abrechnete oder dass die Frau eines ehemaligen Kanzlers ihre private Korrespondenz vom Büro ihres Mannes aus tätigte. Am heftigsten wurde jedoch ein bestimmter früherer Kanzler kritisiert, der dem Bericht nach seine frühere Arbeit als Kanzler schnell ad acta legte und seine Interessen neuen Aufgaben widmete, in die er das Büro mit einbezog. Im Bericht steht: »Die Bundeskanzler a. D. übernahmen regelmäßig diverse neue Tätigkeiten, die typischerweise auf Einkünfteerzielung ausgerichtet waren. Sie waren für private Unternehmen tätig (z. B. für Banken, Medienkonzerne, Beratungsunternehmen, Zeitungsverlage), nahmen Aufsichts- und Verwaltungsratsmandate wahr, gründeten eigene Unternehmen oder waren freiberuflich tätig. So erzielten Bundeskanzler a. D. zusätzliche Einkünfte von jährlich mehreren hunderttausend Euro. Die Büros unterstützen die Bundeskanzler a. D. bei diesen Tätigkeiten. Die Bundeskanzler a. D. übernahmen auch Lobbyarbeit für bestimmte Interessengruppen. Dabei waren thematische Schwerpunkte entsprechend den jeweiligen persönlichen Interessen zu erkennen. Es handelte sich nicht um fortwirkende Verpflichtungen aus dem vorangegangenen Amt. Auch die Vorbereitung von Reden der Bundeskanzler a. D. machte einen bedeutenden Anteil der Aufgaben der Büros aus. So waren die Büros für die Organisationen zuständig, aber auch für die Erstellung von Entwürfen oder das Redigieren von Reden. Die Reden hielten die Bundeskanzler a. D. oftmals bei privaten Unternehmen, wie z. B. Banken oder Interessenverbänden, und entsprechend der üblichen Gepflogenheit auch gegen Honorar. Nicht selten lagen die jährlichen Einkünfte für Reden im sechsstelligen Bereich.«

Nicht nur Ausgaben für Büros und Chauffeur wurden bezahlt. Wenn ein ehemaliger Bundeskanzler verreiste, wurde er von seiner gesamten Entourage an Security-Leuten begleitet. Die Ausgaben für den Personenschutz wurden vom Bundeskriminalamt bezahlt, während die übrigen Rechnungen ans Kanzleramt gingen. Wenn ein früherer Bundeskanzler, der eine staatliche Rente bezieht und nicht länger in einem Angestelltenverhältnis ist, zu einem Spezialauftrag geschickt wird, bei dem er die Bundesrepublik repräsentiert, werden seine Reisekosten gedeckt. Dies war bei Gerhard Schröder der Fall, als er 2016 Deutschlands offizieller Repräsentant bei der Beisetzung des kubanischen Diktators Fidel Castro in Havanna war. Doch dem Bericht des Rechnungshofes nach deckt das Kanzleramt »in unterschiedlichem Umfang« auch andere Reisekosten. Es fällt jedoch schwer, zu kontrollieren, ob es sich um private Reisen handelt. »Das Bundeskanzleramt prüfte bei der Reisekostenerstattung nach eigenen Angaben nicht, ob Reisen eines Bundeskanzler a. D.

in Ausübung eines (fortwirkenden) Amts- oder Dienstgeschäftes erfolgten oder privat veranlasst waren. In der Praxis erstattete das Bundeskanzleramt Reisekosten in gleichem Umfang wie bei amtierenden Bundeskanzlerinnen/Bundeskanzlern. So wurden auch Kosten von Minibars bzw. Etagenservice und Telefongesprächen in Hotels übernommen ebenso wie Restaurantrechnungen«, steht im Bericht.

Mit einer Rente von jährlich 93 000 Euro und Bezügen für seine Zeit in der Niedersächsischen Landesregierung und als Bundestagsabgeordneter und mit einem staatlich finanzierten Büro im Wert von 561 000 Euro hätte sich Gerhard Schröder als pensionierter Staatsmann bequem zurücklehnen können, als er 2005 das Kanzleramt verlassen musste. Doch anstatt alle Zeit und Kräfte ausschließlich für seine Memoiren und Wohltätigkeitsveranstaltungen zu verwenden, strebte der 61-jährige Jungpensionist eine neue Karriere im Wirtschaftsleben an. Im ersten Jahr nahm er drei lohnende Stellungen an: Aufsichtsratsvorsitzender bei Nord Stream, Berater des Schweizer Ringier-Verlages und dessen Verwaltungspräsidenten Michael Ringier sowie Berater der Rothschild-Bank. Darüber hinaus unterzeichnete er einen Vertrag mit dem amerikanischen Vortragsbüro Harry Walker in New York, wo man unter anderem auch Bill und Hillary Clinton, Al Gore und Henry Kissinger traf. Der Preis für einen Vortrag des deutschen Kanzlers wird nur auf Nachfrage genannt, doch Quellen in der Umgebung des Büros zufolge kostet es 210 000 Euro, Schröder auf sein Plakat zu bekommen. Später nahm der Altkanzler auch noch Aufsichtsratsposten bei TNK-BP (2009–2011), bei der Transportfirma CargoBeamer, der Tunnelbohrfabrik Herrenknecht und zuletzt bei der staatlich russischen Ölförderfirma Rosneft an.

Das Versprechen des Finnen Paavo Lipponen, sich aus der Politik herauszuhalten, hält nur ein Jahr an. Auch wenn Polen den Traum vom EU-Außenministerposten blockiert hat, woran er schwer zu kauen hatte, steckt er 2012 seine Nase wieder in die Politik, als in Finnland ein neuer Präsident gewählt werden soll. Diese Position beinhaltet sowohl Macht als auch Einfluss, da der finnische Präsident nicht nur das zeremonielle Oberhaupt seines Landes ist, sondern auch Chef der Außen- und Verteidigungspolitik. Doch da der Präsident keinen Einfluss auf die Innenpolitik hat, betrachten weder politische Kommentatoren noch Lipponen selbst seine kommerzielle Verbindung zu Nord Stream als ein Problem.

Doch da werden sie eines Besseren belehrt. Mit einem historischen Tiefpunkt für einen Sozialdemokraten, der normalerweise mit einer Wählerunterstützung um die 30 Prozent rechnen kann, wird Lipponen mit nur 6,7 Prozent der Stimmen bereits in der Vorrunde zur Präsidentenwahl aussortiert. Und Russlandexperte und Honorarprofessor der Universität Helsinki Arto Luukanen zufolge hat der Kandidat die Niederlage seiner Lobbywirksamkeit zu verdanken. In den Augen der Wähler hat seine Beraterstellung Lipponens Rolle als Staatsmann geschwächt, meint der Professor und sagt: »Paavo Lipponens Traum vom Präsidentenamt wurde zusammen mit der Gasleitung vergraben.«

Lipponens Konkurrent um das Amt als EU-Außenminister, der Schwede Carl Bildt, musste ebenfalls konstatieren, dass der Cocktail aus russischem Gas und eigener Privatwirtschaft zu einer politischen Katerstimmung führen kann. Bildt war von 1991 bis 1994 Ministerpräsident von Schweden. Nach der Niederlage seiner Partei Moderaterne bei der Wahl 1994 begab er sich auf die internationale politische Bühne, wo er auf verschiedenen Posten bei der EU und den UN als Beobachter und Vermittler der Friedensprozesse nach den Kriegen in Ex-Jugoslawien arbeitete. Diese Aufgaben passten zu dem ehrgeizigen Politiker, doch als seine Partei 2006 erneut die Möglichkeit hatte, eine Regierung zu bilden, wandte er sich wiederum der schwedischen Politik zu und wurde bis 2014 Außenminister in Fredrik Reinfeldts beiden bürgerlichen Regierungen.

Als Carl Bildt 1994 das Staatsministerium und die schwedische Politik verlässt, befasst er sich nicht ausschließlich mit internationalen Aufgaben auf dem Balkan, sondern lässt sich wie so viele andere ehemalige Spitzenpolitiker auch von den guten Angeboten der Privatwirtschaft verleiten. Das lukrativste davon kommt von dem schwedischen Ölbaron Adolf Lundin, der ihm zunächst einen Posten als Berater und später als Vorstandsmitglied der Lundin-Gesellschaften Lundin Petroleum und Vostok Nafta anbietet. Zwei Posten, die Bildt zum Multimillionär machen, ihn jedoch auch in schlechte Gesellschaft und in die Nähe von Putin und Nord Stream bringen.

Sind der Gründer des Familienunternehmens Lundin Gruppe, Adolf Lundin, und seine beiden Söhne Lukas und Ian auch Schweden, so ist die Firma, bei der Carl Bildt 1995 einzieht, doch international ausgerichtet. Vater Adolf, der in Genf wohnt, fand im Laufe seiner Karriere Gold in Argentinien, Kupfer im Kongo, Öl im Sudan und in Malaysia, Erdgas im Mittleren Osten und in Russland, Nickel in Australien und Diamanten, Uran und andere Bodenschätze in Kanada, den USA, China und Europa. Doch trotz der weltumspannenden Geschäfte und Wohnsitze – Ian wohnt in Stockholm und Lukas in Vancouver in Kanada – halten die drei täglichen Telefonkontakt. Oft können sie sich bei diesen Gesprächen über gute Ergebnisse bei den Investitionen der Familie freuen, doch da sie bereit sind, mit Regimen und Diktatoren in Ländern zusammenzuarbeiten, in denen Menschenrechte als hinderliches Problem angesehen werden, müssen sie sich gelegentlich auch Kritik und Vorurteilen stellen.

1994 gerät Lundin wegen der Goldminen des Konzerns in Südafrika, die von der UN wegen der Apartheidspolitik des Landes boykottiert wurden, ins Scheinwerferlicht der schwedischen

Medien. 1996 setzt die UN Lundin wegen seiner Minen in Kongo-Kinshasa auf die schwarze Liste. Bei der UN war man der Meinung, dass die schwedische Firma sich an den Bodenschätzen des kriegsgebeutelten Landes bereicherte. Die härteste Anklage trifft Lundin und Bildt jedoch im Juni 2010, als die European Coalition on Oil in Sudan, ECOS, den Bericht »Unpaid Debt« herausgibt. ECOS ist ein Verband von 50 europäischen Organisationen, die alle im Sudan aktiv waren; laut der Organisatoren und ihres Berichtes machte Lundin sich in dem kriegsgebeutelten Land zwischen 1997 und 2003, als er mit zwei weiteren Ölgesellschaften im Ölfeld Block 5A im Südsudan nach Öl bohrte und damit eine Spirale von Gewalt und Zerstörung auslöste, mehrerer Kriegsverbrechen und Verbrechen gegen die Menschlichkeit schuldig.

Truppen der sudanesischen Regierung und loyale Gruppen werden eingesetzt, um die Kontrolle über das Ölfeld zu sichern, nachdem Lundin Olje zusammen mit Petronas aus Malaysia, OMV Exploration aus Österreich und der staatlichen sudanesischen Gesellschaft Sudapet Ltd. den Ölfördervertrag mit der sudanesischen Regierung abgeschlossen hat. Bei den Konflikten kommen Tausende von Sudanesen ums Leben, und 200 000 Menschen werden gewaltsam vertrieben. Im Bericht werden Verbrechen geschildert, die neben dem Mord an Zivilpersonen auch Vergewaltigung, Kindesentführung, Folter, Zerstörung von Schulen, Märkten und Krankenhäusern sowie das Verbrennen von Lebensmittellagern, Hütten und Ställen umfassen. In der Zeit, in der diese Verbrechen geschehen, sitzt Carl Bildt im Vorstand von Lundin, und dem Bericht zufolge wusste das Lundin-Konsortium über diese Verbrechen Bescheid. Seit 2010 ist die Angelegenheit Gegenstand von Untersuchungen in Schweden. Die beiden Leiter der Voruntersuchungen, Staatsanwalt Magnus Elvin und Chefankläger Krister Petersson von der internationalen Staatsanwaltschaft in Stockholm, sind mittlerweile so weit gekommen, dass sie Carl Bildt und die beiden Lundin-Leute, den Vorstandsvorsitzenden Ian Lundin und den Geschäftsführer Alex Schneiter, vor Gericht bringen können. Der schwedischen Zeitung *Expressen* zufolge sind 49 Personen aus dem Sudan bereit, gegen die Ölgesellschaft und ihre Leitung Zeugnis abzulegen.

Im November 2017 wird Carl Bildt als Zeuge in der Angelegenheit vernommen, und im November 2018 gibt die schwedische Regierung grünes Licht, dass Ian Lundin wegen schwerer Verletzung der Menschenrechte angeklagt wird. Doch die Sache mit Lundin ist nicht das erste Mal, dass Carl Bildt mit dem Gesetz in Kontakt kommt. Kurz nach seiner Ernennung zum Außenminister bekommt er durch seine Vergangenheit im Ölgeschäft Probleme.

Bis zur Ernennung zum Minister 2006 hat Bildt sechs Jahre lang im Vorstand der Lundin-Gesellschaft Vostok Nafta gesessen. Dabei handelt es sich um eine Investitionsgesellschaft, deren Mittel hauptsächlich in Gazprom-Aktien stecken. So viele, dass die Firma, die in einer Steueroase auf den Bahamas registriert ist, der größte Aktionär im Ausland ist. Bei seiner Ernennung zum Außenminister verkündet er, dass er den Vorstandsposten aufgibt und seine 2000 Aktien verkauft. Was er nicht sagt, ist, dass er Aktienoptionen auf weitere 15 000 Aktien im Wert von 485 000 Euro hält. Das ist eine sehr umstrittene Position für den neuen Außenminister, da schließlich er und sein Außenministerium beschließen sollen, ob Schweden der Gazprom-Gesellschaft Nord Stream die Erlaubnis erteilen kann, die geplante Gasleitung durch die exklusive Wirtschaftszone von Schweden zu führen. Ein Nein würde mit Sicherheit bedeuten, dass der Wert der Aktien nicht wie erwartet steigt, während ein Ja Carl Bildts Investitionsmöglichkeiten vergolden würde.

Trotz Bildts diskretem Umgang mit der Information kommt die Wahrheit über die Aktienoptionen ans Licht und füllt die Titelseiten der Zeitungen, doch er versichert, dass er sich eigentlich die ganze Zeit über so schnell wie möglich von den Optionen trennen wollte und daher keinen Konflikt darin sieht, dass er die Öffentlichkeit nicht sofort über die lukrative Absprache und das eventuelle Befangenheitsproblem informiert hat.

»Ich hatte die Absicht, sie einzulösen und zu verkaufen, sobald sich die Möglichkeit bot. Und ich rechne damit, dass sich das machen lässt, bevor es zu einem möglichen Interessenkonflikt in der Regierung kommt«, erklärt er der schwedischen Nachrichtenagentur *TT.* Gleichzeitig beteuert er, dass er die Annahme der attraktiven Aktienoptionen gar nicht verhindern konnte, als er seinen Posten aufgab.

Doch die Erklärung, dass man ihm die Optionen geradezu aufgezwungen hat, ist nicht gerade glaubwürdig. Allerdings begleitet ihn auch der Verdacht, dass nicht alles nach den Regeln verlaufen ist. Dieser Verdacht bringt Ulf Holm von der Umweltpartei dazu, ihn beim Verfassungsausschuss anzuzeigen, damit festgestellt werden kann, ob die wirtschaftlichen Interessen an Gazprom den Außenminister befangen machen, wenn sein Ministerium den Antrag von Nord Stream behandeln soll.

Der Verfassungsausschuss ist nicht dieser Meinung. Als die schwedische Regierung am 9. November beschließt, Nord Stream die Genehmigung zu vorbereitenden Untersuchungen im schwedischen Teil der Ostsee zu erteilen, nimmt Carl Bildt selbst an dieser Sitzung teil, obwohl ihm die Entscheidung einen persönlichen wirtschaftlichen Gewinn einbringen kann.

Als Bildt am 6. Oktober seinen Ministerposten antrat, versprach er, seine Vostok-Nafta-Aktien umgehend zu verkaufen, doch er tut es nicht. Er behält sie bis zwei Tage vor der Regierungssitzung über Nord Stream. Die Optionen hat er bislang auch nicht eingelöst oder abgestoßen. Das ruft wiederum die Opposition und die Presse auf den Plan. Peter Eriksson, Sprecher der Miljøparti, gebraucht dem *Expressen* gegenüber klare Worte: »Die Gasleitung ist für die Firma sehr wichtig, und es ist völlig indiskutabel, dass Bildt bei der Entscheidungsfindung dabei war, die den Aktienkurs der Firma beeinflusst, woran er selbst verdienen kann.« Obwohl der juristische Rat des Ministerpräsidenten vor der Sitzung davon ausging, dass Bildt nicht voreingenommen sei, meint Joakim Nergelius, Juraprofessor an der Universität Örebro, dass Bildt nicht an der Sitzung hätte teilnehmen sollen. »Das wäre angemessener gewesen«, sagt er in den Nachrichten von Sveriges Radio.

Am 13. Dezember 2006 löst Carl Bildt seine Aktienoptionen ein und verdient daran 530 000 Euro. Am 7. Januar 2007 wird er erneut von der Miljøparti angezeigt. Dieses Mal bei der Polizei wegen Korruption. Die Partei ist der Meinung, dass Carl Bildts Aktienoptionen bei Vostok Nafta als eine Form von Bestechung angesehen werden kann. Doch so kann man das nicht sehen, meint Staatsanwalt Christer van der Kwast. Er hat auf eigene Initiative eine Voruntersuchung der Verhältnisse von Bildt angeordnet und kann das Verfahren gegen den Außenminister bereits fünf Tage nach der Anzeige durch die Miljøparti einstellen.

»Nach einer Beurteilung des mir vorliegenden Materials bin ich zu dem Schluss gekommen, dass die genannte Vergütung nicht als unangemessene Belohnung für Carl Bildts Dienste im Sinne der strafrechtlichen Paragrafen über Bestechung angesehen werden kann. Daher ist eine Strafanzeige ungerechtfertigt«, schreibt er in seiner Begründung.

Man kann durchaus geteilter Meinung sein, ob die Vergütung eine unangemessene Belohnung ist oder nicht. Kein Zweifel besteht hingegen darüber, dass Bildts Belohnung zu hundert Prozent davon abhängig war, wie gut sich die Aktien der Firma an der Börse machten, denn sein festes Vorstandshonorar belief sich lediglich auf 8 600 Euro jährlich. Doch trotz dieses bescheidenen Grundhonorars hatte Bildt während seiner sechs Jahre bei Vostok Nafta einen jährlichen Durchschittsgewinn von über 100 000 Euro. 2013 löste er eine Option mit einem Gewinn von 197 000 Euro und 2006 die umstrittenen Optionen im Wert von 530 000 Euro ein.

Doch Carl Bildts Verdienste sind Peanuts, gemessen an dem Vermögen, das der Gründer der Firma, Adolf Lundin, für sich und seine Familie aufgebaut hat. Als er 2006 an Leukämie stirbt, hinterlässt er ein Milliardenimperium. Carl Bildt zeigt sich beeindruckt und schickt ihn mit lobenden Worten auf den Weg in die ewigen Ölfelder: »Adolf Lundin war ein Macher und Abenteurer, eine Kombination, die ebenso selten wie gelungen war. Er ging seine eigenen Wege, gab sich nie mit dem bestehenden Zustand zufrieden und war immer neugierig auf Neues. Für ihn war die ganze Welt sein Arbeitsplatz, und die Möglichkeiten darin waren unfassbar. Unser Schweden ist ärmer geworden – wir bräuchten viele wie ihn«, schrieb Carl Bildt in einem Nachruf.

Nicht alle sind gleich begeistert von den weltweiten Aktivitäten der Lundin-Gruppe; auch wenn der schwedische König Adolf Lundin 1998 den Titel »Internationaler Schwede des Jahres« verleiht – einen Titel, den unter anderem die Schriftstellerin Astrid Lindgren und der Fußballer Zlatan Ibrahimovic bekamen –, distanziert sich die damalige schwedische Außenministerin, die Sozialdemokratin Anna Lindh, von ihm und seiner Firma, als sie über das Engagement der Lundin-Gruppe im Sudan und dessen Bedeutung für Schweden spricht.

»Lundins Aktivitäten sind schlecht für Schweden. Wir erwarten, dass sich schwedische Firmen im Ausland an ethische Regeln halten, die im Einklang mit Menschenrechten und Umwelt sind.«

In Russland sieht man den schwedischen Ölmagnaten wesentlich positiver. 2002 wird Adolf Lundin zum Ehrendoktor der Handelsuniversität Plekanow ernannt, die ihren Namen dem marxistischen Vordenker Gregori Plekanow verdankt. Eigentlich ist das ein wenig paradox, denn Adolf Lundin, der auch schon Ronald Reagans Wahlkampf 1980 gesponsert hat, war zeit seines Lebens erklärter Kommunistenhasser. In einer Biografie, geschrieben von dem Journalisten Robert Eriksson, der später als Kommunikationsdirektor in der Lundin-Gruppe beschäftigt wurde, erzählt Lundin 2002, dass er sich zu keinem Zeitpunkt während des Kalten Krieges hätte vorstellen können, Geschäfte mit kommunistischen Sowjetpolitikern zu machen. Doch nach dem Systemwechsel und den ersten wilden Jahren der Privatisierung großer Staatsgesellschaften in der ehemaligen Sowjetunion ist er mehr als bereit, die Möglichkeiten des rohstoff- und ölreichen Landes zu nutzen. Dazu braucht er allerdings einen Türöffner im Kreml und Leute mit politischem Verständnis und Erfahrung, wenn mit der Spitze von Gazprom verhandelt werden soll. Eine solche Person ist schnell gefunden. Sie heißt Carl Bildt und ist Ministerpräsident von Schweden.

Lundin setzt seinen jüngeren Bruder Bertil ein, um an Bildt heranzukommen. Bertil Lundin ist Chef von KSI, dem geheimsten der schwedischen Geheimdienste, und eine seiner Aufgaben ist es, den schwedischen Ministerpräsidenten über die Sicherheitslage der Nation auf dem Laufenden zu halten. Daher trifft er Bildt mehrmals die Woche, und als Bildt das Staatsministerium verlässt, beginnt Bertil Lundin auf Aufforderung seines Bruders ernsthaft mit seiner Werbekampagne. Kurz nach der Wahlniederlage arrangiert er ein Treffen zwischen Bildt und Lundin in Stockholm und später in Genf, als Bildt von 1999 und 2001 Sondergesandter des UN-Generalsekretärs auf dem Balkan ist. Bei den vielen Treffen berät Carl Bildt Adolf Lundin, und das tut er so zufriedenstellend, dass er 2000 das Angebot bekommt, dem Vorstand von Lundin Petroleum und Vostok Nafta beizutreten. Bildt nimmt sowohl die Vorstandsposten als auch die Lohntüte mit den Aktienoptionen an.

Carl Bildt enttäuscht seinen neuen Arbeitgeber nicht. Sein großes Netzwerk in Russland, wo er auch in Immobilieninvestitionen in Sankt Petersburg involviert ist, seine diplomatische

Erfahrung und seine internationalen politischen Kontakte machen ihn zu einem brauchbaren und geschätzten Vorstandsmitglied. Später bestätigt Ian Lundin das in einem Interview mit dem schwedischen Nachrichtenmagazin *Focus* im Oktober 2011: »Er brachte eine globale Perspektive ein, die wir zuvor nicht hatten. Er war ein sehr wertvolles Mitglied des Vorstandes. Solch einen Mann braucht jede Firma. und besonders eine Firma wie Lundin Petroleum.«

Zu diesem Zeitpunkt hat sich Bildt längst wieder der schwedischen Politik zugewandt, und obwohl daher alle Verbindungen zum Lundin-Konzern abgebrochen sein sollten, ist er als Außenminister immer noch ein wichtiger Posten und lässt gerne sein Ministerium und dessen Diplomaten die Vermittlerrolle übernehmen, wenn die Lundin-Gruppe auf der Jagd nach attraktiven Partnern ist.

Am 7. Mai 2008 lädt Schwedens Botschafter in der Schweiz, Per Thöresson, zu einem Treffen von Repräsentanten der 15 größten Firmen der schwedischen Wirtschaft in seine Residenz ein. Thema des Treffens soll die Errichtung einer schwedisch-schweizerischen Handelskammer sein. Der offizielle Grundgedanke dahinter: den Handel zwischen den beiden Ländern zu erhöhen und ein Netzwerk von schwedischen und Schweizer Wirtschaftsfachleuten zu schaffen. Doch in der Realität soll die Initiative auch dafür sorgen, dass die schwedischen Firmen und Personen, die sich bereits mit Briefkasten- und Holdinggesellschaften in dem steuerfreundlichen Land niedergelassen haben, einen Ort bekommen, wo sie Kontakte knüpfen und Allianzen bilden können.

An diesem Treffen nimmt auch Carl Bildts früherer Arbeitgeber Ian Lundin teil, der gerade zum Vorstandsvorsitzenden der neu gegründeten Swedish Swiss Chamber of Commerce ernannt worden ist. Im Vorstand sitzen unter anderem auch Jacob Wallenberg vom schwedischen Wallenberg-Imperium und die Honorarkonsuln von Zürich, Lausanne und Genf. Die beiden Erstgenannten sind seit mehreren Jahren im diplomatischen Dienst, doch der

Letzte, Torbjörn Törnqvist, ist neu auf dem Parkett und wurde von Carl Bildt persönlich eingesetzt. Nur vier Monate nach Bildts Amtsantritt als Außenminister wird Törnqvist zum Konsul in Genf ernannt. Diese vom schwedischen König und Carl Bildt unterschriebene Ernennung wird Einfluss auf die Ambitionen der Lundin-Gruppe auf dem russischen Ölmarkt haben.

In Schweden nennt man den pressescheuen Törnqvist auch gerne »Schwedens heimlichsten Milliardär«, und das nicht ohne Grund. Es gibt nur wenige Informationen über den Mann, der 1953 geboren wurde und Wirtschaft an der Universität Stockholm studierte, bevor er einen Job als Praktikant der schwedischen Abteilung von BP bekam. Doch eines ist sicher: Die Welt des Öls, in die er bei BP eintaucht, wird sein Schicksal – und dieses Schicksal meint es gut mit ihm. So gut, dass er heute hinter der drittgrößten Ölgesellschaft der Welt steht: Gunvor Group Ltd.

Die Firma wurde 1997 gegründet und ist in Nikosia auf Zypern registriert. Ihren Hauptsitz hat sie in Genf. Die Firma ist im Besitz einer holländischen Gesellschaft, die in Besitz einer zypriotischen Gesellschaft ist, die wiederum der Holdinggesellschaft Clearwater Advisors gehört, die auf den Britischen Jungferninseln beheimatet ist. Die Aktien der Gesellschaft mit der komplizierten Firmenstruktur gehören zu 95 Prozent zwei Personen: Torbjörn Törnqvist und seinem Partner seit 1997, dem russischen Geschäftsmann Gennadi Timtschenko.

Mitte der 1990er-Jahre kehrte Törnqvist dem Leben als Angestellter den Rücken und etablierte sich als selbstständiger Ölhändler mit Sitz im estnischen Tallinn. Es war der perfekte Ort für einen Mann mit der Ambition, sich seinen Anteil am Kuchen im russischen Ölabenteuer zu sichern, wo die Privatisierungswelle ehemaliger Staatsbetriebe zwar Milliardäre und Oligarchen zuhauf schaffte, doch die Infrastruktur nicht mit der Entwicklung Schritt halten konnte. Daher wird ein Viertel des russischen Öl- und

Benzinexports in den Westen von den Terminals in den Häfen der beiden estnischen Städte Tallinn und Muuga verschifft.

Törnqvist arbeitet zunächst mit einheimischen Geschäftsleuten zusammen, was hervorragend läuft. Doch als er den Russen Timtschenko trifft, nimmt das Geschäft noch ganz andere Formen an. Der Russe hat alle Qualitäten, die man braucht, um auf einem Markt Erfolg zu haben, auf dem alles von persönlichen Kontakten abhängt und auch Leute von außerhalb ihr Glück machen können, wenn sie den richtigen Personen von den richtigen Personen vorgestellt werden.

Gegen Ende der 1980er-Jahre war Timtschenko Geschäftsführer der staatlich sowjetischen Ölexportfirma Kinex. Als diese nach dem Fall des kommunistischen Imperiums privatisiert wurde, wurde er Miteigentümer. Er zog nach Finnland, von wo aus er seine Ölinteressen in Russland steuerte und ab 1997 begann, mit Törnqvist Geschäfte zu machen. Die beiden Männer stellen fest, dass sie zusammen etwas erreichen können, und etablieren eine Joint-Venture-Gesellschaft, die sie nach Törnqvists Mutter »Gunvor« nennen. Diese Gesellschaft hat Erfolg. 2002 legen sie auch ihre restlichen Geschäfte zusammen, ziehen nach Genf, richten dort ihren Firmenhauptsitz ein und lassen sich nicht weit voneinander in der exklusiven Vorstadt Cologny nieder.

Fünf Jahre später ist Gunvor Ltd für ein Drittel des russischen Ölexports verantwortlich und arbeitet eng mit den staatlich kontrollierten Energiegesellschaften Gazprom, Rosneft und Surgutneftegaz zusammen.

Die neu gegründete Handelskammer in der Schweiz erweist sich schnell als das perfekte Datingbüro für Schweden mit einer Vorliebe für russisches Öl. Am 2. September 2009 heißt es in einer Pressemeldung von Lundin Petroleum, dass die Gesellschaft sich mit Gunvor zusammengetan hat, die sich bei einem Lundin-Unternehmen eingekauft hat, das im Laganskyfeld im russischen Teil des

Kaspischen Meeres nach Öl sucht. Der Handel, nach dem Lundin 70 Prozent und Gunvor 30 Prozent der Aktien gehören, stärkt Lundins Kontakte zur Spitze von Russland gewaltig. Das eine Prozent von Vostok Nafta an den Aktien von Gazprom hat sie zwar zu einem kleinen, aber wichtigen Mitspieler am Rande gemacht, doch die Allianz mit Gunvor bringt die Lundin-Gruppe endgültig in den innersten Kreis um Wladimir Putin, in dem Timtschenko von vielen als Schlüsselfigur betrachtet wird.

2014 schätzt das Wirtschaftsmagazin *Forbes* Timtschenkos Privatvermögen auf schwindelerregende zehn Milliarden Euro und nennt ihn einen der einflussreichsten Menschen in Russland. Und auch wenn Gennadi Timtschenko unzählige Male geleugnet hat, dass er und Wladimir Putin enge Freunde sind und dass der explosive Erfolg von Gunvor dieser Freundschaft geschuldet ist, deutet doch viel darauf hin, dass er nicht die ganze Wahrheit sagt, wenn er behauptet, sein Verhältnis zu Putin sei recht locker.

In Wirklichkeit reicht diese Bekanntschaft über 20 Jahre zurück, in die Zeit, als Putin noch im Bürgermeisterbüro von Sankt Petersburg arbeitete und die beiden Männer ein gemeinsames Interesse an Judo verband. Heute ist Putin Ehrenpräsident eines Judoclubs in Sankt Petersburg, den Timtschenko und ein weiterer enger Freund von Putin, Arkadi Rotenberg, finanziert haben.

Bei einem Treffen mit Autoren und Verlegern 2011 wird Putin nach seinem Verhältnis zu Timtschenko gefragt; ein wenig zögernd räumt er ein, dass ihre Freundschaft bis zu seiner Zeit in Sankt Petersburg zurückreicht, dass er sich jedoch nie in Timtschenkos Geschäfte eingemischt habe.

»Timtschenko ist ein Geschäftsmann … seit dem Tag, an dem die Privatisierungen begannen, aber ich versichere Ihnen, dies geschah völlig ohne mein Zutun.«

Doch der *Financial Times* zufolge, die in den Besitz von Geschäftsunterlagen aus Sankt Petersburg gekommen ist, war Putins

Antwort nicht ganz richtig. Mindestens in einem Fall in den 1990er-Jahren war Putin in ein Timtschenko-Geschäft involviert. Es hieß »Golden Gates« und sollte für ein Ölterminal im Hafen von Sankt Petersburg sorgen. Allerdings soll laut einem Bankier, der ebenfalls mit diesen Plänen zu tun hatte, das Projekt ein schlimmes Schicksal erlitten haben, da sich die lokale Mafia so grob einmischte, dass sich Putin gezwungen sah, seine beiden Töchter zeitweilig bei Freunden in Deutschland in Sicherheit zu bringen.

Als 2010 durch Wikileaks eine Reihe von Geheimdokumenten aus dem Jahr 2008 an die Öffentlichkeit gelangt, wird die enge Verbindung von Putin und Timtschenko deutlich. In einem Telegrammaustausch zwischen der damaligen amerikanischen Außenministerin Condoleezza Rice und der amerikanischen Botschaft in Moskau werden russische Oppositionsquellen zitiert. Sie behaupten, der Grund dafür, dass Putin 2008 keine »freie« Wahl zur Präsidentenwahl zuließ, war, dass er seinen eigenen handverlesenen Kandidaten Dmitri Medwedew als sicheren Topkandidaten platzieren wollte, um zu verhindern, dass nach der Wahl eine polizeiliche Untersuchung seiner illegalen Einnahmen und seines geheimen Vermögens eingeleitet wurde.

In weiteren geheimen Telegrammen taucht mehrmals der Name Gunvor auf. So beschreibt zum Beispiel der amerikanische Botschafter in Moskau, John Beyrle, die enge Verbindung zwischen der »geheimnisvollen Schweiz-basierten Ölhandelsgesellschaft Gunvor« und der Spitze im Kreml und sagt, es gäbe Gerüchte, dass zu den geheimnisvollen Besitzern auch Putin gehöre.

Vier Jahre später, am 6. März 2014, tritt die Verbindung zwischen Putin und Gunvor erneut zutage, als der amerikanische Präsident Barack Obama eine sogenannte Executive Order unterschreibt; daraufhin werden Sanktionen gegen russische Personen und Unternehmen eingeleitet, die den Amerikanern zufolge in die Unruhen in der Ukraine und die russische Präsenz auf der Krimhalbinsel verwickelt waren. Mit dieser Unterschrift erteilt der Präsident den Betroffenen nicht nur Einreiseverbot in die USA, sondern friert auch ihre Mittel ein, die sich auf Konten in den Vereinigten Staaten befinden.

Am gleichen Tag fordern die Staats- und Regierungschefs der EU Russland und die Ukraine auf, umgehend Verhandlungen für eine friedliche Lösung des Konflikts aufzunehmen. Gleichzeitig einigt man sich darauf, die Verhandlungen auszusetzen, die man mit Russland geführt hat, um russischen Staatsbürgern die Einreise in die EU zu erleichtern.

Doch die Worte der europäischen Staatsoberhäupter treffen auf taube Ohren. Zehn Tage nach der Aufforderung wird auf der Krim eine hastig von den Russen organisierte Volksabstimmung abgehalten, bei der eine Mehrzahl dafür ist, nach Russland »heimzukehren«.

Am Tag darauf, am 17. März, führt die EU ebenso wie die USA Sanktionen gegen gewisse russische Staatsbürger ein. Auf der Sitzung, an der auch Carl Bildt als schwedischer Außenminister teilnimmt, wird ein Text verabschiedet, in dem es etwa heißt: »Der Rat erinnert an die Erklärung der Staats- und Regierungschefs der EU vom 6. März, in der gefordert wird, dass die Verhandlungen zwischen der Ukraine und Russland innerhalb weniger Tage aufgenommen werden sollen, was auch etwaige multilaterale Mechanismen einschließen kann und innerhalb eines begrenzten zeitlichen Rahmens zu Ergebnissen führen sollte. Im Hinblick auf die Entwicklungen der letzten Woche und mangels entsprechender Resultate hat der Rat weitere Maßnahmen beschlossen, wie beispielsweise Reiseverbote, das Einfrieren von Vermögenswerten von Personen, die für Maßnahmen zur Untergrabung oder Bedrohung der territorialen Integrität, Souveränität oder Unabhängigkeit der Ukraine verantwortlich sind. Dazu gehören Maßnahmen betreffend den künftigen Status für alle Teile des Territoriums, die der Verfassung der Ukraine zuwiderhandeln, sowie von Personen und Unternehmen, die damit in Verbindung stehen.«

Am 20. März hat das Finanzministerium der USA eine Liste der Personen, die von den amerikanischen Sanktionen betroffen sind, darauf stehen auch vier Personen aus dem inneren Kreis um Putin. Einer davon ist Gennadi Timtschenko. Seine Aufnahme in die Liste wird folgendermaßen begründet: »Gennadi Timtschenko ist einer der Gründer von Gunvor, einer der größten unabhängigen Handelsgesellschaften der Öl- und Energiebranche. Timtschenkos Aktivitäten auf dem Energiesektor können direkt mit Putin in Verbindung gebracht werden. Putin hat Investitionen in Gunvor getätigt und hat möglicherweise auch Zugang zum Vermögen von Gunvor.«

Derartige Sanktionen gegen Timtschenko wären für Gunvor eine Katastrophe. Wenn es offiziell wird, dass die USA das Unternehmen für Putin-infiltriert halten, wollen westliche Banken und Kooperationspartner wahrscheinlich nichts mehr mit der schwedisch-russischen Firma zu tun haben, und die geplanten Strategien zur Expansion auf anderen Märkten als dem russischen würden sich höchstwahrscheinlich nicht mehr realisieren lassen. Die Existenz von Torbjörn Törnqvists Lebenswerk wäre gefährdet.

Doch bevor es so weit kommt, kann jemand den schwedischen Ölmilliardär und seinen russischen Kompagnon warnen, und am Tag bevor die Namen auf der amerikanischen Sanktionsliste veröffentlicht werden – die bislang eigentlich nur der Obama-Administration und der EU-Spitze hätte bekannt sein dürfen –, kauft Törnqvist seinen russischen Freund auf und wird alleiniger Besitzer von Gunvor Ltd. In einer Pressemitteilung, die die Medien gleichzeitig mit der amerikanischen Liste über die von den Sanktionen betroffenen Personen erreicht, schreibt die Presseabteilung von Gunvor: »Um die notwendigen Vorsichtsmaßnahmen in Verbindung mit möglichen ökonomischen Sanktionen zu treffen und um einen weiterhin ungehinderten Betrieb von Gunvor Group Ltd zu sichern, werden die Aktien der Gesellschaft, die sich im Besitz von Gennadi Timtschenko befinden, am 19. März an Torbjörn Törnqvist verkauft. Dadurch wird Törnqvist Majoritätsaktionär der Gunvor Group Ltd mit einem Anteil von 87 Prozent der Aktien. Die restlichen 13 Prozent befinden sich im Besitz von führenden Mitarbeitern von Gunvor. Es gibt keine externen Aktionäre.«

4. KAPITEL

DER TSCHETSCHENISCHE SCHAUSPIELER

Am 4. November 2009 um 17:35 Uhr schickt Flemming Lohmann Jørgensen aus Rønne auf Bornholm eine E-Mail an den dänischen Ministerpräsidenten. Etwas bereitet ihm Sorgen, und er hat eine lange Reihe von Fragen, auf die er keine Antwort weiß. Zwei Tage zuvor haben Lars Røkke und sein russischer Kollege, Ministerpräsident Wladimir Putin, auf einer Pressekonferenz in Moskau verkündet, das eisige Klima, welches das Verhältnis zwischen Dänemark und Russland in den letzten Jahren geprägt hat, werde von einem weit angenehmeren und herzlicheren Verhältnis abgelöst.

Seit sieben Jahren stehen sich Dänemark und Russland kritisch gegenüber. Geplante Treffen oder Staatsbesuche wurden abgesagt oder auf unbestimmte Zeit verschoben. Der dänische Export nach Russland schreibt nur noch rote Zahlen. Während sich Unternehmen aus anderen Ländern eifrig auf dem russischen Markt etablieren, müssen sich die dänischen Unternehmer mehr und mehr damit begnügen, sich die Nasen an der Schaufensterscheibe des neureichen Marktes im Russland von Putin und seinen Oligarchen platt zu drücken. So war es seit 2002, als Dänemarks damaliger Ministerpräsident Anders Fogh Rasmussen, sein Außenminister Per Stig Møller sowie ein tschetschenischer Schauspieler mit einer

Vorliebe für William Shakespeare die Hauptrollen in einem Drama auf der internationalen politischen Szene innehatten.

Das dänische Zentrum für Holocaust- und Völkermordstudien, eine selbstständige Institution des dänischen Außenministeriums, und das unabhängige Hilfskomitee für Tschetschenien bereiten im Oktober 2002 die letzten Details für den Tschetschenienkongress vor, der am 28. und 29. Oktober in Kopenhagen stattfinden soll. Geplant ist, dass die Teilnehmer während der zwei Tage friedlich und in aller Ruhe über die Lage in dem kriegsgebeutelten Gebiet diskutieren können. Doch die Situation ist vor, während und nach der Konferenz alles andere als friedlich.

Tschetschenien im Nordkaukasus ist ein wichtiger Knotenpunkt für russische Öl- und Gasleitungen, aber auch ein Gebiet mit großem Verlangen nach Unabhängigkeit. Seit der zweiten Hälfte des 18. Jahrhunderts stand Tschetschenien mehr oder minder dauernd unter russischer Herrschaft; im Zuge des Zerfalls der Sowjetunion im Jahr 1991 erklärte sich das Land für selbstständig. Doch diese Loslösung wurde von Russlands erstem Präsidenten Boris Jelzin nicht akzeptiert; 1994 beschloss er nach langen und intensiven Verhandlungen, in Tschetschenien einzumarschieren. Der Krieg dauerte zwei Jahre und kostete ungefähr 100 000 zivile Tschetschenen das Leben. Als die Russen abzogen, hinterließen sie ein Land in völliger Auflösung. Es herrscht Chaos, und das Land ist leichte Beute für sowohl einheimische Kriegsherren als auch für eine Gruppe arabischer Islamisten mit Kriegserfahrung und aufgestautem Hass auf Russland aus dem zehnjährigen Krieg zwischen der Sowjetunion und Afghanistan.

Einer von ihnen ist Ibn Al-Khattab aus Saudi-Arabien, den sowohl amerikanische als auch russische Geheimdienstquellen als einen engen Verbündeten des größten Feindes des Westens, des Al-Kaida-Führers Osama bin Laden, betrachten. Al-Khattab tut sich mit den einheimischen Kriegsherren und dem Nationalisten Schamil Bassajew zusammen, und im August 1999 befehlen die beiden über eine Einheit von 1000 Mann, mit der sie einen Überraschungsangriff auf die Nachbarrepublik Dagestan unternehmen. Der Angriff wird abgewehrt, und der tschetschenische Präsident Aslan Maschadow verurteilt die Aktion aufs Schärfste und bietet Russland seine Unterstützung bei der Jagd auf die Verantwortlichen an. Doch vonseiten der Regierung im Kreml erhält er dafür weder Dank noch Unterstützung.

Russland befindet sich in einer ungeheuren Führungskrise. Der Präsident des Landes, Boris Jelzin, zeigt sich nur selten in seinem Büro; meist kommt er nur, um in der Regierung und der obersten Verwaltung des Landes aufzuräumen. Im Laufe von eineinhalb Jahren hat er drei Ministerpräsidenten gefeuert. Am frühen Morgen des 9. August 1991 geht der vierte, Sergei Stepaschin, samt seiner ganzen Regierung. Stepaschin hatte seinen Posten nicht einmal drei Monate. Sein Vorgänger, Jewgeni Primakow, durfte immerhin acht Monate bleiben. Niemand erwartet, dass der neu ernannte fünfte Ministerpräsident innerhalb von 18 Monaten sein Amt lange behalten wird.

Doch das ist ein Irrtum. Wladimir Wladimirowitsch Putin, wie der Neue heißt, hat andere Pläne. Er will das Reich wiederauferstehen lassen und Russland wieder groß machen. Und er ist bereit, alle Mittel einzusetzen, um sein Ziel zu erreichen.

In der breiten russischen Bevölkerung ist Wladimir Putin völlig unbekannt. Dennoch hat er bereits großen Einfluss in den höchsten Kreisen. Er leitet den mächtigen nationalen Sicherheitsrat und ist bis zu seiner Ernennung zum Ministerpräsidenten Direktor des Inlandsgeheimdienstes der russischen Föderation. Beim FSB, dem Nachfolger des aus Sowjetzeiten berüchtigten KGB, hat er einen Großteil seines Lebens verbracht und kennt die Organisation bis ins Detail.

Seine Spionageausbildung erhielt er in der KGB-Akademie Rote Fahne in Moskau, zwischen 1975 und 1990 war er aktiv als Spion tätig. Bereits als kleiner Junge in Leningrad träumte er davon, Spion des KGB zu werden, und auch wenn er es offiziell herunterspielt, war er immer ein Mann der Organisation. Als er in das Büro des Ministerpräsidenten einzieht, bringt er die Methoden, die Loyalität und die Unterstützung des Geheimdienstes mit.

Als Putin gerade mal 22 Tage im Amt ist, explodiert im Einkaufszentrum am Manege-Platz, nur etwa 50 Meter von der Nordwestmauer des Kreml entfernt, eine Bombe. Das dreistöckige Kaufhaus ist eines der größten in Europa, und als die Bombe um acht Uhr abends in der Restaurantszene im Untergeschoss detoniert, ist es dort zum Bersten voll. Eine Person wird bei der Explosion getötet, 30 Menschen werden verletzt. Doch das ist nur der Anfang einer ganzen Reihe von Anschlägen, die insgesamt 238 Unschuldige das Leben kosten.

Fünf Tage nach der Bombe im Einkaufszentrum wird ein Wohnhaus in der südrussischen Stadt Buinaksk, nahe der tschetschenischen Grenze, von einer Explosion erschüttert, die das Gebäude einstürzen lässt. Die Bewohner des Hauses sind russische Militärangehörige und ihre Familien. 64 Personen finden den Tod, und 46 werden verletzt. 23 der Getöteten sind Kinder.

Kurz vor Mitternacht vier Tage später, am 8. September, trifft es einen Block mit 72 Wohnungen in der Moskauer Vorstadt Petchatniki. Eine gewaltige Explosion reißt das Gebäude auseinander, und 100 Menschen kommen dabei um. 700 Kinder und Erwachsene werden verletzt.

Fünf Tage darauf detoniert noch eine Bombe. Dieses Mal in einem achtstöckigen Wohnhaus an der Kashirskoe Hauptstraße nur sechs Kilometer von Petchatniki entfernt. Die Bombe geht nachts los, als die meisten Bewohner schlafen, und nur wenige kommen mit dem Leben davon. 124 Menschen sterben.

Die russische Bevölkerung steht nach den vielen Explosionen unter Schock. Viele wagen nachts nicht mehr zu schlafen und laufen lieber in den Straßen herum, wo mittlerweile auch private Wachleute patrouillieren. Die Bevölkerung zweifelt nicht an der offiziellen Aussage der Behörden, dass die Bombenanschläge von tschetschenischen Attentätern geplante und ausgeführte Terrorakte sind. Die Polizei hat Moskau zu einer »Null-Toleranz-Zone« für alle jüngeren Männer mit auch nur annähernd tschetschenischem Aussehen gemacht, und überall im Land werden die Polizeiwachen von besorgten Bürgern überrannt, die glauben, etwas Verdächtiges gesehen zu haben.

Einen solchen Hinweis erhält auch die Polizei in Bezug auf Rjasan, eine Kleinstadt 200 Kilometer südöstlich von Moskau, und rückt am Abend des 22. September dorthin aus. Ein Bewohner hat beobachtet, wie in der Novosjolovsstraße 14/16 etwas Mysteriöses vorgefallen ist. Ein weißer Lada fuhr auf den Hof, und drei Personen – eine Frau und zwei Männer – luden drei Säcke ab und trugen sie in einen der Aufgänge.

Der Mann, der sie beobachtet, wundert sich über das merkwürdige Nummernschild des Autos. Der Teil der Nummer, der die Region angibt, in der das Auto registriert ist, wurde mit einem Pappschild mit der Nummer 62 überklebt – der Regionsnummer für Rjasan. Der Zeuge beeilt sich daher, die Zulassungsnummer aufzuschreiben und die Polizei anzurufen, doch als die Beamten ankommen, sind die Leute mit dem Lada längst über alle Berge. Dafür finden sie drei 50-kg-Säcke unter der Treppe in einem dunklen Kellerbereich. Auf den Säcken steht »Zucker«.

Später schreibt der eine Polizeibeamte in seinem Bericht unter anderem: »Wir leuchteten mit den Taschenlampen hinein und sahen einige Zuckersäcke dort stehen. Im obersten Sack war ein Riss, durch den wir eine Art elektronisches Gerät erkennen konnten: Leitungen, die mit Isolierband befestigt waren. Ein Zeitzünder?«

Was die Beamten sehen, ist eine Uhr, deren Wecker auf 5:30 Uhr am folgenden Morgen eingestellt und die mit einem Zünder und einer Sprengladung verbunden ist. Es ist eine tödliche Konstruktion in Verbindung mit dem Inhalt der Säcke, bei dem es sich nicht um Zucker, sondern um den Sprengstoff Hexogen handelt, der unter anderem vom Militär verwendet wird.

Die Polizei in Rjasan stellt Nachforschungen an und findet schnell die drei Personen aus dem Lada, bei denen es sich zur größten Überraschung der Beamten um Angestellte des Geheimdienstes FSB in Moskau handelt. Kurz vor der Verhaftung hat Innenminister Wladimir Ruschailo eine große Pressekonferenz abgehalten, auf der er über den Fund der drei Säcke mit Hexogen berichtete und die Polizei dafür lobte, einen weiteren Bombenanschlag auf ein ziviles Wohnhaus verhindert zu haben. Doch als die Information über die Festnahme der drei FSB-Leute an die Öffentlichkeit dringt, ändert die Regierung ihre Erklärung und lässt den Chef des FSB, Nikolai Patruschew, vor die Fernsehkameras treten, um zu erklären, dass das Ganze eine Übung gewesen sei, um die Wachsamkeit der Bevölkerung zu testen. Durch die umgehende Festnahme der drei mysteriösen Personen und Sicherstellung der Zuckersäcke habe sich diese ja auch bestätigt. Gleichzeitig mit seinem Auftritt werden die Akten über die angebliche Übung auf 75 Jahre für streng geheim erklärt.

Die Geheimhaltung und eine Reihe von belastenden Zeugenaussagen, die in die Richtung deuteten, dass es sich keineswegs um eine Übung handelte, sondern um einen vom FSB geplanten Terroranschlag, setzt einige unabhängige Nachforschungen über das Ereignis in Gang. Doch für die meisten Neugierigen und Journalisten, die ihre Nase in die Angelegenheit stecken, geht die Sache schlimm aus. Am 17. April 2003 wird Sergei Juschenkow, ein Mitglied der Duma und einer derjenigen, die die Bombenanschläge untersuchen, vor seinem Haus in Moskau erschossen. Ein weiteres

Mitglied der Duma, Juri Schtschekotschichin, investigativer Journalist und mit Nachforschungen zu den Vorfällen von 1999 befasst, stirbt am 3. Juli 2003. Offiziell an einer Viruserkrankung, doch alles deutet auf einen Giftmord hin. Daher verlangt seine Familie eine Obduktion. Dies geschient auch, aber da er Mitglied der Duma ist, fordert der FSB, dass die Obduktion in der Zentralklinik, dem russischen Elitekrankenhaus in der exklusiven Vorstadt Kuntsevo, stattfindet. Das Krankenhaus wird permanent vom FSB überwacht, und die Resultate der Obduktion bleiben unter Verschluss. Nicht einmal die engsten Familienmitglieder können Gewebeproben verlangen, um sie an einem anderen Krankenhaus untersuchen zu lassen. Und die Todesfälle häufen sich.

Die anerkannte und international hoch angesehene Journalistin und Autorin Anna Politkowskaja, die mehrere Bücher über die Tschetschenienkriege sowie das systemkritische Buch »Putins Russland« verfasst hat, versucht ebenfalls, der Wahrheit um die Explosionen in den Wohnhäusern auf die Spur zu kommen. Am 7. Oktober 2006 wird sie erschossen im Aufzug ihres Hauses im Zentrum von Moskau gefunden. Und schließlich stirbt der frühere Geheimagent des KGB und später des FSB Alexander Litwinenko im November 2006 an einer Vergiftung mit ^{210}Polonium, das ihm bei einem Treffen mit zwei FSB-Agenten in der Bar des Millennium Hotels in London in den Tee gemischt wird. Litwinenko bekam 2001 politisches Asyl in England und war Co-Autor des Buches »Eiszeit im Kreml«, einer gründlichen Analyse der Verwicklung von Putin und dem FSB in die Bombenanschläge auf die Wohnhäuser. In Russland ist das Buch verboten, und der Giftmord an Litwinenko fand kurz vor dessen Erscheinung in England statt.

Doch in den Tagen nach den heftigen Explosionen richtet sich jedermanns Verdacht gegen Tschetschenien und tschetschenische Terroristen. Am 23. September 1999 unterschreibt Präsident Jelzin ein Dekret, das dem Militär die Erlaubnis erteilt, gegen den tschetschenischen Teilstaat in den Krieg zu ziehen. Am nächsten Tag gibt Putin dem Heer den Befehl, die Kampfhandlungen in Tschetschenien einzuleiten. Die Soldaten sollten keine Gnade zeigen, wenn sie zuschlagen, sagt er am nächsten Tag, als er im überregionalen Fernsehen eine Ansprache an das russische Volk hält. »Wir werden sie bis auf den letzten Mann jagen. Wo wir sie finden, werden wir sie vernichten. Und wenn wir sie auf dem Klo finden, werden wir sie den Abfluss hinunterspülen!«, erklärt er. Seine harschen Worte treffen den Geschmack des russischen Volkes. Im Gegensatz zu Jelzin und der Gruppe von Oligarchen, die sich seit dem Systemwechsel auf Kosten der allgemeinen Bevölkerung bereichert haben, die dabei immer ärmer und ärmer wurde, zeigt er, dass er einer von ihnen ist. Er teilt den Zorn des gemeinen Volkes und spricht seine Sprache. Und er ist bereit, Russland und seine Bewohner notfalls mit Gewalt zu verteidigen.

Putin ist der starke Mann, auf den die Russen lange sehnsüchtig gewartet haben, und seine Popularität nimmt rasant zu. Als er im August zum Ministerpräsidenten ernannt wird, zeigt eine Umfrage, dass nur zwei Prozent der Russen sich vorstellen können, dass er ihr nächster Präsident wird. Zwei Monate später steigt diese Zahl auf 27 Prozent an, und mit jedem Tag, an dem in Tschetschenien gekämpft wird, nimmt sein Rückhalt in der Bevölkerung zu, obwohl der Militäreinsatz teuer ist und viele Menschenleben kostet.

Anfang Dezember treffen Berichte über die brutalen Übergriffe russischer Soldaten gegen die Zivilbevölkerung Tschetscheniens im Westen ein. Die Nachrichtenagentur *Associated Press* berichtet über ungeheure Verbrechen in dem Dorf Urus-Martan südwestlich der Hauptstadt Grosny, wo Augenzeugen erzählen, dass Russen Häuser plündern und deren Bewohner hinrichten, wenn sie Widerstand leisten. Die Menschenrechtsorganisation Human Rights Watch schreibt in einem Bericht über ein Massaker in der Stadt Alkhan-Yurt, etwa 15 Kilometer südwestlich von Grosny, wo russische Soldaten ebenfalls Häuser geplündert und niedergebrannt sowie über 20 Zivilpersonen getötet haben. Überlebende berichten, dass die russischen Soldaten am 1. Dezember in die Stadt kamen, drei Tage nach einem heftigen Artillerieangriff, und dass sie seitdem ihr Unwesen treiben, Essen, Möbel, Porzellan, Teppiche und Elektrogeräte stehlen und in ihren Militärfahrzeugen wegschaffen.

Am 8. Dezember stürmen Soldaten das Haus des 60-jährigen Hanpasha Dudajew. Sie erschlagen ihn und lassen seine Leiche im Haus liegen, als sie es in Brand stecken. Später zwingen sie ein paar Dorfbewohner, seine verkohlte Leiche zu begraben. Ein Zeuge berichtet von weiteren drei Personen, deren Ermordung durch russische Soldaten er mit eigenen Augen gesehen hat, und von 17 weiteren Getöteten, die er namentlich kennt. Und es sind nicht die Einzigen laut den Beobachtern von Human Rights Watch. Überall gibt es Opfer unter der Zivilbevölkerung. Kinder, Frauen und Männer, die entweder von Soldaten auf Raubzug oder von den Granaten des russischen Heeres getötet werden.

Die Berichte über die Überfallkommandos der russischen Soldaten gegen die tschetschenische Bevölkerung erscheinen nur in westlichen Medien. Die russischen Medien – mit Ausnahme des unabhängigen Fernsehkanals NTV – erwähnen die Massaker nicht, sondern beschränken sich darauf, von den Erfolgen Putins und der russischen Armee im Kampf gegen Terroristen und Aufrührer in Tschetschenien zu berichten.

Dieses regierungsfreundliche Bild des Krieges sorgt für Ruhe unter der russischen Bevölkerung, und bis zur Jahrtausendwende erreicht die Popularität des bis vor Kurzem noch völlig unbekannten Putin neue Höhen. Je härter er gegen Tschetschenien vorgeht, desto beeindruckter ist der einfache Russe von seiner Tatkraft. Zum Jahreswechsel 1999–2000 ist sein Gesicht selbst noch im entlegensten Winkel des riesigen Reiches bekannt.

Silvester ist bei Weitem der wichtigste Feiertag in Russland. Es ist ein Fest für Familien und Freunde; in der Stunde vor dem Jahreswechsel versammelt man sich vor dem Fernseher, um anzustoßen und sich ein gutes neues Jahr zu wünschen, wenn die Uhren auf dem Roten Platz Mitternacht schlagen und das Feuerwerk beginnt, das den Himmel über den historischen Bauten des Kreml erhellt. Doch in den Minuten, bevor Glocken und Raketen loslegen, hält der Staatschef seine Neujahrsansprache.

Während der Sowjetzeit hielt diese Rede der Generalsekretär der kommunistischen Partei. Nach einer Unterbrechung im Jahr 1991, als die Sowjetunion reell nicht länger existierte, griff Präsident Jelzin 1992 die Tradition wieder auf. In seiner achten Neujahrsrede lässt er einen gewaltigen Neujahrskracher los, als er zwölf Stunden eher als im Programm vorgesehen auf den Bildschirmen im ganzen Land erscheint.

»Liebe Russen«, beginnt er. »In wenigen Augenblicken nähern wir uns einem bedeutenden Tag in unserer Geschichte. Vor uns liegt das Jahr 2000, ein neues Jahrhundert, ein neues Jahrtausend. […] Ich habe eine Entscheidung getroffen. Ich habe lange und qualvoll über diese Entscheidung nachgedacht. Heute, am letzten Tag dieses Jahrhunderts, trete ich zurück. […] Gemäß der Verfassung habe ich meine Amtsgeschäfte an Ministerpräsident Wladimir Putin übergeben. Er wird drei Monate lang Interimspräsident sein, und Ende März kommt die Präsidentenwahl. Ich war immer von der verblüffenden Weisheit der Russen überzeugt. Deshalb zweifele ich nicht daran, welche Wahl Sie Ende März 2000 treffen werden.

Ich sage Lebewohl und möchte jedem von Ihnen sagen: Freuen Sie sich. Sie verdienen es, sich zu freuen. Sie verdienen Freude und Frieden. Gutes neues Jahr und ein frohes neues Jahrhundert, mein liebes Volk.«

Vor dieser Rede hat Jelzin einen arbeitsreichen Morgen und Vormittag gehabt. Er ist früher aufgestanden als normal und konnte mit seiner Frau Naina und seiner Tochter Tatjana frühstücken, bevor seine kugelsichere Limousine um Punkt acht vor der Tür des Präsidentenhauses am Gorki 9 in der exklusiven Moskauer Vorstadt Rubliovka vorfährt. Wie gewöhnlich hält der Leiter des Sicherheitsdienstes für den Präsidenten, Anatoly Kuznetsow, Jelzin die Tür auf. Die beiden Männer kennen sich seit 1991, als eine Gruppe kommunistischer Putschisten unter der Leitung des Vizepräsidenten, des Ministerpräsidenten, des Innen- und des Verteidigungsministers sowie des Chefs des KGB den Präsidenten der Sowjetunion, Michail Gorbatschow, absetzten wollte, während dieser sich in seinem Sommerurlaub auf der Krimhalbinsel befand. Der Putsch gelang nicht, und Jelzin, zu diesem Zeitpunkt Präsident der Sowjetrepublik Russland, muss in den unruhigen Spätsommertagen, während der Putschversuch niedergeschlagen wird, mit seiner Familie in Kuznetsows Wohnung in Moskau Zuflucht suchen. Seitdem arbeiten Jelzin und Kuznetsow eng zusammen. Doch als der Wagen seine 15 Kilometer lange Fahrt in den Kreml beginnt, weiß der treue Freund und Leibwächter noch nicht, dass dies seine letzte Fahrt mit Boris Jelzin als Präsident sein wird und dass er selbst kurz darauf seinen Job und seine Stellung verlieren wird.

Um 8:15 Uhr kommt Jelzin zum letzten Mal in seinem Büro an. Kanzleichef Waleri Sementschenko hat ihm einen Tagesplan auf seinen Schreibtisch gelegt, den Jelzin jedoch wegwirft. Er hat seinen eigenen Plan für diesen Tag in der Jackentasche. Das Papier, auf dem er ihn geschrieben hat, ist während der Fahrt verknittert, und er versucht, es glatt zu streichen. Er mag kein zerknittertes Papier. Das kann er nicht ertragen, daher legt er es unter eine der Mappen auf seinem Schreibtisch – Mappen mit verschlüsselten Telegrammen, Berichten aus den schwierigsten Ministerien und

Telegrammen vom Außenministerium. Der Kanzleichef hat die Mappen gerade hereingebracht, doch Jelzin interessiert sich nicht länger dafür. Er ist nur an einer einzigen interessiert, die zu seiner großen Überraschung nicht da ist. Er drückt auf den Knopf der Sprechanlage und befiehlt dem Stabschef Alexander Woloschin, augenblicklich mitsamt der fehlenden Mappe in seinem Büro zu erscheinen. Ein paar Minuten später steht Woloschin vor Jelzins Schreibtisch. Unter dem Arm hat er eine rote Mappe, doch er zögert, sie dem Präsidenten zu geben.

Stattdessen räuspert er sich und sagt: »Boris Nikolajewitsch, es sieht aus, als sei alles klar, aber …«

Er hält inne, und noch bevor er etwas sagen kann, unterbricht ihn Jelzin: »Was zum Teufel soll das? Beginnen Sie etwa zu zweifeln? Sie müssen sich an unseren Plan halten!«

»Nein, nein, Boris Nikolajewitsch, ich zweifle nicht«, antwortet der Stabschef und reicht ihm die Mappe. »Wir tun natürlich das, was wir vereinbart haben. Wir halten uns an den Plan.«

Jelzin wirft einen flüchtigen Blick hinein und drückt erneut auf den Knopf der Sprechanlage. Dieses Mal, um Wladimir Putin für 9:30 Uhr zu einem Meeting einzuladen.

Pünktlich trifft Putin ein, gleichzeitig mit dem Protokollchef Wladimir Schewtschenko und Pressechef und Sprecher Dmitri Jakuschkin, die Jelzin ebenfalls einberufen hat.

Jelzin sieht die drei Männer einen Moment lang forschend an, nimmt die rote Mappe und beginnt, einen Erlass des Präsidenten vorzulesen, den er soeben unterzeichnet hat.

»Gemäß Absatz 2, Artikel 92 der Verfassung der Russischen Föderation trete ich am 31. Dezember 1999 um 24:00 Uhr von den Amtsgeschäften des Präsidenten der Russischen Föderation zurück. Gemäß Absatz 3, Artikel 92 der Verfassung der Russischen Föderation wird der Regierungschef der Russischen Föderation die Amtsgeschäfte des Präsidenten ab Mitternacht, um 24:00 am

31. Dezember 1999 übernehmen. Dieser Erlass tritt mit der Unterschrift in Kraft.«

Protokollchef Wladimir Schewtschenko kann seine Gefühle nur schwer beherrschen, als der Erlass vorgelesen wird, und er ist der Erste, der die Entscheidung des Präsidenten kommentiert.

»Boris Nikolajewitsch, bitte unterschreiben Sie nicht jetzt«, sagt er. »Lassen Sie uns noch eine Woche warten. Wir haben doch eine Reise nach Bethlehem geplant.«

Boris Jelzin sieht Putin an, der über den Protest des Protokollchefs verlegen lächelt, doch Jelzin, der sich von seinem Stuhl erhoben hat, unterstreicht seine Entscheidung und unterstützt seinen Nachfolger. »Viel Glück«, sagt er, drückt dem Mann die Hand, der ein paar Stunden später die Macht über Russland übernehmen wird, und überreicht ihm die Schlüssel zu den Atomarsenalen des Landes.

Boris Jelzin ist offensichtlich krank, als er von seinem Posten zurücktritt, doch während seiner letzten Amtszeit bereitet ihm nicht nur seine Gesundheit Sorgen. Russland befindet sich in einer Finanzkrise, aufrührerische Republiken sprechen laut den Wunsch nach Selbstständigkeit aus, und weder militärisch noch außenpolitisch kann das Land Stärke zeigen. Doch Jelzin und seinem engsten Beraterkreis machen vor allem die Vorwürfe von Korruption, Bestechung und Geldwäsche in Milliardenhöhe Sorgen. Das Geld ist angeblich in Steueroasen in der Schweiz, auf den Jungfern- und Bermudainseln gelandet.

Kritische Journalisten untersuchten die Kontakte und die finanziellen Verhältnisse der Familien und enthüllten so viele und so brisante Details, dass sowohl die russische als auch die internationale Presse den Begriff »Familie« zu verwenden begann, wenn sie vom innersten Machtkreis um Boris Jelzin sprach. Und es gibt einen guten Grund, dem Jelzin-Clan ein mafiaähnliches Etikett anzuhängen, da er unter anderem beschuldigt wurde, in einen Skandal verwickelt zu sein, bei dem die Familie und deren enger Verbündeter Pawel Borodin angeblich Bestechungsgelder in Millionenhöhe von der Schweizer Firma Mabetex erhalten haben soll.

Die längste Zeit der Jelzin-Ära war Borodin verantwortlich für die Immobilienverwaltung des Präsidenten – eine Instanz, die die staatlichen Immobilien und den Fuhrpark betreut. Im Zusammenhang mit einigen Renovierungen im Kreml hat die Schweizer Firma den Anklagen zufolge unter dem Tisch ansehnliche Summen bezahlt, um sich lukrative Bauaufträge zu sichern. Dabei handelt es sich nicht um Kleingeld. Die Renovierung des alten Kreml-Palastes belief sich auf über 250 Millionen Euro, während die entsprechende Instandsetzung von Jelzins eigener Präsidentenwohnung sogar 400 Millionen Euro gekostet haben soll. Eine der Töchter Jelzins, Tatjana Djatschenko, wird als Schlüsselfigur in dieser Angelegenheit bezeichnet, und ein Teil der Bestechungsgelder ging angeblich auf das Schweizer Bankkonto der Familie Jelzin.

Nicht zufällig geriet die Tochter ins Scheinwerferlicht. Die Mabetex-Sache ist kein Einzelfall. Es ist bekannt, dass Tatjana großen Einfluss auf die Politik ihres Vaters hatte und seine Position ausnutzte, um sich selbst und die Familie zu bereichern. 1999 schlossen ihr Mann, Leonid Djatschenko, und seine Ölhandelsgesellschaft Urals Energy einen lukrativen Deal mit dem wirtschaftlichen Enfant terrible Jan Bonde Nielsen ab.

Der dänische Finanzmann und enge Freund von Königin Margrethe und dem 2018 verstorbenen Prinz Henrik hatte in den 1990er-Jahren goldene Jahre in Russland, wobei ihm seine Nase für gute Geschäfte und die Fähigkeit, sich auch in den eher lichtscheuen Teil des politischen Establishments zu begeben, sehr zugutekamen.

Gemeinsam mit einer Gruppe von Investoren besitzt Bonde Nielsen die Mehrheit der Aktienanteile der Öl- und Gasgesellschaft

Tebukneft, doch selbst als Hauptaktionär und Vorstandsvorsitzender kann man sich im neuen Russland seines Besitzes nicht sicher sein. Durch Androhung hoher Geldbußen und Gefängnisstrafen wegen Steuerhinterziehung bekommen die Inhaber regelmäßig den Wink mit dem berühmten Zaunpfahl, dass es besser für die eigene Gesundheit sei, sich zu einem vernünftigen Preis von ihrem Unternehmen zu trennen.

Auch Bonde Nielsen erhält solche Drohungen.

Die Behörden der Stadt Sosnogorsk in der Republik Komi, in der das Unternehmen Tebukneft seinen Geschäftssitz hat, beginnen den ausländischen Glücksritter, der gekommen ist, um sich an den großen unterirdischen Ressourcen zu bereichern, schief anzusehen. Sie sind der Meinung, dass dies eher den Einwohnern der Stadt oder zumindest deren obersten Verwaltungsleitern und Politikern gebührt. Daher droht der Stadtrat dem Dänen mit einer Steueranklage und Konkurs, sofern er es nicht vorzieht zu zahlen. Doch Bonde Nielsen hat sich in Russland umgehört und festgestellt, dass er als enger Freund des dänischen Königshauses auch einflussreiche Freunde weiter oben im Zentralsystem hat; mit deren Hilfe kann er vor dem Korruptionsausschuss der Duma Klage einreichen.

Bonde Nielsen beschuldigt die Regionalverwaltung in Komi der Korruption und Erpressung und dass sie ungerechtfertigt ein Konkursverfahren gegen ihn und seine Firma eingeleitet habe. Seine Klage findet Gehör. Der Ausschuss suspendiert das Konkursverfahren, und Jan Bonde Nielsen hat seine Investition gerettet. Doch da die Lage für ihn keineswegs sicher ist, zieht er es vor, seine Aktien zu verkaufen.

Bonde Nielsen verspricht dem Ölmagnaten Grigori Bereskin, der eng mit dem späteren Besitzer des Fußballclubs Chelsea, Roman Abramowitsch, zusammenarbeitet, dass er seinen Aktienposten für zehn Millionen Dollar übernehmen kann. Doch da

Bonde Nielsen im Laufe der Verhandlungen den Preis plötzlich hochschraubt und eine weitere Million verlangt, springt Bereskin ab, und Urals Energy und die Jelzin-Familie kaufen die Aktien des dänischen Finanzmannes.

Die »Familie« fürchtet die Präsidentenwahl, die verfassungsgemäß im Juni 2000 abgehalten werden soll, seit Langem. Ein neuer Präsident wird mit großer Wahrscheinlichkeit eine Untersuchung der vielen problematischen Verhältnisse anordnen, die zutage gekommen sind. Derartige Untersuchengen können im schlimmsten Fall dazu führen, dass Mitglieder der Familie im Gefängnis landen und dass ihre zusammengeraubten Vermögen beschlagnahmt werden. Daher hat der innere Kreis der Jelzin-Familie nach einem Mann gesucht, auf den sie sich verlassen und mit dem sie einen Handel eingehen können. Einen Mann, den man zum Präsidenten machen kann und der im Gegenzug dazu bereit ist, die »Familie« unter seine schützenden Fittiche zu nehmen.

Diese Beschreibung passt auf Putin wie die Faust aufs Auge. Vor ein paar Monaten hat die »Familie« den bis dahin unbekannten Mann herangeholt, der in seiner kurzen Zeit an der Spitze der Regierung das Symbol für ein neues, tatkräftiges Russland geworden ist. Sein Erfolg und seine vermutliche Bereitschaft, eine Abmachung zu treffen, sollen ausgenutzt werden.

Es ist Roman Abramowitsch, der Putin als Lösung für die Probleme des Jelzin-Clans ins Spiel bringt. Er gehört zum »Thinktank« der Familie und hat die russische Verfassung studiert; sie besagt, dass, wenn ein regierender Präsident verfrüht von seinem Amt zurücktritt, bis zur nächsten Wahl der Ministerpräsident die Funktion als Präsident übernehmen soll.

Putin erfährt von Jelzins Plänen, zurückzutreten und ihn zum Nachfolger zu machen, bei einem Treffen in dessen Privathaus am 14. Dezember 1999, und seine spontane Reaktion überrascht den Präsidenten.

»Ich bin nicht bereit, eine derartige Entscheidung zu fällen, Boris Nikolajewitsch. Das ist eine sehr bedeutungsvolle Entscheidung«, sagt er.

Doch Jelzin fährt fort: »Ich möchte dieses Jahr noch zurücktreten, Wladimir Wladimirowitsch. Dieses Jahr. Das ist sehr wichtig. Das neue Jahrhundert soll mit einer neuen politischen Ära beginnen. Putins Ära. Verstehen Sie das? Können Sie mir folgen?«

Aber Putin versucht, sich vor einer klaren Antwort zu drücken. »Russland braucht Sie, Boris Nikolajewitsch. Und ich ebenfalls«, sagt er. »Sie sind eine große Hilfe. Erinnern Sie sich an das Gipfeltreffen in Istanbul? Hätte ich daran teilgenommen, wäre es nur in eine Richtung verlaufen, aber bei Ihnen war das anders. Es ist sehr wichtig, dass wir beide zusammenarbeiten. Wäre es daher nicht besser, wenn Sie noch bis zum Ende Ihrer Amtszeit bleiben?«

Jelzin antwortet nicht, und eine Weile schweigen die beiden Männer. Der Präsident sieht aus dem Fenster, um Putin noch etwas Bedenkzeit zu geben, doch nicht allzu lange. Ein paar Augenblicke später will er seine Antwort haben.

»Nun, was sagen Sie?«, fragt er. »Sie haben mir noch keine Antwort gegeben.«

»Ich nehme an«, erwidert Putin.

Als sich Boris Jelzin im Fernsehen an das russische Volk wendet, um es über seine Entscheidung und den neuen fungierenden Präsidenten zu informieren, sieht Putins Frau Ljudmila nicht zu. Sie hat nichts von der Sondersendung gehört und hat keine Ahnung, dass ihr Mann die Führung Russlands übernehmen soll. In den mehr als 14 Tagen, seit er über seinen künftigen Job Bescheid weiß, hat er seiner Frau gegenüber kein Wort darüber verlauten lassen. Nicht einmal an diesem Tag ruft er sie an, um sie vorzuwarnen. Dass Ljudmila Putin ab Mitternacht Russlands First Lady und ihr Mann Präsident ist, erfährt sie von einer Freundin, die fünf Minuten nach Ausstrahlung der Sendung anruft und ihr Glück wünscht.

»Gleichfalls ein gutes neues Jahr dir und deinem Mann«, antwortet Frau Putin, die davon ausgeht, dass die Freundin nur anrief, um ihr ein frohes Neujahr zu wünschen.

Nach Jelzins Fernsehansprache beruft Putin den Nationalen Sicherheitsrat ein – Verteidigungsminister, Innenminister, die Leiter von Duma und Föderationsrat sowie den Chef des Geheimdienstes –, um sie über ihre künftigen Prioritäten zu unterrichten. Die Außenpolitik wird sich unter der neuen Administration nicht wesentlich ändern, erzählt er, doch das Militär wird weitere Mittel erhalten. Er beendet das kurze Meeting mit der Aufforderung an alle Mitglieder, auf die Computerzusammenbrüche zu achten, die die ganze Welt im Zusammenhang mit der Jahrtausendwende befürchtet. Danach geht er in ein Büro, um seine erste Neujahrsrede an das russische Volk aufzunehmen.

Jelzins Rede wird im pompösen Empfangssaal des Präsidentenpalastes aufgenommen. Weiße Stucksäulen, schwere Gardinen und ein geschmückter Weihnachtsbaum neben einer Flagge mit dem Wappen des Präsidenten bilden den Hintergrund für seine überraschende Botschaft. Als Putin keine zwölf Stunden später, kurz vor Mitternacht, auf den Fernsehschirmen in den russischen Wohnzimmern und den aus diesem Anlass auf dem Roten Platz aufgestellten Großbildschirmen erscheint, steht auch hinter ihm ein geschmückter Weihnachtsbaum. Doch im Gegensatz zu Jelzins Hintergrund hat er ihn gleich mit zwei Fahnen ergänzt. Links vom Baum steht die offizielle Präsidentenflagge und rechts davon die weiß-blau-rote Trikolore, die Peter der Große 1699 zur russischen Flagge gemacht hatte und die nach einer 74-jährigen Pause 1991 als Symbol der Auferstehung des neuen Russlands wiedereingeführt wurde. Hielt die Kamera bei Jelzins Rede den abtretenden Präsidenten in einer Einstellung fest, in der sein ganzer mächtiger Schreibtisch mit im Bild war, so kommt sie dem neuen Mann im Präsidentenpalast in der Mitternachtssendung deutlich näher. Den linken Unterarm fest auf die Schreibtischplatte gelegt, neigt sich Putin mit einem »No-Bullshit«-Ausdruck in einer Halbtotalen vor und sagt zu seinen Zuschauern:

»Liebe Freunde, am heutigen Silvesterabend hatte ich eigentlich – wie sicher auch Sie – geplant, mit meiner Familie zusammen vor dem Fernseher zu sitzen und die Neujahrsansprache von Präsident Boris Jelzin zu hören. Doch die Dinge nahmen einen unvorhergesehenen Verlauf.

Heute, am 31. Dezember 1999, hat Russlands erster Präsident beschlossen zurückzutreten und hat mich gebeten, an seiner Stelle die Rede an das russische Volk zu halten.

Die Macht und die Führung des Staates wurden heute an mich übergeben. In drei Monaten wird es eine Präsidentenwahl geben. Ich versichere Ihnen, dass es kein Machtvakuum geben wird, nicht einmal eine einzige Minute lang. Ich verspreche Ihnen, dass jeder Versuch, etwas zu unternehmen, was dem russischem Gesetz und der Verfassung zuwiderläuft, sofort unterbunden werden wird.

Der Staat wird mit strenger Hand die Meinungsfreiheit, Religionsfreiheit, Pressefreiheit und das Recht auf Eigentum beschützen. Das sind fundamentale Rechte in einer zivilisierten Gesellschaft. Die bewaffneten Kräfte, die föderalen Grenzbehörden und die politischen Behörden werden weitermachen wie bisher. Der Staat sorgt für die Sicherheit jedes einzelnen russischen Bürgers.

Als der Präsident beschloss, sich von seinem Amt zurückzuziehen, tat er dies in völligem Einklang mit der Verfassung. Die Bedeutung dessen, was Boris Jelzin für Russland getan hat, wird man bald erkennen können. Es ist das Verdienst des Präsidenten, dass Russland Demokratie und Reformen gewählt hat und dass wir uns diesen Zielen nähern und ein starker und unabhängiger Staat geworden sind.

Ich wünsche Boris Jelzin, Russlands erstem Präsidenten, Gesundheit und Glück.

Neujahr ist in Russland schon immer der am meisten geschätzte, seltenste und beliebteste Feiertag gewesen. An solchen Feiertagen gehen Träume in Erfüllung und besonders dieses Jahr. Ich glaube, dass unsere guten Wünsche garantiert in Erfüllung gehen.

Liebe Freunde, in ein paar Sekunden beginnt ein neues Jahrtausend. Lasst uns unsere Freunde und Familie anlächeln und uns allen Wärme, Freude und Liebe wünschen. Lasst uns unser Glas erheben auf Russland im neuen Jahrtausend, auf Liebe und Frieden in jedem Haus und auf die Gesundheit unserer Eltern und unserer Kinder.

Ein gutes neues Jahr, ein gutes neues Jahrtausend!«

Als Jelzin zum letzten Mal den Kreml als Präsident verlässt, bleibt er im Gang vor seinem jetzt ehemaligen Büro stehen, um den Kugelschreiber, mit dem er vor Kurzem seinen letzten Erlass unterschrieben hat, aus der Anzugtasche zu nehmen. Er überreicht ihn Putin, als die beiden Männer im Haupteingang stehen und den leisen Schneefall betrachten, der langsam Moskaus Straßen und Häuser weiß einzukleiden beginnt.

»Geben Sie acht auf Russland«, mahnt er den neuen Präsidenten, bevor er in der wartenden Limousine verschwindet, die ihn von seinem Präsidentenamt und den Skandalen wegbringt, die seine Familie und sein Vermögen bedrohen.

Als Putin am gleichen Abend seinen ersten Präsidenten-Erlass unterschreibt, tut er das mit Jelzins Kugelschreiber.

Mit einem Streich und einer Unterschrift vertreibt er die dunklen Wolken, die sich über den Häuptern der Familie Jelzin zusammenbrauen. In einem sieben Seiten langen Dokument, das Jelzins engste Berater in den Tagen vor der Machtübergabe vorbereitet haben, stattet er den scheidenden Präsidenten mit einer Reihe von Privilegien und Zusatzleistungen aus: lebenslanger Lohn, Leibwächterservice, bezahltes Personal inklusive der privaten medizinischen

Spezialisten, die ihm seit seiner geheim gehaltenen Bypass-Operation 1996 rund um die Uhr zur Verfügung stehen, das Nutzungsrecht für den Palast im Gorki 9 sowie, was am wichtigsten ist: vollständige Immunität, die sicherstellt, dass der ehemalige Präsident und seine Familie weiterhin das Besitzrecht über die großen Vermögen behält, die sie im Laufe der acht Jahre, in der Jelzin an der Macht war, zusammengetragen haben, und dass keiner von ihnen zu irgendeinem Zeitpunkt strafverfolgt oder wegen der zweifelhaften Handlungen, die sie alle steinreich gemacht haben, zur Verantwortung gezogen werden kann.

Nachdem Putin seinem Vorgänger Immunität zugesichert hat, kümmert er sich um seine eigene Zukunft. Die nächste Präsidentenwahl soll am 26. März abgehalten werden. Das heißt, ihm bleiben nicht einmal drei Monate, um sicherzustellen, dass er bei der Wahl den vorläufigen Titel als fungierender Präsident mit dem echten und weit attraktiveren Titel »vom Volk gewählter Präsident« austauschen kann. Er hat keine Zeit zu verlieren und beginnt seinen Wahlkampf bereits in dieser Nacht.

Auch wenn Ljudmila Putin nichts darüber gewusst hat, dass ihr Mann an Silvester Russlands Führung übernehmen wird, so wusste sie doch seit drei Wochen, dass er Pläne dafür hatte, wie die Familie die Jahrtausendwende feiern soll. Es sind Pläne, die nichts mit dem zu tun haben, was er in seiner Neujahrsansprache gesagt hat.

In seiner ersten Rede als oberster Führer des Landes lügt er die Bevölkerung schon im ersten Satz an. Dass die Familie geplant hat, Silvester zusammen zu Hause zu feiern und sich Jelzins Rede zehn Minuten vor Mitternacht anzusehen, ist reine Erfindung. Putin und seine Frau wollen verreisen, das steht schon seit Wochen fest, und ihre beiden Töchter sollen unter der Obhut ihrer Tante bleiben. Natürlich fragen sie die Eltern, wohin sie Silvester reisen wollen, doch sie bekommen keine Antwort und erfahren es erst, als sie Silvester fernsehen.

Als die Glocken auf dem Roten Platz Mitternacht schlagen, befinden sich Putin und seine Frau in der Luft irgendwo zwischen Machatschkala, der Hauptstadt von Dagestan, und der zweitgrößten Stadt Tschetscheniens, dem russisch kontrollierten Gudermes. Früher am Abend hatte ein Flugzeug das Ehepaar Putin, den Chef des Inlandsgeheimdienstes FSB, Nikolai Patruschew, und seine Frau nach Dagestan gebracht, wo sie mit ihren Assistenten, Leibwächtern und einem Fernsehteam auf drei Militärhubschrauber verteilt wurden. Die Helikopter sollen die Gesellschaft nach Gudermes fliegen, doch da sich unterwegs das Wetter verschlechtert, müssen sie 20 Minuten vor Mitternacht umkehren und sind zur Jahrtausendwende immer noch in der Luft.

Die Korken fliegen aus zwei mitgenommenen Champagnerflaschen; da sich keine Gläser an Bord befinden, müssen Russlands fungierendes Präsidentenpaar und seine Gäste abwechselnd aus der Flasche trinken.

Da sich das Wetter nach ihrer Rückkehr nach Machatschkala in absehbarer Zeit nicht zu verbessern scheint, beschließt Putin, die Fahrt nach Tschetschenien im Auto fortzusetzen. Um halb drei Uhr nachts macht sich eine schwer bewachte Militäreskorte mit den prominenten Gästen an Bord auf den Weg zur tschetschenischen Grenze. Zweieinhalb Stunden später erreichen sie ihren Bestimmungsort im nordöstlichen Teil des Landes, wo sich verschlafene Soldaten die Augen reiben, als ihnen klar wird, dass ihr unerwarteter Neujahrsgast der fungierende Präsident des Landes ist. Das mitgebrachte Fernsehteam hält die Verblüffung der Soldaten fest und sendet live, wie Putin in Rollkragenpullover und Parka Orden und Jagdmesser mit persönlicher Widmung an Offiziere und Soldaten austeilt und danach in einer Rede sagt: »Sie sollen wissen, dass Russland Ihren Einsatz sehr zu schätzen weiß. Es geht hier nicht nur darum, Russlands Ehre und Würde wiederherzustellen. Es geht um weit Wichtigeres als nur das. Es geht darum, den Zusammenbruch der russischen Föderation zu verhindern. Das ist die Hauptaufgabe, und Russland dankt Ihnen für Ihren Einsatz.«

Bevor Putin und sein Gefolge Tschetschenien wieder verlassen, erzählt er vor der Kamera, dass er persönlich die Strategie ausgearbeitet hat, die das russische Heer in Tschetschenien verfolgt, und dass es sie weiter verfolgen wird, solange es notwendig ist. Das ist offensichtlich keine 35 Kilometer entfernt, denn dort verstärken die russischen Truppen die Bombardierung der Hauptstadt Grosny und der umliegenden Berge, in denen Separatisten und ihre Familien Zuflucht vor den Kriegshandlungen gesucht haben in dieser Nacht. Amerikanischen militärischen Nachrichtenquellen zufolge schießen die russischen Streitkräfte in der Silvesternacht unter anderem drei Scud-Raketen auf die zuvor bereits verwüstete Hauptstadt ab, und in den Bergen kommen ODAB-Bomben zum Einsatz. Diese Bomben, die nach der Genfer Konvention nicht in der Nähe von Zivileinrichtungen eingesetzt werden dürfen, werden von Flugzeugen an Fallschirmen abgeworfen. Während des Falles verbreiten sie Gas, das in Höhlen, Schützengräben, Häuser und Keller eindringt; sobald die Bombe am Boden auftrifft, explodiert sie mit gewaltiger Kraft.

Es ist nicht das erste Mal, dass die Russen diese Art von Waffen im tschetschenischen Krieg anwenden. Regelmäßig werden Gasbomben abgeworfen; zwei Monate zuvor, am 21. Oktober 1999, wird von drei Raketenangriffen gegen zivile Ziele berichtet. Zwei der Geschosse explodieren vor einer Geburtsklinik in der Nähe des Hauptpostlagers der Stadt und der Wohnung des tschetschenischen Präsidenten Aslan Maschadow. Ein Journalist der französischen Nachrichtenagentur *AFP*, der Zeuge der Bombardierung wird, zählt 27 Opfer, die meisten davon Frauen und Neugeborene. Die offiziellen Zahlen der tschetschenischen Behörden berichten von 30 bis 35 Toten. Ein weiteres Geschoss trifft die Moschee im Vorort Kalinina, wo 41 Teilnehmer am Abendgebet getötet werden. Insgesamt kosten die drei Bombenangriffe mindestens 118 Menschenleben. Am gleichen Tag sterben weitere Zivilpersonen, als der große Marktplatz, auf dem Hunderte von Menschen ihre Einkäufe tätigen, lange und heftig mit Streubomben angegriffen wird. Ein Straßencafé und Teile des Marktes, wo Blumen, Schokolade und landwirtschaftliche Erzeugnisse angeboten werden, sind am stärksten betroffen. Allein in diesem Gebiet zählt die Reuters-Korrespondentin Maria Eismont mehr als 90 Tote.

Die Menschen auf dem Roten Platz in Moskau sind von ihrem neuen Staatsoberhaupt und den Aussagen in seiner Neujahrsansprache sowie den Berichten von der nächtlichen Reise nach Tschetschenien beeindruckt. Das berichtet CNN-Korrespondent Alessio Vinci in einer Reportage, die er an seine Zentrale in Atlanta schickt. Ein Moskowiter bekräftigt seine Worte: »Das wird fantastisch. Ich glaube, dass wir jetzt Arbeit bekommen und unsere Löhne ausbezahlt werden. Die Armee wird stärker, und wir bekommen bessere Ausbildung«, sagt er gegenüber CNN.

Doch nicht alle teilen die Begeisterung für den neuen Mann im Kreml und seine harsche Vorgehensweise in Tschetschenien. Einige Menschenrechtsorganisationen, UNO-Generalsekretär Kofi Annan und der amerikanische Präsident Bill Clinton nehmen augenblicklich Abstand von der Bombardierung des Marktes und äußern scharfe Kritik gegen die Hintermänner im Kreml. Bereits am Tag nach der Bombardierung haben die europäischen Staats- und Regierungschefs ebenfalls die Gelegenheit dazu, als sie in der finnischen Hauptstadt Helsinki mit Putin zusammentreffen.

Finnland hat den Vorsitz in der EU. Bei dem Treffen mit Russland sollen die Möglichkeiten zu Handelsbeziehungen und künftiger Zusammenarbeit erörtert werden, doch die Lage in Tschetschenien wird schnell zum Hauptthema. Besonders, da der Sprecher der russischen Armee in Tschetschenien, Oberst Alexander Weklitsch, kurze Zeit nach den Raketenangriffen und dem Bombenhagel auf dem Marktplatz bestätigt, dass es zu Kriegshandlungen gekommen sei und Raketen abgefeuert wurden. Der Oberst erklärt, dass es sich bei dem Angriff auf den Marktplatz um einen Einsatz gegen tschetschenische Terroristen gehandelt habe, die angeblich ihre Waffenlager in der Nähe des Marktplatzes hätten, und dass dies ein Ort sei, an dem gewöhnliche Zivilisten nicht verkehrten.

»Wenn es bei diesem Angriff zu Verlusten gekommen sein sollte, dann waren das Waffenhändler«, behauptet er. »Normale Zivilisten hatten keinen Grund, sich dort aufzuhalten.«

Auf dem Treffen in Helsinki spielt Putin die Vorwürfe wegen der russischen Raketenangriffe herunter und lenkt wie sein Oberst die Aufmerksamkeit auf die tschetschenischen Aufrührer.

»Es wurde von einem Raketenangriff gegen zivile Ziele gesprochen, aber das entspricht nicht den Tatsachen«, erzählt er den Staatsoberhäuptern der EU. Sie bekommen außerdem zu hören, dass die vielen Toten auf dem Marktplatz auf das Konto von Kämpfen rivalisierender tschetschenischer Banden um ein Waffenlager gingen.

Es ist nicht das erste Mal, dass Putin einen vermeintlichen russischen Angriff gegen die Zivilbevölkerung in Grosny auf tschetschenische Terroristen schiebt; dem Kreml zufolge sind die Einwohner der Hauptstadt, die bislang noch nicht aus der Stadt geflüchtet sind, alle als Terroristen zu betrachten. So war es seit dem 6. Dezember, als er den Einwohnern von Grosny das folgende Ultimatum stellte: »Alle, die die Stadt nicht innerhalb von fünf Tagen verlassen, werden als Terroristen betrachtet und dementsprechend behandelt.«

Bei westlichen Staatsführern führt diese Wortwahl zu starken Reaktionen, die das russische Ultimatum als »barbarisch«, »brutal« und »völlig unangemessen« bezeichnen. In einem Brief des deutschen Kanzlers an Ministerpräsident Wladimir Putin und Präsident

Boris Jelzin verlangt Gerhard Schröder ganz offen, dass das Ultimatum umgehend zurückgezogen wird.

Auf dem Gipfeltreffen in Helsinki nimmt der finnische Premierminister Paavo Lipponen Putins Erklärung nicht für bare Münze und erklärt in seiner Eigenschaft als EU-Ratsvorsitzender ausdrücklich: »Eine militärische Lösung des Tschetschenienkonfliktes ist nicht akzeptabel.« Er verlangt, dass Russen und Tschetschenen sich umgehend an den Verhandlungstisch setzen. In der abschließenden Sitzung setzt Gerhard Schröder Putin weiter unter Druck, indem er ihm damit droht, dass der brutale Anschlag in Tschetschenien, als den er die Aktion auf dem Markplatz bezeichnet, Russland die finanzielle Unterstützung der EU kosten kann.

Doch es bleibt bei den Drohungen, obwohl Putin den Krieg gegen Tschetschenien noch zehn Jahre weiterführt. Bereits ein Jahr nach den harten Verurteilungen sind die EU und besonders Paavo Lipponen und Gerhard Schröder bereit zu einem neuen Start mit Putin.

Im Juni 2000 wird Putin von Schröder mit großem Jubel empfangen, als er Deutschland einen offiziellen Besuch abstattet, und im Jahr darauf bekommen Lipponen und Finnland russischen Staatsbesuch. Bei beiden Besuchen werden die engen historischen Bindungen der beiden Länder zu Russland unterstrichen, später tun sowohl der finnische als auch der deutsche Regierungschef das Ihrige, um die freundschaftlichen und geschäftlichen Beziehungen weiter zu stärken.

Als Nord Stream die Pläne zu einer Gasleitung in der Ostsee realisieren will, stellt die Putin-kontrollierte Gesellschaft erst Gerhard Schröder und dann Paavo Lipponen als hoch bezahlte Lobbyisten ein.

Der Vorsitz der EU wird zu dieser Zeit jeweils ein halbes Jahr von allen Mitgliedstaaten im Wechsel eingenommen. Während jeder dieser Vorsitzperioden soll es ein Gipfeltreffen zwischen der EU und Russland geben. Drei Jahre nach dem Gipfeltreffen in Finnland ist Dänemark an der Reihe, dieses Treffen zu arrangieren, das plangemäß am 11. November in Kopenhagen stattfinden soll. Doch aus dem Gipfeltreffen in der dänischen Hauptstadt wird nichts.

Während die Spitzen der dänischen Regierung und die dänischen EU-Diplomaten mit Hochdruck daran arbeiten, für alle Mitgliedstaaten einen gemeinsamen Nenner zur Erweiterung der EU zu finden, stellen russische Sonderinteressen und die Organisation des Tschetschenienkongresses in Kopenhagen sowohl dem Gipfeltreffen als auch dem geplanten russischen Staatsbesuch in Dänemark ein Bein.

Die größte Aufgabe während des dänischen EU-Vorsitzes ist es, ein Abkommen zwischen den alten EU-Ländern und einer Reihe von neuen Anwärtern auszuarbeiten, das diese während des letzten Gipfeltreffens im Dezember in Kopenhagen unterschreiben können, damit die EU von 2004 an von 15 auf 25 Mitgliedstaaten anwachsen kann. Acht der Anwärter sind alte Ostblockstaaten und russisches Interessengebiet, und man verwendet einen Großteil der Zeit darauf, ein Problem mit der russischen Ostsee-Enklave Kaliningrad zu lösen. Das Gebiet, das etwa doppelt so groß ist wie die dänische Insel Seeland, liegt zwischen Polen und Litauen, und wenn diese beiden Länder wie erwartet in die EU aufgenommen werden, wird Litauens Grenze zu Russland auch die äußere Grenze der EU nach Osten. Künftig werden die Russen auf dem Weg in und aus der Enklave EU-Territorium überqueren – und dieser Zugang würde ein Visum erfordern.

Gegen Ende des Zweiten Weltkrieges wurde die Regionshauptstadt der Enklave, das frühere deutsche Königsberg, von der Sowjetarmee erobert. Alle Ortsnamen in Kaliningrad, in der unter anderem der Philosoph Immanuel Kant geboren wurde, wurden gegen russische eingetauscht; die Deutschen, die noch nicht geflohen waren, wurden vertrieben und durch Russen ersetzt, die man aus der gesamten Sowjetunion zusammenholte. Die strategisch günstige Lage an der Ostsee und in Raketenreichweite für Ziele in Schweden und den NATO-Ländern Dänemark und Deutschland war im Kalten Krieg äußerst wichtig. Das änderte sich auch nicht, als sich die früheren Warschauer-Pakt-Länder Polen, Ungarn und Tschechien 1999 der NATO anschlossen.

Der dänische Ministerpräsident Anders Fogh Rasmussen und sein Stab sollen die entscheidenden Erweiterungsverträge für das EU-Gipfeltreffen am 24.–25. Oktober in Brüssel fertigstellen, damit bei der letzten Konferenz in Kopenhagen im Dezember die neue EU präsentiert werden kann. Damit in Brüssel so viele Verträge wie möglich genehmigt werden können, reist der dänische Ministerpräsident in den Wochen vor dem Treffen durch die Hauptstädte der EU, um sich vertraulich mit seinen Kollegen zu beraten. Doch Putin und seine Männer hören mit und sind Fogh oft einen Schritt voraus.

Immer wenn das dänische Verhandlungsteam in einem neuen Land ankommt, ist Putins Repräsentant, Dmitri Rogosin, gerade dort gewesen, um die Forderungen der Russen und deren Sicht der Dinge klarzulegen. Und die paar Mal, in denen Rogosin ihnen nicht zuvorgekommen ist, hat Putin selbst zum Telefon gegriffen und den entsprechenden Regierungschef angerufen. Die Dänen sind der Meinung, dass die Russen ein wenig zu gut informiert sind, sowohl über die Reisepläne als auch über die Themen der Treffen. Man ist der Meinung, dass es entweder jemanden gibt, der Informationen nach außen trägt, oder dass die Russen im dänischen EU-Vorsitz spionieren.

Daher wird das Verbot erteilt, über Kaliningrad über Handys oder andere offene Kanäle zu kommunizieren, die abgehört werden könnten.

Doch die Russen müssen niemanden abhören, um an Informationen zu gelangen; sie bekommen auch Hilfe und EU-Insiderwissen vom italienischen Ministerpräsidenten Silvio Berlusconi.

Den extravaganten italienischen Milliardär und Wladimir Putin verbindet eine persönliche Freundschaft. Sie treffen sich privat, und nur ein paar Monate vor den EU-Verhandlungen verbrachten Putins Töchter ihre Sommerferien mit Berlusconis russisch sprechender Tochter Barbara an Bord einer Luxusjacht im Mittelmeer. Berlusconi sieht viele Vorteile in einer Allianz zwischen Russland und Italien. Schon während der Angriffe auf Grosny 1999 ernannte er sich zum Fürsprecher von Russland und Putin in der EU. Bei den Verhandlungen um Kaliningrad verlangte er die Einrichtung einer visumfreien Zugverbindung von Russland nach Kaliningrad. Dieser Zug soll eine gewisse Geschwindigkeit beibehalten, damit auf der Fahrt durch Litauen niemand abspringen kann. Dieser Vorschlag wurde von Berlusconi gemacht, weil die Russen sich nicht damit einverstanden erklärten, in Zukunft um ein Visum ersuchen zu müssen, wenn sie auf dem Weg nach Kaliningrad durch Litauen müssen, und dass litauische Zollbeamte die Papiere kontrollieren würden. Durch die Unterstützung des italienischen Ministerpräsidenten und eventuell noch anderer südeuropäischer EU-Länder, denen nicht sonderlich viel an Litauen und dem Baltikum generell liegt, fühlen sich die Russen in einer guten Verhandlungsposition. Doch unglücklicherweise durchkreuzt schlechtes Wetter in Italien ihre Pläne.

Berlusconi, der auch Außenminister ist, plant, sich am 21. Oktober zur Besprechung »externer Verbindungen« mit den Außenministern der anderen Länder in Luxemburg zu treffen. Jeder erwartet, Berlusconi werde verlangen, dass der Forderung nach einer visumfreien Zugverbindung stattgegeben wird. Doch er schafft es nicht rechtzeitig. Über dem Flughafen Mailand liegt dichter Nebel, der seinen Abflug verzögert. Der dänische Außenminister Per Stig Møller nutzt diese Situation aus. Anstelle von Berlusconi wird Italien auf dem Außenministergipfel vom Staatssekretär für äußere Angelegenheiten, Roberto Antonione, repräsentiert. Da er Russlands Sache nicht so vehement befürwortet, wie Berlusconi das voraussichtlich getan hätte, kann der dänische Außenminister diesen Tagesordnungspunkt schnell abhandeln. Es ergeht der einstimmige EU-Beschluss, dass Russen in Zukunft ein Visum brauchen, wenn sie durch das EU-Land Litauen nach Kaliningrad wollen. Jetzt geht es nur noch darum, wie weitreichend diese Visumspflicht sein soll. Dies sollen Per Stig Møller und der Direktor des Außenministeriums, Friis Arne Petersen, zwei Tage später mit den beiden höchsten russischen Vermittlern, Dmitri Rogosin und Sergei Rasow, in Kopenhagen aushandeln.

Als die beiden Russen mit dem gemeinsamen EU-Beschluss konfrontiert werden, geben sie ihren Widerstand gegen die Visumspflicht auf, verlangen allerdings, dass dieses Visum ohne große Umstände ausgestellt werden kann. Auf diese Forderung gehen die dänischen Unterhändler ein, und somit ist ein Problem, das die Osterweiterung der EU hätte verhindern können, gelöst.

Doch die Russen wollen nicht nur über das Visum sprechen, sondern haben noch weitere Themen in ihren Aktenkoffern. Russland ist nicht damit einverstanden, dass Dänemark sich bereit erklärt hat, die Tschetschenienkonferenz in Kopenhagen abzuhalten, und will, dass die dänische Regierung darauf drängt, sie abzusagen. Møller und Petersen erklären, dass sie sich in diese Angelegenheit nicht einmischen können, und klären die russischen Diplomaten über die Meinungs- und Versammlungsfreiheit der Ausrichter des Treffens auf. Nach einer Belehrung über grundlegende dänische Demokratie müssen die beiden ihre Proteste und Einsprüche einpacken, doch noch bevor sie aus der Tür sind, bietet ihnen ein Anruf die Möglichkeit, sie gleich wieder auszupacken. Über das Handy erfahren sie, dass tschetschenische Terroristen ein Theater in Moskau gestürmt und fast 1000 Menschen als Geiseln genommen haben.

Das Dubrowka-Theater liegt nur ein paar Minuten zu Fuß vom Roten Platz entfernt. Hier wird das romantische Musical Nord-Ost gespielt, das seit einem Jahr für ein volles Haus sorgt; und so ist es auch bei der Nachmittagsvorstellung am 23. Oktober. Der große Theatersaal mit über 900 Sitzplätzen ist voller Erwachsener und Kinder. Das Stück ist mit viel Aufwand inszeniert – so wird während der Vorstellung zum Beispiel ein echtes Flugzeug aus dem Zweiten Weltkrieg auf die Bühne gerollt. Als plötzlich in dem Moment, als das Flugzeug erscheint, 42 maskierte und mit Maschinengewehren bewaffnete Männer und Frauen auf die Bühne springen, hält ein Großteil des Publikums das für einen Teil der Vorstellung.

Doch da liegen sie falsch. Die Menschen mit den Kapuzen sind keine Schauspieler, sondern tschetschenische Terroristen, die eine Geiselaktion planen. Es ist Viertel nach neun, als die Terroristen das Theater besetzen und Publikum und Personal als Geiseln nehmen. Sie verlangen, dass die russischen Streitkräfte Tschetschenien verlassen, und drohen damit, die Geiseln zu ermorden, wenn der Truppenabzug nicht garantiert wird.

Am Tag nach der Geiselnahme in Moskau fliegen Anders Fogh Rasmussen und Per Stig Møller nach Brüssel, um das zweitägige Gipfeltreffen zu leiten. Gleichzeitig wird Lars Vissing, der dänische Botschafter in Russland, zu einem Gespräch mit Vizeaußenminister Alexander Losjukow ins russische Außenministerium in Moskau einberufen.

Der Minister verlangt, Dänemark solle sich dafür einsetzen, dass die Tschetschenienkonferenz nicht wie geplant vier Tage später in Kopenhagen stattfindet. Wenn nicht, würde das ernste Konsequenzen für die weitere Zusammenarbeit mit dem dänischen EU-Vorsitz und die dänisch-russischen Beziehungen haben, erklärt er dem Botschafter und später auch in einem öffentlichen Statement des russischen Außenministeriums.

In Brüssel erfährt der oberste Vertreter des Ministerpräsidenten, Nils Bernstein, von dem Treffen im russischen Außenministerium und der Forderung der Russen. Er bespricht die Lage mit dem Hauptvertreter der dänischen Delegation, und keiner von ihnen zweifelt daran, dass Putin seine Drohung wahr machen und den für den kommenden Monat geplanten Staatsbesuch in Dänemark absagen wird. Das wäre für Dänemark und dessen EU-Vorsitz eine Katastrophe, findet Bernstein und lässt Außenminister Per Stig Møller während der Leitung eines der vielen Meetings des Gipfeltreffens einen handgeschriebenen Zettel zustecken, auf dem steht: »Die Konferenz sollte abgesagt werden.«

»Das ist unmöglich«, schreibt der Außenminister zurück mit dem Hinweis auf das verfassungsmäßige Recht auf Meinungs- und Versammlungsfreiheit.

Ministerpräsident Anders Fogh Rasmussen erfährt von der zugespitzten Lage erst am Freitagnachmittag, als die dänische Delegation bereits auf dem Rückweg vom Gipfeltreffen ist. Gerade hat er es sich in den weichen Ledersitzen des VIP-gerechten Challenger-Flugzeugs der Streitkräfte bequem gemacht, als Nils Bernstein sagt: »Da ist noch etwas, über das wir reden müssen.«

Anders Fogh Rasmussen reagiert mit einem heftigen Ausbruch auf die Informationen aus Russland und nennt die Tschetschenen eine »Bande von Mördern« und »kriminellen Fanatikern«, die keinen legitimen Kampf um ihre Unabhängigkeit führen. »Aber es sind ja Ihre Freunde, Per«, sagt er zum Außenminister, der neben ihm sitzt.

Als außenpolitischer Sprecher der konservativen Volkspartei-Fraktion und späterer Außenminister hat Per Stig Møller den Kampf der Tschetschenen um Unabhängigkeit unterstützt und sich kritisch über das Vorgehen von Russland in Tschetschenien geäußert.

»Die Signale, die die Minister aussenden, sind zynisch und gefährlich, denn sie können Putin den Eindruck vermitteln, dass er sich alles erlauben kann, wenn er nur schnell genug ist«, sagte er unter anderem, als sich die Außenminister des Europarates 2000 nicht in Russlands Krieg in Tschetschenien einmischen wollten. Auf derartige Aussagen und Einstellungen spielt der Ministerpräsident mit seiner spitzen Bemerkung jetzt an.

Am Tag nach der Geiselnahme in Moskau reist der Tschetschene Achmed Sakajew zum Kongress in Dänemark an. Der Kettenraucher mit dem grau gesprenkelten Vollbart ist kein Unbekannter. Er ist gelernter Schauspieler mit einer Vorliebe für William Shakespeare, doch im Laufe seines Lebens hat er schon viele andere Rollen gespielt. Er ist Vizeministerpräsident der tschetschenischen Exilregierung, früherer Offizier im Heer der Aufständischen und kommt nach Kopenhagen als Gesandter des gewählten Präsidenten von Tschetschenien, Aslan Maschadow.

Sakajew ist sozusagen landesflüchtig und kann gemäß Wladimir Putin und dem russischen Geheimdienst auch »Terrorist« auf seine Visitenkarte schreiben. Daher wollen die Russen, dass Dänemark ihn zu einem Rechtsverhör in Russland ausliefert; so schreiben sie in einem internationalen Haftbefehl, der über Interpol am Tag nach Sakajews Ankunft in Dänemark ausgestellt wird.

Doch diesem Befehl wird nicht Folge geleistet. Der Haftbefehl ist mangelhaft und unpräzise, behauptet die dänische Polizei und weist die Anfrage daher zurück.

Noch am gleichen Tag besorgen sich die Russen einen neuen Haftbefehl. Im ersten wurde Sakajew des »Überfalls auf eine Amtsperson« beschuldigt, im zweiten werden die Anklagen schärfer. Er wird verdächtigt, die Geiselnahme im Theater in Moskau geplant zu haben. Gleichzeitig mit den neuen Beschuldigungen warnen die Russen die dänischen Behörden, dass auch andere Terroristen in Kopenhagen auftauchen könnten. Diese Informationen machen auf das Justizministerium und den polizeilichen Nachrichtendienst PET einen gewissen Eindruck, daher bitten die dänischen Behörden die Russen um weitere Informationen über die vermeintlichen Terroristen.

Um fünf Uhr morgens am 26. Oktober leiten russische Spezialeinheiten des Osnaz, der Antiterroreinheit des FSB, ein Betäubungsgas in die Ventilationsanlage des Dubrowka-Theaters und stürmen kurz darauf den Saal, in dem sich Geiseln und Geiselnehmer aufhalten. Nur einige Personen sind bei vollem Bewusstsein, dennoch töten die Elitesoldaten alle 40 Geiselnehmer. Auch 127 Geiseln verlieren bei der Aktion ihr Leben, die meisten infolge des Gasangriffs, andere durch Schüsse aus den Waffen des Spezialkommandos.

Am Sonntag verschärft sich der russische Ton Dänemark gegenüber. In einem offiziellen Statement des russischen Außenministeriums wird behauptet, die Erlaubnis, den Kongress in Kopenhagen abzuhalten, sei eine feindliche Aktion gegen Russland. »Diese Handlung kann nicht gerechtfertigt werden«, heißt es in dem Statement. Am Abend bestellt die Regierung den außenpolitischen Ausschuss des dänischen Parlaments zu einer Dringlichkeitssitzung ein, um sie über die zugespitzte Situation zu informieren. Am gleichen Abend beschließen Ministerpräsident Anders Fogh Rasmussen und Außenminister Per Stig Møller, dass sie das kommende EU-Gipfeltreffen von Kopenhagen nach Brüssel verlagern wollen. Damit ist auch Putins Staatsbesuch in Dänemark, der in Verbindung damit stattfinden sollte, im Grunde abgesagt.

Zuvor an diesem Tag schickten die Russen eine E-Mail und eine Liste mit den Namen von 78 vermeintlichen Terroristen an die Reichspolizei. Diese Liste mit der Aufschrift »Dringend« wurde um 17:20 Uhr empfangen, aber erst 16 Stunden später an den PET weitergeleitet.

Es herrscht Sturmwarnung über Dänemark. Die Meteorologen sprechen von Windböen mit Orkanstärke, und im Kommunikationszentrum der Reichspolizei ist nur eine einzige Mitarbeiterin anwesend. Da sie sich auch um den aufziehenden Sturm kümmern soll, übersieht sie die Nachricht der Russen. Erst am nächsten Vormittag wird sie von den Mitarbeitern der Reichspolizei bemerkt und gegen halb zehn an den dänischen Verfassungsschutz PET weitergeschickt. Am gleichen Nachmittag wird der Justizminister davon in Kenntnis gesetzt, und am Abend bittet die Kopenhagener Polizei die Russen um weitere Informationen. Diese bekommen sie tags darauf, und anhand der russischen Informationen wird beschlossen, Sakajew zu verhaften. Das Justizministerium wird von dieser Entscheidung unterrichtet, woraufhin sich im Laufe des Tages der Sicherheitsausschuss der Regierung und PET zusammensetzen. Um 2:17 Uhr in der Nacht von Dienstag auf Mittwoch sucht die Polizei Sakajew im Hotel Radisson auf und erklärt ihn für verhaftet. Im Lauf des folgenden Vormittags wird er dem Haftrichter vorgestellt und für 13 Tage in Untersuchungshaft genommen. Am 12. November wird die Untersuchungshaft um weitere 14 Tage verlängert. Am 22. November halten das Hilfskomitee für Tschetschenien, die sozialistische Volkspartei SF und das gerade eingerichtete Internationale Sakajew-Komitee eine Tschetschenienkonferenz in Christiansborg ab.

Unter den Teilnehmern befindet sich Sakajews persönliche Freundin und Unterstützerin, die englische Oscarpreisträgerin und Schauspielerin Vanessa Redgrave. Die Konferenz mit der presse- und blitzlichtgewohnten Prominenten als Sprecherin sorgt international für großes Aufsehen und erweckt in Russland Zorn. Und der wird nicht geringer, als Achmed Sakajew zwölf Tage später freigelassen wird und Dänemark verlassen kann.

Nach einem Treffen in der Duma, dem Unterhaus des russischen Parlaments, wendet sich die putintreue und gleichzeitig größte Partei Einiges Russland mit der Aufforderung ans Fernsehen, dass die russische Bevölkerung Dänemark und dänische Waren boykottieren solle.

»Jeder, der sich für einen russischen Staatsbürger hält, sollte es für angemessen halten, Reisen nach Dänemark zu unterlassen, keine dänischen Waren zu kaufen und jeglichen Kontakt mit Vertretern der dänischen Wirtschaft abzubrechen«, sagt er.

Und seine Aufforderung wird gehört.

Dänische Lastwagen werden an der Grenze festgehalten und müssen Durchsuchungen über sich ergehen lassen, die mehrere Tage dauern können; Anträge dänischer Unternehmen bei russischen Behörden werden eingefroren. Der staatlichen Nachrichtenagentur *ITAR-TASS* zufolge kommt auch das beliebte dänische Bier nicht ganz ungeschoren davon. In Bars und Restaurants überall in der russischen Föderation werden Carlsberg Elephant und Tuborg Gold aus den Regalen entfernt, weil man über die Art verärgert ist, wie die Dänen das Recht auf Versammlungsfreiheit handhaben.

»Dies geschieht aus Protest gegen die sogenannte Tschetschenienkonferenz in Kopenhagen, die gleichzeitig mit dem tschetschenischen Terrorangriff in Moskau stattfand«, erklärt Jelena Polosjentsewa vom Restaurant Taverna in Jekaterinenburg der Nachrichtenagentur zufolge. Und derselben Nachrichtenagentur sagt der russische Botschafter in Dänemark, Nikolai Bordjuscha, dass Dänemark ernste Schwierigkeiten bekommen kann, wenn sich dieser Trend bei den russischen Verbrauchern fortsetzt. Und er behält recht.

Die Krisenstimmung zwischen den beiden Ländern hält lange an. In einer Analyse zu Handel und Investition in Dänemark, ausgearbeitet 2012 vom Außenministerium und vom Ministerium für Wirtschaft und Wachstum, sieht man, wie schlimm es steht. Während Länder wie Deutschland, Österreich, Belgien, Norwegen und besonders Finnland ihren Export nach Russland erhöht haben, hat sich in Dänemark seit fünf Jahren nichts mehr getan.

Diese Verhältnisse haben Lars Løkke Rasmussen und seine Regierung mit der dänischen Zustimmung zu Nord Stream gerade geändert. Mit dieser Vereinbarung wird das Verhältnis zwischen Dänemark und Russland herzlich, und Waren dänischer Bauern und Exportunternehmen haben wieder Zugang zum russischen Markt. Es fragt sich nur, ob diese Eintrittskarte nicht zu teuer erkauft wurde.

Genau das befürchtet Lars Løkke Rasmussens Parteikollege aus Bornholm, Flemming Lohmann Jørgensen, daher schickte er am 4. November 2009 eine E-Mail, in der er schreibt:

»Hallo Lars,

Sie waren neulich in Moskau und haben mit Putin geredet. Hat sich Russland mit dem Abkommen mit DONG grünes Licht erkauft? Warum wurde diese Sache durch das Parlament genehmigt? Sollte man darüber nicht in der EU sprechen? Mit den anderen Ostseeanrainern? Russland missbraucht Energie als Waffe. Ist Ihnen das völlig gleich? Warum macht Dänemark das im Alleingang? Landleitungen funktionieren doch auch. Eventuell kann man sie ausbauen. Ich bin gegen dieses Projekt.

Mit freundlichen Grüßen

Flemming Lohmann Jørgensen«

5. KAPITEL

EIN VERHÄLTNIS AM GRABESRAND

Ein halbes Jahr nachdem das Gipfeltreffen zwischen der EU und Russland von Kopenhagen nach Brüssel verlegt wurde, stehen sich Wladimir Putin und der dänische Ministerpräsident Anders Fogh Rasmussen erneut von Angesicht zu Angesicht gegenüber, dieses Mal in Putins Heimatstadt Sankt Petersburg; hier soll das halbjährliche Treffen zwischen Russland und der EU am 31. Mai 2003 stattfinden.

Der Termin fällt auf die 300-Jahr-Feier von Sankt Petersburg, daher hat Fogh ein Geschenk für das Geburtstagskind im Gepäck. Der dänische Staat und der A.P. Møller-Fond bringen jeweils die Hälfte der 1,3 Millionen Euro Renovierungskosten für den Innenhof des Winterpalastes auf.

Projektleiter dieser Arbeiten ist das dänische Unternehmen NIRAS. Ausgeführt werden sie nach den Plänen der in Dänemark geborenen Zarin Dagmar, die zwischen 1881 und 1894 in diesem Schloss residierte.

Offiziell soll das Geschenk an den Gouverneur von Sankt Petersburg übergeben werden, doch Fogh und das Amt des Ministerpräsidenten sähen es gerne, wenn auch ein Minister oder zumindest ein Vizeminister der föderalen Regierung bei der geplanten Zeremonie zugegen wäre.

Doch der Ministerpräsident, der außer von seiner Frau Anne-Mette auch vom dänischen Botschafter in Moskau, dem dänischen Generalkonsul in Sankt Petersburg sowie fünf Beamten und einem Sekretär aus dem Staatsministerium begleitet wird, muss im Programm nach einem russischen Repräsentanten von zufriedenstellend hohem Rang vergeblich suchen. Der einzige offizielle Repräsentant ist der lokale Gouverneur, doch der ist dafür sehr dankbar für das Geschenk und Fogh gegenüber nicht ganz so abweisend wie Putin und dessen Männer im Kreml. Und auch wenn die Renovierung unglücklicherweise nicht zum geplanten Zeitpunkt fertig wird und daher noch ein Teil des Pflasters in dem 10 000 Quadratmeter großen Hof fehlt, kann der Gouverneur erkennen, dass sich da etwas Großes abzeichnet. »Das ist ein großartiges Geschenk. Wir werden in diesem Hof auch Freiluftkonzerte abhalten«, sagt er und verspricht, den dänischen Ministerpräsidenten zu einem der kommenden Konzerte einzuladen.

Während des Gipfeltreffens ist von guter Chemie zwischen Dänemark und Russland allerdings nichts zu spüren. Putin würdigt den dänischen Ministerpräsidenten kaum eines Blickes. Im Gegensatz zum Jahr zuvor, in dem Fogh den EU-Ratsvorsitz innehatte und daher ein Mann mit einigem Einfluss war, ist er nun lediglich Ministerpräsident eines kleinen Landes mit gerade mal halb so vielen Einwohnern wie die Hauptstadt Moskau. Das geht dem ehrgeizigen Mann gegen den Strich, und daran liegt es vielleicht, dass das Amt des Ministerpräsidenten im Gegensatz zur gängigen Praxis bei Foghs Reisen keine anschließende Pressemeldung mit Highlights der Aussagen und Reden des dänischen Regierungsführers beim Gipfeltreffen herausgibt.

Doch auch wenn der dänische Beitrag zur Wiederherstellung des Schlosshofes von Zarin Dagmar das Eis zwischen Russland und Dänemark nicht mit unmittelbarer Wirkung bricht und obwohl Dagmar seit 75 Jahren tot und begraben ist, wird sie für das Verhältnis der beiden Länder und beim Bau der Nord-Stream-Gasleitung eine entscheidende Rolle spielen.

Der Exilrusse Dimitri Romanoff aus Rungsted nördlich von Kopenhagen rennt dem Kreml seit dem Systemwechsel 1991 die Türen ein, um die sterblichen Überreste der Zarin aus der Krypta der Domkirche in Roskilde in die Peter-und-Pauls-Kathedrale in Sankt Petersburg überführen zu lassen, wo ihr Mann, Alexander III. von Russland, beigesetzt ist.

Trotz der anderen Schreibweise mit zwei F am Ende anstelle des einfachen W gehört Dimitri Romanoff dem Haus Romanow an, der letzten Zarendynastie Russlands, die zwischen 1613 und 1917 über das Land und seine eroberten Gebiete herrschte, bis der Zar abgesetzt und die russische Monarchie abgeschafft wurde.

Er selbst nennt sich Prinz, was auch das dänische Königshaus tut, die seinem Prinzentitel und Namen ein »Seine Hoheit« voranstellen, wenn der häufige Gast in den königlichen Gemächern eingeladen wird, an königlichen Feiertagen, Familienereignissen und königlichen Jagden teilzunehmen. Dem Prinzen und seinem älteren Bruder Nikolai zufolge, der in der Schweiz residiert, sind die Brüder die rechtmäßigen Erben des nicht länger existierenden russischen Zarenthrons. Nikolai ist Nummer eins in der Thronfolge, Dmitri Nummer zwei – ein Umstand, der von den restlichen Familienzweigen bestritten wird. Dazu gehört auch die etwas jüngere Marija Wladimirowna Romanowa. Sie lebt in Spanien und wurde 1969 von ihrem Vater, Wladimir Kirillowitsch Romanow von Russland, der zu diesem Zeitpunkt als Oberhaupt der Familie angesehen wurde, zur Thronfolgerin ernannt. Nach dem Tod ihres Vaters 1992 übernahm sie seine Rolle und wird daher von russischen Höflingen als Zarin Maria die Erste von Russland bezeichnet.

Putin hat sich offiziell nicht in den internen Streit um die Zarenfamilie eingemischt, doch politisch sieht er Vorteile darin, sich mit dem Prinzen aus Rungsted zu verbünden.

Vom ersten Tag auf dem Stuhl des Präsidenten hat sich Putin zielstrebig um die Herrschaft über die Öl- und Erdgasvorkommen des Landes bemüht. Er ist davon überzeugt, dass die großen unterirdischen Vorkommen an Gas und Erdöl den notwendigen Treibstoff dafür liefern, um die russische Wirtschaft in Gang zu bringen und das Land zu seiner alten Größe zurückzuführen. Diese Idee ist ihm nicht zufällig gekommen.

Schon 1996 stellte er seine Abschlussarbeit »Strategie der Planung der Reproduktion der Mineral- und Nährstoffbasis der Region unter den Bedingungen der Formierung von Marktverhältnissen« an der Technischen Universität Sankt Petersburg vor. Dort schreibt er unter anderem: »Die kommerzielle Ausbeutung von Russlands natürlichen Ressourcen bietet reelle Möglichkeiten für groß angelegte Investitionen unter Teilnahme ausländischer Investoren, und der Export natürlicher Ressourcen versorgt uns gleichzeitig mit einem signifikanten Anteil harter Währung.«

Andere sind offenbar auf den gleichen Gedanken gekommen, und als Putin die Macht im Kreml übernimmt, liegen bereits Pläne für einen Handel von Öl und Gas gegen harte westliche Währung vor. Gazprom und die finnische Gesellschaft Neste bilden 1997 gemeinsam eine 50/50-Partnerschaft unter dem Namen North Transgas OY. Geplant ist, dass die Gesellschaft eine unterseeische Gasleitung von Russland nach Norddeutschland bauen und betreiben soll. Doch erst als Putin dazukommt, nimmt das Projekt Fahrt auf.

2001 werden die Deutsche Ruhrgas, die später zu E.ON wird, sowie Wintershall, eine Tochtergesellschaft des deutschen Industriegiganten BASF, weitere Partner, und man leitet die notwendigen Voruntersuchungen ein.

Doch es ist eine Sache, Linien auf einer Seekarte zu zeichnen, eine andere jedoch, die notwendigen Genehmigungen zu erhalten, um die Leitungen auch wirklich verlegen zu können, und zwar durch die exklusiven Wirtschaftszonen anderer Nationen.

Eine exklusive Wirtschaftszone gewährt Küstenstaaten gemäß der Seerechtskonvention der UN das ausschließliche Recht, die Naturvorkommen im Meer, auf dem Meeresboden und darunter in einem Umkreis von maximal 200 Seemeilen vor der Küste zu nutzen. Die Schiffe anderer Länder haben das Recht, diese Zone zu passieren, und ausländische Unternehmen dürfen dort Leitungen verlegen, doch nur wenn sie den Ansprüchen genügen, die die Umweltgesetze des Landes, das die Rechte besitzt, verlangen. Tun sie das nicht, hat das Land, zu dem die Wirtschaftszone gehört, das Recht, den Daumen zu senken und das Projekt zu verhindern. Daher empfiehlt es sich, mit den Ländern, deren Erlaubnis man für den Bau braucht, auf einigermaßen gutem Fuß zu stehen.

Bei Polen und den baltischen Staaten Estland, Lettland und Litauen ist Russland weit davon entfernt. Daher richtet das Konsortium den Blick fest auf den wahrscheinlichsten Verlauf der Leitungen – eine Route, die auf dem Weg vom russischen und finnischen Territorialfahrwasser zum deutschen Hoheitsgebiet die exklusiven Wirtschaftszonen von Schweden und Dänemark durchquert.

Da sowohl Finnland, Russland als auch Deutschland ein ökonomisches Interesse an dem Projekt haben, werden Genehmigungsanfragen in diesen drei Ländern kaum Probleme bereiten. Schlechter sieht es da schon bei Dänemark und Schweden aus, die bekanntermaßen ihre Umweltflaggen recht hoch halten. Daher muss man in beiden Ländern Botschafter für das Projekt finden. In Dänemark könnten der hartnäckige Prinz aus Rungsted und seine Verbindungen zum dänischen Königshaus sehr gut ein Schlüssel zu einer reibungslosen Antragstellung und zügigen Genehmigung sein.

Auch wenn die dänische Königin gemäß dem Grundgesetz über keine reale politische Macht verfügt, ist sie nicht die schlechteste

Wahl eines Verbündeten, denn wenn sie eine Idee hat oder ein Projekt vorschlägt, gibt es traditionsgemäß nicht viel Widerstand im politischen Establishment.

Daher schickt Russlands Präsident Wladimir Putin am 8. August 2002 einen Brief an Königin Margrethe II. von Dänemark, in dem er an die jahrhundertelangen engen politischen, kulturellen und wirtschaftlichen Beziehungen beider Länder anknüpft und vorschlägt, die sterblichen Überreste von Prinzessin Dagmar, der Frau von Zar Alexander III. von Dänemark in der Gruft der Romanows in der Peter-und-Paul-Kathedrale in Sankt Petersburg zu überführen. Diesen Vorschlag hatte er mit Mitgliedern der Familie Romanow besprochen, insbesondere mit Prinz Nikolai Romanowitsch Romanoff und Prinz Dimitri Romanowitsch Romanoff, die ihre Zustimmung und Unterstützung erklärt hatten. Putin bittet um das Einverständnis des dänischen Königshauses und lädt die Königin für den 26. September nach Russland zu einer entsprechenden Zeremonie ein.

Königin Margrethe lässt sich mit ihrer Antwort Zeit. Genau gesagt, vergehen fast 14 Monate, bis sie zurückschreibt. In dem auf den 6. Oktober 2003 datierten Brief erklärt sie, dass sie mit Repräsentanten der Romanoff-Familie gesprochen habe und sie wissen ließ, dass sie ihnen im Prinzip nicht im Wege stehen will, ihren Wunsch nach einer Nachbestattung der Zarenwitwe zu erfüllen; doch sie möchte sichergehen, dass dies auf eine ehrwürdige und respektvolle Weise geschieht. Daher hat sie ihren Außenminister gebeten, möglichst bald Kontakt zu seinem Kollegen in Moskau aufzunehmen, damit sie die praktischen Einzelheiten besprechen können. Den Brief unterzeichnet sie handschriftlich mit Sincerely yours Margrethe R.

Außenminister Per Stig Møller macht sich daraufhin eilig an die Korrespondenz. Bereits am selben Tag setzt er einen Brief an den russischen Außenminister Igor Iwanow auf, und ebenso wie die

Königin unterstreicht auch er die Forderung, dass das Ganze sehr würde- und stilvoll vonstattengehen muss und dass die Russen es glatt vergessen können, die landesflüchtige Dagmar eventuell zu durchsuchen. »Die Heiligkeit der irdischen Überreste der Zarenwitwe muss respektiert werden, und es dürfen zum Beispiel keine DNA-Proben entnommen werden«, schreibt der dänische Außenminister. Und um genau das zu erreichen, fährt er fort, kann er verkünden, dass die dänische Regierung den Sarg der Zarenwitwe an Bord eines dänischen Flottenfahrzeugs nach Sankt Petersburg bringen wird. Die dänische Regierung verlangt im Gegenzug, dass der Sarg nach seiner Ankunft sofort und ohne Verzögerungen zur Begräbnisstätte in der Peter-und-Paul-Kathedrale gebracht wird, wo bereits Dagmars Mann, Zar Alexander III., begraben liegt.

Per Stig Møller betont auch, wie wichtig es sei, dass die richtigen Leute auf der Gästeliste stehen.

»Es muss gut überlegt werden, wer zur Nachbestattungszeremonie eingeladen wird. Abgesehen von der Romanow-Familie und weiteren verwandten Adligen, müssen hochrangige Mitglieder der russischen Regierung und der russisch-orthodoxen Kirche eingeladen werden«, schreibt er und macht am Schluss seines Briefes darauf aufmerksam, dass auch die Mediendeckung des Ereignisses ein wichtiger Punkt sei, den man gemeinsam besprechen müsse.

Die Nachbestattung von Dagmar kostete Putin und Russland im Grunde gar nichts, denn obwohl der Präsident in seinem Brief an Königin Margrethe schreibt, dass die Initiative dazu vom russischen Volk ausging, so ist der Beitrag des großen Landes zu der Beerdigung doch äußerst bescheiden. Die Rechnung wird an die dänischen Steuerzahler weitergereicht, die den weitaus größten Teil der Kosten übernehmen müssen, die in Dänemark, aber auch in Russland anfallen. Und da sowohl das Königshaus als auch die Regierung das Niveau für die letzte Reise von Dagmar ziemlich hoch angelegt haben, wird es eine recht lange Rechnung.

Bereits zwei Jahre vor der Überführung wurde eine Arbeitsgruppe mit Repräsentanten von Außen- und Verteidigungsministerium, der Polizei Kopenhagen und Roskilde, dem Adjutantenstab der Königin, der Domkirche Roskilde, dem polizeilichen Nachrichtendienst, dem Bestattungsunternehmen N.P. Rostrup, der russischen Botschaft, der russischen Kirche in Kopenhagen, der Straßen- und Parkabteilung der Gemeinde Kopenhagen und dem Internationalen Pressezentrum eingerichtet. Zwei Jahre lang bereiten sie die Überführung vor und koordinieren den Festakt, der nach Absprache vom 23.–28. September 2006 stattfinden soll.

Fünf Monate vor der Nachbestattung sendet die Arbeitsgruppe eine Vorhut aus, um zu überprüfen, ob in Sankt Petersburg alles nach Plan verläuft. Auf dieser dreitägigen Reise sind unter anderem der Zeremonienmeister der Königin, Christian Eugen Olsen, Hofchef Per Thornit und der Chef des königlichen Adjutantenstabes, Søren Lyder Jacobsen, dabei. Die Männer vom Hof werden auf dieser Reise vom Generalstabschef des Heeres und der Kriegsmarine sowie von Vertretern des Außenministeriums, PET und Kunstdirektorat begleitet. Allein Flugtickets und Hotelübernachtungen kosten 9 000 Euro.

Als Dagmar 1928 in der Domkirche von Roskilde begraben wurde, hatte man ihren Sarg in die Krypta unter der Kapelle von König Christian IX. gebracht; ihn wieder hervorzuholen kostet die Kirche 28 986 Euro. Das Bestattungsunternehmen, das sowohl den Transportsarg als auch einen Zinksarg zur Verfügung stellen soll, soll dafür 3651 Euro erhalten, allerdings beinhaltet das auch den Lohn für vier Männer, die eine Stunde brauchten, um Dagmars sterbliche Überreste vom alten in den neuen Sarg zu transferieren, damit sie zum zweiten Mal in ihrem Leben bereit ist, Dänemark in Richtung Russland zu verlassen.

Dagmar wird am 26. November 1847 als viertes von sechs Kindern in Kopenhagen geboren und wächst im Gelben Palais in der

Nähe von Schloss Amalienborg auf, später im Schloss Bernstorff in Gentofte nördlich von Kopenhagen.

Als sie zur Welt kommt, ist ihr Vater, der spätere Christian IX., Herzog von Schleswig-Holstein-Sonderborg-Glücksborg und besitzt nicht viel mehr als seinen Titel. Er hat drei ältere Brüder und als Junge auf Schloss Gottdorf im Herzogtum Schleswig keine Aussichten, einmal auch nur in die Nähe von Geld und Gold zu kommen. Daher wird er nach Kopenhagen geschickt, wo er seine Halbcousine Louise von Hessen-Kassel trifft, in die er sich verliebt und die er 1842 heiratet.

Nach königlichen Verhältnissen lebt das junge Ehepaar spartanisch, doch 1853 ziehen sie das große Los. Der dänische König Frederik VII. kann trotz zweier Ehen keinen Sohn vorweisen, daher sieht man sich nach einem geeigneten Kandidaten um, der das Königsamt weiterführen könnte, und richtet dabei den Blick ins Herzogtum Schleswig-Holstein.

Sowohl Dagmars Vater als auch ihre Mutter stammen von König Frederik V. ab und gehören damit zum dänischen Königsgeschlecht. Der Hessen-Kassel-Zweig der Familien ist jedoch prominenter als die Glücksborger und steht dem Thron in der Blutlinie näher. Daher ist der geeignete Thronfolgekandidat Louises Bruder, Prinz Frederik von Hessen. Aber der will nicht König von Dänemark werden. Er hat ganz andere Pläne. Politisch steht er Deutschland näher als Dänemark; sein persönliches Ziel ist es, Schleswig-Holstein von Dänemark loszulösen und zum selbstständigen Königreich mit ihm selbst als König zu machen.

Daher lehnt er das Angebot aus Kopenhagen ab und überlässt das Erbrecht seiner Schwester Louise, die es wiederum an ihren Mann weitergibt. So wird der arme Prinz Christian von Schleswig-Holstein-Sonderborg-Glücksborg durch die Absagen 1863 König von Dänemark und der Begründer des heutigen Königshauses.

Im Schicksalsjahr Dänemarks 1864 wird Dagmar mit dem russischen Thronerben, Großfürst Nikolai Alexandrowitsch, verheiratet. Nikolai ist eine gute Partie, doch um seine Gesundheit steht es leider nicht sehr gut, und schon ein Jahr nach der Verlobung stirbt er im französischen Nizza an Tuberkulose. Auf dem Totenbett verkündet er, sein letzter Wunsch sei es, dass Dagmar sich mit seinem jüngeren Bruder Alexander vermählt.

Dagmar hat bereits begonnen, Russisch zu lernen, und ist auch schon dabei, zum russisch-orthodoxen Glauben überzutreten; daher ist sie dem Vorschlag nicht abgeneigt und nach dem obligatorischen Trauerjahr bereit, Alexander zu empfangen, der 1866 nach Dänemark reist. Kurz darauf steht die Verlobung an, und am 9. November 1866 werden Dagmar und Alexander im Winterpalast in Sankt Petersburg getraut.

Dagmar nimmt den russischen Namen Marija Feodorowna an und bringt zwischen 1868 und 1882 die sechs Kinder des Paares zur Welt. Der älteste Sohn ist der spätere Nikolaus II., der letzte Zar von Russland.

Schon mit 47 Jahren wird Dagmar Witwe, als Alexander III. 1894 mit 49 Jahren stirbt. Sein Sohn Nikolaus tritt die Nachfolge seines Vaters an. Da Dagmar nach russischem Brauch immer noch als Zarin betrachtet wird, trägt das zur schlechten Stimmung zwischen ihr und ihrer Schwiegertochter Alexandra Feodorowna bei. Alexandra ist Deutsche, und die schmähliche Niederlage, die Dänemark 1864 durch Deutschland erlitt, nagt ständig an Dagmar, die ihrer Schwiegertochter daher lieber aus dem Weg geht. Alexandra hingegen kämpft selbst um ihren Platz und ihre Position, und als Dagmar kurz vor Ausbruch des Ersten Weltkriegs von einer längeren Reise nach England zurückkehrt, hat die Schwiegertochter die Macht über den Sohn und über den Hof übernommen, wo man im Überfluss lebt, ohne einen Gedanken daran zu verschwenden, dass große Teile der russischen Bevölkerung hungern.

Doch 1917 geht es nicht mehr so weiter.

Anfang Februar finden in Petrograd, wie Sankt Petersburg zu diesem Zeitpunkt heißt, große Demonstrationen statt. Die Demonstranten sind wegen des katastrophalen Lebensmittelmangels auf die Straßen gegangen, und im Lauf der nächsten Wochen spitzt sich die Lage zu. Die überall spontan stattfindenden Demonstrationen, die allmählich koordiniert werden, nehmen immer weiter zu, und es kommt zu heftigen Auseinandersetzungen mit Polizei und Militär. Am 26. Februar erhält das Militär den Befehl, das Feuer auf die Demonstranten zu eröffnen, und 150 Menschen sterben. Doch tags darauf sagen die Soldaten »Nein«. Sie wollen nicht länger auf Landsleute schießen, und da sie gleichzeitig mit den elenden Verhältnissen im Heer unzufrieden sind, desertieren sie und mischen sich unter die Aufrührer.

Nikolaus II. hat das Parlament geschlossen und deren Mitglieder nach Hause geschickt, doch diese richten stattdessen ein temporäres Komitee ein und treten mit dem Zaren in Verhandlung. Sie wollen, dass er abdankt, und am 2. März willigt er ein und teilt mit, dass er die Regierung zugunsten seines Bruders aufgibt; doch der will nichts davon wissen, in der aufgeheizten Situation die Regierung zu übernehmen.

Da es sonst niemanden gibt, der den scheidenden Nikolaus II. ablösen könnte, nimmt die 300-jährige Herrschaft der Romanows ein Ende. Am 3. März 1917 endet die Monarchie, und Russland wird Republik.

Kurz nach Mitternacht am 17. Juli 1918 klopft Kommandant Jakow Jurowski vom Sowjet Ural an die Türen der Privatgemächer der abgesetzten Zarenfamilie im Haus des Kaufmanns Ipatiew in Jekaterinenburg. Der Kommandant sagt, es hätte Schießereien in der Stadt gegeben, und es wäre daher am sichersten, wenn die Familie im Keller Zuflucht sucht.

Das frühere Zarenpaar und ihre fünf Kinder standen 78 Tage lang unter Hausarrest. Seit der Abdankung des Zaren hat die provisorische Regierung die Familie gefangen gehalten, erst im Alexanderpalast außerhalb von Sankt Petersburg, später in der sibirischen Stadt Toblonsk und jetzt in Jekaterinenburg im Uralgebiet an der Grenze zwischen Europa und Asien.

Die Familie und ihre vier Diener dürfen sich in aller Ruhe ankleiden. Alles sieht ruhig und friedlich aus, und als eine Gruppe von zehn bewaffneten Wächtern den Raum betritt, nimmt die königliche Familie kaum Notiz von ihnen. Erst als Kommandant Jurowski mit lauter Stimme ein Dokument vorzulesen beginnt, begreifen sie, dass ihre Umsiedlung in den Keller einen ganz anderen Zweck verfolgt als das, was ihnen der Kommandant eine halbe Stunde zuvor erzählt hat.

»Das Exekutivkomitee des Rajon Ural aus Repräsentanten der Arbeiter-, Bauern- und Soldatenklasse hat beschlossen, dass Ihr hingerichtet werdet«, verkündet Jurowski und zieht seine Pistole. Er richtet sie gegen den abgesetzten Zaren und schießt ihm mehrmals in Brust und Kopf. Die Bewaffneten haben gleichzeitig die Gewehre gehoben und geben die erste Salve gegen den Rest der Familie und deren Diener ab. Wer noch lebt, wird von Kommandant Jurowski und den Wachen hingerichtet, zuletzt durch Genickschuss.

Die Zarenwitwe Dagmar befindet sich auch unter Hausarrest, aber nicht zusammen mit der restlichen Familie. Sie wird auf die Krim geschickt, wo sie mit den Töchtern Olga und Xenia in der Sommerresidenz des Zaren am Ai-Todor-Kap, dem sogenannten Schwalbennest, festgesetzt wird. Sie beschäftigt sich damit, Tagebuch zu führen und den Fall der Monarchie und die neue Zeit zu betrauern, in der Proletarier und Verbrecher ordentliche Leute wie Offiziere, Adlige und Angehörige des Königshauses verdrängt haben.

Während sich Dagmar auf der Krim aufhält, tobt immer noch der Erste Weltkrieg. Doch am 3. März 1918 schließt die neu gegründete sowjetische Republik unter der Führung von Wladimir Lenin einen Friedensvertrag mit dem deutschen Kaiserreich, und als daraufhin deutsche Truppen das südliche Russland und die Krimhalbinsel besetzen, werden Dagmar und ihre beiden Töchter freigelassen. Die drei Frauen können sich nun wieder frei bewegen. Das Angebot eines deutschen Offiziers, sie durch die deutschen Linien nach Dänemark zu bringen, lehnt sie ab.

Im November wird ein Waffenstillstand an der Westfront ausgehandelt, und die deutschen Soldaten ziehen sich von der Krim zurück. Dagmars Schwester Alexandra in England, die nach dem Tod Edwards VII. im Mai 1910 seit nunmehr zehn Jahren Witwe ist, sorgt dafür, dass das englische Kriegsschiff HMS Marlborough nach Jalta im Süden der Ukraine geschickt wird, um die Schwester und ihre Familie abzuholen.

Zuerst lehnt Dagmar die Rettungsaktion ab, doch am 7. April geht sie mit ihrer Familie und einigen Dienern und Freunden an Bord des Kriegsschiffes, das sie alle nach Malta bringt. Von hier aus reist sie nach England weiter und nach einigen Monaten bei ihrer Schwester weiter nach Dänemark, wo sie im August eintrifft. Sie lässt sich auf Schloss Hvidøre in Klampenborg nördlich von Kopenhagen nieder, wo sie bis zu ihrem Tod 1928 bleibt.

An Bord der HMS Marlborough befindet sich auch der junge Prinz Roman Petrowitsch. Er ist der Sohn von Großherzog Peter Nikolajewitsch und gehört dem anderen Zweig der Romanow-Familie an. Auf Malta trennen sich ihre Wege. Während Dagmar Kurs nach England und Dänemark nimmt, lässt sich der junge Prinz in Frankreich nieder, wo er 1921 in Cap d'Antibes die Herzogin Praskowia Scheremetewa heiratet. Das Paar bekommt zwei Söhne. Der eine ist Dimitri Romanoff, der 1959 während seiner Ferien die Dänin

Jeanne von Kauffmann trifft und sich in sie verliebt. Er zieht nach Dänemark, um sie zu heiraten, und wird bei der Handelsbank angestellt.

Jeanne von Kauffmann stirbt 1989, und vier Jahre später heiratet Dmitri erneut, dieses Mal die Übersetzerin Dorrit Reventlow, die nach der Heirat den Titel Prinzessin von Russland annimmt und sich Theodora Alexejewna Romanoff nennt.

Das Paar lässt sich in einer Villa im Engvej in Rungsted nieder, wo genug Platz für ihr Privatleben, die Arbeit der Prinzessin als »Übersetzerin Dorrit Romanoff« und die Arbeit des Prinzen ist, die darin besteht, dafür zu sorgen, dass die Gebeine der fernen Verwandten Dagmar von der Domkirche in Roskilde in die Peter-und-Paul-Kathedrale in Sankt Petersburg überführt werden.

Und am 23. September 2006 werden seine Bemühungen von Erfolg gekrönt, als das Königshaus und das offizielle Dänemark mit ehrwürdigem Pomp, begleitet von den Fernsehsendern TV2 und DR1, dem Sarg der dänischen Prinzessin auf dem Weg von der Krypta in Roskilde zum Langeliniekai in Kopenhagen folgen, wo das Kriegsschiff Esbern Snare den Sarg und die vielen Hoheiten und Exzellenzen erwartet.

Beim Gedenkgottesdienst in Roskilde werden die kirchlichen Zeremonien vom königlichen Konfessarius Christian Thodberg, Bischof Jan Lindhardt und dem Dompropst Jes Arendt gemeinsam vorgenommen, im Beisein von Königin Margrethe, Prinz Henrik und 514 geladenen Gästen. Darunter befinden sich die gesamte königliche Familie, Verwandte von Dagmar, Botschafter, Regierungsmitglieder, Parlamentsmitglieder, eine russische Delegation unter der Leitung des Kulturministers, der Verteidigungsminister mit seinen nächsten Generalen und Obersten, Schiffsreeder Mærsk Mc-Kinney Møller mit seiner Tochter Leise, Repräsentanten der russischen Kirche sowie lokale russische Geschäftsleute, darunter

Direktor Yuris Schaposnikow von der Firma D.F.N. Olie A/S, einer in der Öffentlichkeit unbekannten Firma mit c/o-Adresse in der Vognmagergade in Kopenhagen, drei Angestellten und einem Umsatz von etwa 670 Millionen Euro im Jahr 2005. Die mysteriöse Firma wurde 1977 als Teil der sowjetischen Ölhandelsgesellschaft Sojusnefexport gegründet und seit der Privatisierungswelle im Russland der 1990er, als sie den Namen in Nafta Moskva änderte, mehrere Male ge- und verkauft. Auf dem Weg zum jetzigen Besitzer, einer anonymen Gesellschaft, die auf den britischen Jungferninseln registriert ist, war sie ein paar Jahre lang in der Hand eines der reichsten Männer von Russland, des Dagestaners Suleiman Kerimow, eines Mannes mit engen Verbindungen zu Putin und seinem innersten Kreis.

Die enge Verbindung zum russischen Präsidenten kommt unter anderem ans Licht, als Papiere der Anwaltskanzlei Mossack Fonseca in Panama dokumentieren können, dass mehrere Firmen, die Putins bester Freund Sergej Roldugin in Steueroasen errichtet hat, von Firmen, die unter anderem von Kerimow kontrolliert werden, mit bis zu 1,9 Milliarden Euro versorgt wurden.

Als Dagmars Sarg, über den man die Fahne der ermordeten Zarenfamilie drapiert hat, auf dem von der königlichen Leibgarde flankierten Domkirchplatz in Roskilde in den wartenden Leichenwagen gebracht ist, weht ein starker Wind, sodass die Königin und ihre Hofdamen ihre Hüte festhalten müssen.

Der Leichenwagen ist derselbe, mit dem am 14. November 2000 Königin Ingrid zu ihrer letzten Ruhestätte geleitet wurde, und auf dem Weg von Roskilde zur ersten Station, Schloss Christiansborg in Kopenhagen, fährt man in einer Kolonne, angeführt von vier Motorrädern und dem Leichenwagen.

Am Königinportal von Christiansborg wartet die Pferdeschwadron des Gardehusarenregiments auf die Delegation aus Roskilde, und nachdem der Sarg vom Leichenwagen auf den Vierspänner geladen worden ist, treten die sterblichen Überreste der toten Zarenwitwe ihre Abschiedstournee durch die Straßen der Innenstadt.

Geplant sind ein Stopp bei der russischen Kirche in der Bredegade und eine langsame Vorbeifahrt an dem Haus, in dem sie als Kind wohnte, dem Gelben Palais, in der Amaliengade sowie am Palais Amalienborg von Christian IX., wo die Königin und ihre nächsten Anverwandten, die dorthin vorgefahren sind, dem Zug vom Balkon aus zusehen.

Am Langeliniekai sorgt eine Ehrengarde von zehn Mann dafür, dass der Sarg an Bord des Kriegsschiffes Esbern Snare gebracht wird. Und während das Schiff den Hafen von Kopenhagen verlässt und die königliche Leibgarde »I Danmark er jeg født« (In Dänemark bin ich geboren) spielt, kann Prinz Dmitri von der Reling aus auf einen Tag zurückblicken, der seiner Vorstellung königlicher Würde und Militärzug voll und ganz Genüge getan hat.

Das Verteidigungskommando, das die Garde und die Gardehusaren für die Vorstellung lieferte, muss hingegen eine unerwartete Rechnung von 57 000 Euro schlucken. Und das Fest ist noch nicht zu Ende.

In Sankt Petersburg muss das Generalkonsulat 7400 Euro für zum Beispiel den Kauf von Regenschirmen und die Anmietung von Stühlen bezahlen, und der Außenminister bekommt eine Rechnung von 19 000 Euro, damit der Knabenchor von Kopenhagen nach Sankt Petersburg geflogen wird, um »Fred hviler over land og by« (Friede über Land und Stadt) zu singen, wenn der Sarg ins Grab gelassen wird.

Doch die größte Aufmerksamkeit gilt nicht den hellen Knabenstimmen in der Kirche, sondern einem ganz anderen dänischen Beitrag. Mit einem Krach, der alles übertönt und den sogar der Korrespondent von TV2, Samuel Rachlin, vor der Kathedrale hören kann, fällt ein junger männlicher Angestellter der dänischen Botschaft in Moskau samt seinem Mobiltelefon in das kupferbeschlagene und zwei Meter tiefe Grab, kurz bevor Dagmars Sarg hinuntergelassen werden soll.

Zwei geistesgegenwärtige Sicherheitsbeamte springen ihm nach und holen den benommenen Botschaftsmitarbeiter schnell wieder aus dem Grab. Der junge Mann wird in sein Hotelzimmer geschickt, damit er den unglücklichen Sturz verdauen kann, doch obwohl er sich so ungeschickt angestellt hat, kommt er um eine Ermahnung durch seinen Chef Per Carlsen herum.

»Es ist ihm furchtbar peinlich, aber so etwas kann jedem passieren«, sagt der Botschafter später der neugierigen Presse.

In seinem Brief an die russischen Kollegen hat der dänische Außenminister Per Stig Møller betont, dass er hochrangige Mitglieder der russischen Regierung auf der Gästeliste in Sankt Petersburg erwartet, doch dieser Wunsch wird ihm nicht erfüllt. Wie schon in Roskilde in Dänemark ist Kulturminister Alexander Sokolow auch in Sankt Petersburg der einzige Repräsentant der russischen Regierung auf Ministerniveau. Putin, der das ganze Projekt angeschoben hat, zeigt sich nicht, und da sich die obersten Ränge der Russen nicht bei der Zeremonie blicken lassen, ist sie auch nichts für Königin Margrethe. Stattdessen schickt man das Kronprinzenpaar, das mit Per Stig Møller zusammen die vornehmsten dänischen Repräsentanten darstellt. Dafür sind die meisten Angehörigen der Romanow-Verwandtschaft dabei, als deren natürlicher Mittelpunkt erstrahlen Prinz Dimitri und Prinzessin Dorrit aus Rungsted.

Es ist nicht das erste Mal, dass sich Dmitri und Dorrit der Gesellschaft von Frederik und Mary erfreuen können. Das Paar aus Rungsted wird regelmäßig zu Festen im dänischen Königshaus eingeladen und war auch zugegen, als Kronprinz Frederik am 14. Mai 2004 der Tasmanierin Mary Donaldson in der Domkirche von Kopenhagen das Jawort gab. Auf der Gästeliste steht auch der

Geschäftsmann Fritz Schur, der sich über mehrere Jahre hinweg durch Geschenke und Dienstleistungen seinen Weg ins Leben der Königsfamilie und der höchsten Angestellten des Hofes erarbeitet hat. Besonders enge Verbindungen pflegt er zum Hofchef von Prinz Henrik und Kronprinz Frederik, Per Thornit. Bei der königlichen Hochzeit, Thornits Gesellenprüfung und Schurs erster offizieller Teilnahme an einem königlichen Event, heißt es, dass Schur den Champagner für das Hochzeitsessen auf Schloss Fredensborg bezahlt.

Wenn man Fritz Schur nach dem Champagnergeschenk und anderen bemerkenswerten Geschenken fragt, verweigert er die Antwort, unterstreicht jedoch stets seine engen und guten Verbindungen zum Königshaus. Er berichtet gern, dass er »die Ehre hat, mit mehreren Mitgliedern der Königsfamilie auf privater Ebene zu verkehren«, bestreitet aber, dass dieses Verhältnis auf der Grundlage vieler milder Gaben von seiner Seite basiert.

Er will auch nicht zugeben, dass sein Vorsitz im Liberale Erhvervsklub, einem Verein, der die liberal-bürgerliche Venstre finanziell unterstützen soll, und die persönliche Freundschaft mit den beiden prominenten Mitgliedern der Venstre-Partei Helge Sander und Anders Fogh Rasmussen ihm bei einer Reihe von attraktiven politischen Ernennungen geholfen hat, obwohl es gerade Sander und Fogh waren, die ihn jedes Mal für Posten unter anderem als Vorsitzender der Klassenlotterie, der Post Denmark oder dem Rat für Technologie und Innovation vorgeschlagen oder ernannt haben.

Am 24. Juni 2004 landet ein weiterer vornehmer und einflussreicher Posten bei Fritz Schur: Er wird zum Vorstandsvorsitzenden des dänischen Energiegiganten DONG ernannt.

Finanzminister Thor Pedersen von der Venstre-Partei ernennt Fritz Schur zum Vorstandsvorsitzenden, nachdem er Sven Riskær gefeuert hat, den Mann, den die damalige sozialdemokratische Regierung zehn Jahre zuvor auf diesen Posten gesetzt hatte.

Offizieller Besitzer von DONG Energy ist das Finanzministerium, und der Finanzminister ist stinksauer auf Riskær und die gesamte Leitung von DONG. Er ist der Meinung, dass er über eine große Investition, die die Firma gerade vorgenommen hat, nicht ausreichend informiert wurde. Für einen Preis von umgerechnet 911 Millionen Euro hat DONG einen Anteil am norwegischen Gasfeld Ormen Lange von der britischen Ölgesellschaft BP gekauft. Dazu gehört auch die längste unterseeische Gasleitung der Welt, ein 1200 Kilometer langes Rohr, das die Gasgewinnungsplattform mit der früheren Kohlengrubenstadt Easington auf dem englischen Festland verbindet.

Es ist die größte Investition, die die Firma je getätigt hat; mit diesem Kauf hat sich DONG ein Gasvorkommen gesichert, das dem gesamten Verbrauch Dänemarks in zehn Jahren entspricht. Eigentlich eine vernünftige Investition für eine Firma, die gegründet wurde, um Dänemark eine ausreichende Versorgung mit Öl und Erdgas zu sichern, doch im Finanzministerium betrachtet man es als Casinoinvestition, obwohl DONG sich damit auch eine Direktleitung zum attraktiven britischen Energiemarkt gekauft hat.

Die staatliche Energiegesellschaft DONG Energy entstand durch eine Fusion der ursprünglich staatlichen Gesellschaft DONG und der regionalen Energiegesellschaften Kopenhagen Energi, NESA, ELSAM, Frederiksberg Forsyning und Energi E2. Am 14. März 2006 wird der Zusammenschluss von der Wettbewerbsaufsicht der EU-Kommission genehmigt. Eine derartige Großhochzeit muss natürlich gefeiert werden, und das geschieht drei Monate später in Amsterdam, wo vom 5. bis 9. Juli die World Gas Conference stattfindet.

Die neue Fusionsgesellschaft hat internationale Ambitionen und ein neues Logo, das bei einer Sneak-Preview während eines Empfangs im Cobra-Museum in der Amsterdamer Vorstadt Amstelveen vorgestellt wird.

DONG findet, dass gerade die Cobra-Gruppe, gegründet auf Initiative des weltberühmten dänischen Künstlers Asger Jorn, ein gutes Beispiel für die internationale Ausrichtung des Konzerns ist, daher hat die Firma eine Ausstellung mit Werken von Jorns Cobra-Kollegen Carl-Henning Pedersen in dem holländischen Kunstmuseum gesponsert.

Doch es geht nicht nur um Kunst und neue Logos. Während der Messe stecken der Konzerndirektor von DONG Energy, Kurt Bligaard Pedersen, und der stellvertretende Vorstandsvorsitzende von Gazprom, Alexander Medwedew, regelmäßig die Köpfe zusammen, um eine Zusammenarbeit von DONG mit der russischen Staatsfirma zu vereinbaren. Dänemark hat noch nie zuvor russisches Gas gekauft, und durch die jüngsten Ereignisse in der Ukraine, wo Putin und Gazprom früher in diesem Jahr Probleme bekamen, weil sie die Gaslieferungen für den ukrainischen Teil der Družba-Leitung und damit auch die Versorgung der EU-Länder Slowakei, Tschechien, Österreich, Ungarn und Polen einstellten, wirkt eine mögliche Vereinbarung mit den Russen eigentlich nicht wirklich wie ein Schritt in die richtige Richtung auf dem internationalen Markt.

Doch das interessiert weder die Regierungspartei Venstre noch DONG, und daher setzt der dänische Direktor seine Verhandlungen mit dem russischen Gesprächspartner fort. Kaum eine Woche nach der Messe können die beiden am 16. Juni der Öffentlichkeit einen außerordentlich langen und umfassenden Vertrag zwischen den beiden Energiekonzernen präsentieren.

DONG Energy soll 20 Jahre lang eine Milliarde Kubikmeter russisches Erdgas kaufen, das entspricht etwa 20 Prozent des Verbrauchs in Dänemark. Im Vertrag steht außerdem, dass diese jährliche Menge noch beträchtlich erhöht werden kann. Darüber hinaus hat Bligaard auch eine Vereinbarung unterschrieben, nach der DONG Gas an die Verkaufsgesellschaft von Gazprom in England, Gazprom Marketing and Trading, verkaufen soll. Das Gas geht durch die gerade erworbene norwegische Ormen-Lange-Leitung. Dabei wird nicht genannt, wie viel Gas genau an die englische Tochtergesellschaft geliefert werden soll, aber die Russen versprechen, dass es sich um bis zu 600 Millionen Kubikmeter pro Jahr über 15 Jahre handeln kann.

Der Presse gegenüber sagt Kurt Bligaard, dass der Vertrag mit Gazprom wichtig für DONG Energy und ein Durchbruch für die Gesellschaft ist. Das ist er auch in gewisser Weise, besonders für Gazprom, denn dieser Vertrag hängt zu hundert Prozent davon ab, dass die Rohrleitung, die Gerhard Schröder und Wladimir Putin angenehme Träume beschert, genehmigt und gebaut wird.

Ohne Nord Stream am Grund der Ostsee gibt es keinen Vertrag und kein Erdgas für die dänischen Verbraucher.

Am Neujahrsmorgen 2009 dreht Gazprom der Ukraine erneut den Gashahn zu. Verhandlungen über den Preis für das Gas, das seit jeher zu einem »Freundschaftspreis« verkauft wurde, scheiterten. Daher waren die Russen schnell dabei, am Gashahn zu drehen, und am 7. Januar schließlich schalteten sie die Zufuhr ganz ab und stellten die Lieferung 13 Tage lang auf null.

Die Auswirkungen merkte man nicht nur in der Ukraine, sondern auch in einigen EU-Ländern, wo unter anderem Fabriken und Schulen aufgrund der ausbleibenden Gaslieferungen geschlossen bleiben mussten. In Ungarn hat Suzuki seine Fabrik bereits am ersten Tag der Krise geschlossen, und auch andere Unternehmen können nicht produzieren und verlieren Einnahmen. In Bulgarien meldet die Regierung einen Verlust von 85 Millionen Euro, in der Slowakei, wo bis zu 1 000 Unternehmen geschlossen bleiben mussten, belaufen sich die Verluste auf bis zu 132 Millionen Dollar. Und in Deutschland, Österreich, Italien und Frankeich muss man zum ersten Mal seit dem Golfkrieg zu Beginn der 1990er-Jahre die Reservelager angreifen, um kalte Wohnzimmer und leere Fabriken zu vermeiden.

Russlands Bereitwilligkeit, in der kältesten Jahreszeit die Versorgung Europas mit Gas zu unterbrechen, ist nicht nur den gescheiterten Preisverhandlungen mit den Ukrainern geschuldet. Es ist ebenso ein politisches Manöver, das den Weg für die geplante Nord-Stream-Leitung bahnen soll.

Mehrere Analysten weisen darauf hin, dass Russland den Konflikt in die Länge zieht, um Unterstützung für Alternativen zur ukrainischen Leitung zu erhalten. Derselben Ansicht ist unter anderem auch das europäische Zentrum für die Beziehungen zwischen Russland und der EU.

Fünf Monate später schreibt dieses Zentrum in einem Bericht, dass die Aktion das Ziel hatte, die Ukraine als Land darzustellen, das keinen sicheren, stabilen und zuverlässigen Transit für Gas nach Europa bereitstellen kann. Somit übt Russland so viel Druck auf die EU aus, dass es für diese schwer ist, die russischen Pläne für eine Alternative zum ukrainischen Teil der Družba-Leitung nicht zu unterstützen, meint das EU-Organ.

Der Bericht bezeichnet den Gaslieferstopp überdies als einen Versuch, die innenpolitische Lage in der Ukraine vor der im nächsten Jahr stattfindenden Präsidentenwahl zu beeinflussen, und außerdem als ein erstes Manöver bei dem Versuch, »altes russisches Land« wieder ins Reich zurückzuholen.

Die »Gasprovokation« setzte einen willkommenen Konflikt zwischen der Ost- und Westukraine in Gang, da der Gasmangel verhinderte, dass Gas aus den Distributionszentren in der westlichen Ukraine in die östlichen Industriegebiete geleitet wurde. Das führte zu sozialen Unruhen im Süden und Osten. Es war kein Zufall, dass russische Medien gleichzeitig Artikel veröffentlichten, nach denen es in der Ukraine »territoriale Veränderungen« gebe und dass der stellvertretende Vorsitzende der Duma, Konstantin Zatulin, sagte, die Zeit sei gekommen, »ein Signal zu setzen, dass der südliche und östliche Teil der Ukraine zu Russland gehören«.

Und die russische Strategie geht hundertprozentig auf.

Ein paar Tage nachdem die Russen das Gas wieder fließen lassen, schicken die deutsche Kanzlerin Angela Merkel und der französische Präsident Nicolas Sarkozy einen gemeinsamen Brief an den Vorsitzenden der EU-Kommission Jose Emanuel Barroso sowie Ministerpräsident Mirek Topolanek aus Tschechien, das gerade den EU-Vorsitz übernommen hat.

In diesem Brief schlagen Merkel und Sarkozy vor, dass alle EU-Länder Nord Stream unterstützen.

»Der letzte Streit um Gas zwischen Russland und der Ukraine belegt, wie notwendig es ist, dass die EU unabhängiger und widerstandsfähiger gegenüber Krisen in der Energieversorgung ist«, schreiben die beiden Regierungschefs und gehen damit in direkten Clinch mit Topolanek, der bei einem Treffen in der ungarischen Hauptstadt Budapest nur ein paar Tage zuvor Abstand von der deutsch-russischen Gasleitung genommen hat mit der Begründung, dass das Nord-Stream-Projekt dazu beitragen würde, die Abhängigkeit der EU von russischer Energie noch zu verstärken.

Vor dieser Abhängigkeit fürchtet man sich bei DONG nicht. Dänemark ist vom Vorgehen in der Ukraine nicht direkt betroffen, und an dem Tag, an dem die Russen den Gashahn ganz zudrehen und damit Millionen Menschen in der Ukraine und in Bulgarien den europäischen Januartemperaturen von bis zu minus 15 Grad überlassen, freut sich Kurt Bligaard über seinen Vertrag mit Gazprom. Er hat damit die Option, noch mehr Gas zu kaufen, als jetzt schon bestellt ist, und sieht nichts Anrüchiges an seinem Handel mit den Russen.

»Es wäre seltsam, wenn man kein Gas kaufen würde, das so nahe liegt«, äußert er sich der Zeitschrift *Ingeniøren* gegenüber und betont die Bedeutung, den Russen die Genehmigung zum Bau der Leitung durch die Ostsee zu erteilen. »Es ist eine Voraussetzung für den Vertrag mit Gazprom, dass wir unser Gas durch die neue

Nord-Stream-Leitung führen, die von Sankt Petersburg nach Norddeutschland führen wird.«

Bligaard ist kein Experte für Gashandel. Er hat an der Universität Aarhus Politikwissenschaften studiert, war u.a. Finanzvorstand bei der Stadt Kopenhagen und zuvor Abteilungsdirektor und Vizedirektor im Finanzministerium.

Unmittelbar bevor er zu DONG kam, war er ein Jahr und fünf Monate lang Geschäftsführer des Rettungsdienstes Falck, wurde aber 2002 vom damaligen Geschäftsführer Anders Eldrup zu dem dänischen Energiegiganten DONG geholt.

Die beiden Männer kennen einander aus dem Finanzministerium, wo Eldrup Ministerialdirektor war, bevor er zu DONG wechselte, und sie ergänzen einander gut.

Anders Eldrup ist der kühle und eher reservierte Beamte, während Bligaard Pedersen offener und zugänglicher ist und im Gegensatz zu Eldrup, der seine Mittagspause nur selten mit den Mitarbeitern zusammen verbringt, häufig in der exklusiven Kantine von DONG sitzt.

Hier kann man für 2,50 Euro am Tag so viel Obst und Getränke bekommen, wie man will, Frühstück mit frischem Brot, Käse, Marmelade und Kaffee auf Chefniveau sowie ein Mittagessen, wo es gelegentlich russischen Kaviar, gewürzte Riesengarnelen und japanisches Rindfleisch in Champagnersoße gibt.

Zu Recht wurde die Kantine 2006 zur Kantine des Jahres erklärt, und das hohe kulinarische Niveau und der dazugehörige Weinkeller für die Führungsebene hat DONG Fritz Schur zu verdanken. Die Kantine wurde geplant und gebaut, als hier noch der Hauptsitz von NESA und Schur Vorsitzender dieser Gesellschaft war.

Das Verhältnis von Anders Eldrup und Fritz Schur war nie besonders gut. Bei den Fusionsverhandlungen saßen sie einander am Verhandlungstisch gegenüber – Eldrup als Repräsentant von DONG und Schur als Vorsitzender des reichen nordseeländischen

Energiekonzerns NESA. Viele Verhandlungen fanden in Fritz Schurs großer Villa in Gentofte statt, die er gerne als Schloss bezeichnet, das früher der Krone gehört hat. Aber wenn die beiden Männer auf einem der blumengemusterten Sofas in der herrschaftlichen Villa miteinander reden und Schurs livrierte Diener Tee servieren, kann Schur die klassischen Umgangsformen, auf die er sonst so viel Wert legt, kaum aufrechterhalten. Bei der ersten Vorstandssitzung von DONG mit Fritz Schur als Vorstandsvorsitzendem treten seine Antipathie gegen Eldrup und sein Glaube an seine eigene Vortrefflichkeit deutlich hervor. Er stellt klar, dass die Koalitionsregierung aus rechtsliberaler Venstre, der konservativen Volkspartei und den Sozialdemokraten ihm ein sehr starkes Mandat gegeben hat, das er voll auszunutzen gedenkt. Von da an ist es er allein, der Kontakt mit dem Finanzministerium und der übrigen Regierung aufnimmt. Anders Eldrup darf an Treffen mit dem Ministerium nicht teilnehmen und auf eigene Faust keine anderen Minister oder Regierungsmitglieder kontaktieren. Das Gleiche gilt für den stellvertretenden Vorsitzenden Lars Nørby Johansen, der auch nicht mehr darauf zu hoffen braucht, zu Treffen mit dem Finanzminister eingeladen zu werden. Von jetzt an ist Fritz Schur DONG, und DONG ist Fritz Schur.

Im August 2009 soll Königin Margrethe die Ausstellung »Mit Fortuna übers Meer« in Dresden eröffnen. Sie hält es für eine gute Idee, das königliche Ballett und das dänische Radiosymphonieorchester einzuladen sowie eine Retrospektive des Hofkünstlers Bjørn Nørgaard zu zeigen. Da ein solches Programm im Budget nicht vorgesehen ist, schlägt Schur schnell vor, dass DONG es sponsert. Er selbst begleitet die Königin auf ihrer Reise nach Deutschland, und als das königliche Ballett in der historischen Semperoper in einer Galavorstellung präsentiert wird, ist es Fritz Schur, der sich als Gastgeber erhebt und Königin und Publikum willkommen heißt.

Um die außerordentlichen Ausgaben zu rechtfertigen, muss man etwas kreativ werden. Diese Anstrengungen führen dazu, dass man eine Energiekonferenz einberuft, bei der Anders Eldrup und die beiden Konzerndirektoren Niels Bergh-Hansen und Kurt Bligaard Pedersen unter dem Titel »Ein Schritt in die Richtung stabilerer Energieversorgung ohne CO_2« ihren deutschen Geschäftsverbindungen vom 85/15-Plan von DONG berichten können. Dabei soll der Verbrauch von Kohle in den Kraftwerken von DONG reduziert und das Verhältnis zwischen grünen Energiequellen und fossilen Brennstoffen umgekehrt werden, sodass der Anteil an erneuerbarer Energie 85 Prozent anstatt der jetzigen 15 Prozent ausmacht.

Zwölf Tage vor der Reise von Schur und Königin Margrethe nach Deutschland hat die Direktion von DONG alle Möglichkeiten, die Pläne für die erneuerbare Energie zugunsten von weniger Gas und Öl realisieren zu können. Eine Prognose der Energieregulierungsbehörde besagt, dass es für die dänischen Öl- und Gasfelder in der Nordsee langsam schlecht aussieht. Wenn keine neuen Felder erforscht werden, wird Dänemark 2018 nicht mehr von Öl unabhängig sein, und zwei Jahre danach wird auch das dänische Erdgas zur Neige gehen, lauten die Prognosen.

Anders Eldrup bestätigt diese Prognosen den Politikern gegenüber und sagt, dass nicht mehr so viel nachkomme. »Wir sind sicher, dass man in der Nordsee nicht mehr viel finden kann, denn dann hätten wir es bereits gefunden. Die Anzahl von Probebohrungen, wo wir erfolglos nach Öl und Gas suchen, steigt bedauerlicherweise«, sagt er.

DONG ist daher anderer Meinung als die Energieregulierungsbehörde, die meint, Dänemarks Deadline als Öl- und Gasproduzent ließe sich mit Investitionen in neue Probebohrungen bis 2030 verlängern. Ganz im Gegenteil. Acht Tage nach Veröffentlichung der Prognosen wird Kurt Bligaard Pedersen von *Berlingske Business* interviewt und erzählt, dass es wesentlich schlechter aussieht. »Das Gas in der Nordsee geht zu Ende, und irgendwann wird es alle sein. Das wird zwar nicht morgen oder übermorgen geschehen, aber die Prognosen besagen einen kräftigen Fall der Fördermengen bereits von etwa 2012 an, und etwa 2015 wird ganz Schluss sein. Darauf müssen wir uns vorbereiten.«

Und das tut er eineinhalb Monate später mit der Unterschrift unter einen Vertrag, der die Worte von der 85/15-Vision hohl klingen lässt. Bei einem Treffen mit Gazprom am 1. Oktober verdoppelt er die vorherige Bestellung an Erdgas, sodass Dänemark nun verpflichtet ist, dem russischen Energiegiganten zwei Milliarden Kubikmeter Gas abzunehmen. Der Vertrag läuft über 20 Jahre. Mit seiner Unterschrift hat Bligaard nicht nur dafür gesorgt, dass die Hälfte des dänischen Bedarfs an Erdgas nun in den Händen der Russen liegt, sondern auch noch, dass die Versorgung davon abhängt, dass Nord Stream die Erlaubnis erhält, seine Gaspipeline durch dänisches Gewässer zu verlegen. Und mit dem Bau eilt es, wenn man den Prognosen glauben darf, dass es in nur drei Jahren kein Gas mehr in der Nordsee geben wird. Im Pressekommentar zu dem Abkommen macht Kurt Bligaard noch einmal darauf aufmerksam, dass die Versorgungssicherheit Dänemarks künftig davon abhängt, dass die Russen die Genehmigung zum Bau der Leitung bekommen. In einer weiteren Pressemitteilung von Gazprom unmittelbar nach der Unterschrift des Vertrages sagt Bligaards Verhandlungspartner Alexander Medwedew, dass die Energiesicherheit von ganz Europa von der gewünschten Gasleitung abhängig sei.

»Der neue Vertrag mit DONG Energy zeigt erneut, wie dringend notwendig Nord Stream ist, die die Gaslieferungen an Europa durch eine diversifizierte und zuverlässige Infrastruktur sichern wird«, erklärt Medwedew. Er hat guten Grund, sich auf grünes Licht für die russische Leitung zu freuen. Schließlich ist er nicht nur Generaldirektor der Gazprom Export GmbH, sondern auch Vorstandsmitglied von Nord Stream.

19 Tage später erteilt Dänemark Nord Stream die Erlaubnis, die Pipeline durch dänisches Territorialfahrwasser südlich von Bornholm zu verlegen, und gute zwei Jahre später fließt das erste russische Gas durch die Rohre.

Und das macht sich auf den Kontoauszügen von Gazprom bemerkbar.

2013, drei Jahre nach der Einweihung von Nord Stream, macht die Gesellschaft einen Umsatz von 109 Milliarden Euro. Mehr als die Hälfte davon stammt aus dem Verkauf von Erdgas. Besonders die langfristigen Verträge der Gesellschaft machen sich bezahlt. Der Preis von Erdgas ist an den von Öl gekoppelt, und wenn der Ölpreis sinkt, sinkt auch der von Erdgas. Da 2006, als Kurt Bligaard und DONG den ersten Langzeitvertrag über 20 Jahre schlossen, der Ölpreis hoch war, bezahlt Dänemark das russische Gas teuer, obwohl der Marktpreis für Erdgas abgestürzt ist und sich auf einem historischen Tiefpunkt befindet. Während sich also die Russen über ihre lukrativen Verträge mit DONG freuen können, die nicht nur Gold wert sind, sondern auch den Weg für Nord Stream frei gemacht haben, wird es für DONG kritisch. 2012 ist ein Schreckensjahr. Bei der Veröffentlichung der Bilanz zeigt sich ein Minus von 536 Millionen Euro.

Der bei Weitem größte Anteil davon geht zulasten der Gasaktivitäten der Firma.

Gaskraftwerke im Ausland zeichnen allein für eine Abschreibung von 268 Millionen Euro, während 52 Millionen für verlustreiche Verträge für Gaslagerkapazität und ein Terminal für Flüssiggas aufgewendet werden.

DONG entschuldigt den Verlust mit der Preisentwicklung auf dem Gasmarkt, doch der niedrige Preis für Erdgas ist nicht die einzige Ursache für die Peinlichkeiten und die roten Zahlen in der

Bilanz. Bei den Verhandlungen zu den beiden Langzeitverträgen hat Gazprom Kurt Bligaard gründlich über den Tisch gezogen. Das zeigen Dokumente von Gazprom, die an die Öffentlichkeit gelangen und die die russische Zeitung *Izvestia* 2014 veröffentlicht.

Diese Dokumente nennen die russischen Verträge mit 20 Gaskunden. Während Gesellschaften in Ländern wie England, Deutschland und Holland je 313, 379 und 371 Dollar für 1000 Kubikmeter Gas bezahlen, müssen Dänemark und DONG nicht weniger als 494 Dollar für die gleiche Ware auf den Tisch legen.

In der Führungsspitze von DONG haben sich zwei Gruppen mit unterschiedlichen Visionen gebildet, die die Firma teilen. Schur ist Traditionalist und nicht sehr für Experimente zu haben. Anders Eldrup hat allerdings völlig neue Pläne für DONG. Er will die Firma zum führenden Unternehmen in der Windindustrie sowohl im In- als auch im Ausland machen. Früher stand Dänemark in der Produktion moderner Windräder an der Spitze, und im ganzen Land haben sich Privatleute zusammengetan, um in Windräder zu investieren. Das zeigt sich deutlich in der dänischen Landschaft, wo die weißen Windräder, die hauptsächlich von Produzenten wie der dänischen Vestas oder dem deutschen Hersteller Siemens Wind Power stammen, Dänemark als ein Land mit ausgeprägtem und progressivem Umwelt- und Energieprofil darstellen.

Doch während der ersten fünf Jahre von Anders Fogh Rasmussens VK-Regierung bläst ein neuer Wind in der dänischen Energiepolitik. Die politische Unterstützung der Visionen von Dänemark als einem grünen Vorbild hört auf, und der Strom aus den Windrädern muss sich auf dem Markt behaupten, während die staatlichen Substitutionen aufhören. Der Abrechnungspreis für grünen Strom wird reduziert, und neue Windradprojekte werden gestoppt. So werden zum Beispiel zwei geplante Offshore-Windparks auf Eis gelegt, kurz nachdem die Regierung 2001 ihr Amt antritt. Vier Jahre später machen sich die Auswirkungen der politischen Maßnahmen deutlich bemerkbar. 2005 werden nur zwei neue Windräder in Dänemark aufgestellt. Fünf Jahre zuvor waren es noch 684. 2007 wird der Plan zu einem großen Offshore-Windpark vor der Küste Lollands aufgegeben, da sich der dänische Abnahmepreis auf nur 49 Öre per Kilowattstunde beläuft. In England bezahlt man das Doppelte, daher entschließt sich die staatliche dänische Firma, das Projekt auf die andere Seite der Nordsee zu verlagern. Fast 700 Millionen Euro werden in die beiden Windparkanlagen Walney Island vor der englischen Westküste und Gunfleet Sands nördlich von London investiert.

2008 beschränken sich DONG Energys dänische Aktivitäten in der Windkraftindustrie auf die Miteigentümerschaft am Windpark Horns Rev vor Blåvands Huk im südwestlichen Jütland. Und im Konzern wird nicht viel Wert darauf gelegt. Vorstandsvorsitzender Schur betrachtet alternative Energie aus Windkraftanlagen als einen Spleen aus den 1970er-Jahren ohne Potenzial und widersetzt sich daher Investitionen in neue Windkraftprojekte.

Doch Eldrup will Dänemark wieder auf die grüne Schiene bringen und sucht daher Mitinvestoren, um seine Pläne zu realisieren. Und er weiß auch, an wen er sich wenden muss.

Als er noch im Finanzministerium saß, war er einer von vielen, die die Marktreform 1987 unterstützten; sie bildete die Grundlage für das milliardenschwere Vermögen, das sich seitdem in den dänischen Pensionskassen angesammelt hat.

Diese Kassen verwalten die vielen Gelder für die Lohnempfänger und sorgen dafür, dass sich das Vermögen durch Investitionen vermehrt. Genau solch eine Investition bietet Eldrup 2010 Pension Danmark und PKA an.

Eldrups Anfrage führt dazu, dass die beiden Pensionskassen und DONG sich bei Dänemarks bisher größtem Offshore-Windpark zusammentun, einem Projekt mit 111 riesigen Windrädern im Meer westlich von Anholt im Kattegat. Als sich die von Siemens

Wind Powers Fabriken in Brande und Aalborg gebauten Windräder zu drehen beginnen, tun sie das mit so großer Geschwindigkeit, dass sie CO_2-freien Strom für über 400 000 dänische Haushalte liefern können. Da das Projekt gleichzeitig für Arbeitsplätze in der dänischen Windkraftindustrie sorgt und DONG Einnahmen und wertvolles Know-how verschafft, ist es in jeder Hinsicht ein Erfolg.

Nur nicht für Fritz Schur.

2010 beginnt sich seine Versorgung der Mitglieder des Königshauses mit Geschenken, Dienstleistungen und Einladungen zum Wienerball auf »Schloss« Christiansholm auszuzahlen.

Am 11. Juni, dem Geburtstag von Prinz Henrik, teilt der Hof mit, dass der Kommandeur des Dannebrog Fritz Henrik Schur zum Kammerherrn ernannt wird und damit zum Stab der Kammerherren und -damen gehört, die die Königin einberuft, wenn ein neuer Botschafter zu seinem Antrittsbesuch bei ihr begleitet werden soll oder wenn andere größere Begebenheiten am Hof stattfinden. Kammerherren und -damen werden normalerweise am Geburtstag der Königin, am 16. April, ernannt; es ist noch nie da gewesen, dass ein Kammerherr am Geburtstag des Prinzen ernannt wurde. Doch der ungewöhnliche Tag kann vielleicht als Ausdruck dafür angesehen werden, dass sich Schurs große Zuneigung zum Königshaus hauptsächlich an den Mann der Königin richtet. Diese liebevolle Aufmerksamkeit hat im Laufe der Jahre sowohl dem Prinzen als auch seiner Familie und den Organisationen, deren Schirmherr er ist, bzw. den Vereinigungen, bei denen er Mitglied ist, eine große Reihe von Geschenken eingebracht.

Als Prinz Henrik 2004 70 Jahre alt wird, verehrt ihm Schur ein Gemälde. Der bekannte Maler Thomas Kluge hat es gemalt und nimmt dafür 56 000 Euro. Das Motiv ist Prinz Henrik zu Pferd. Im Jahr darauf bringt Kluge ein weiteres Bild des Prinzen auf die Leinwand. Dieses Mal ist es ein Geschenk für den Königlichen Kopenhagener Schützenverein, dessen Vorsitzender Prinz Henrik zweimal war. Der Preis: 47 000 Euro. Das Motiv: Prinz Henrik im pompösen Stuhl des Vorsitzenden.

Als der Prinz 2009 75 Jahre alt wird, schenkt Schur ihm ein Dessertbesteck mit dem Monogramm des Prinzen; als der WWF Dänemark, den Prinz Henrik mit gegründet hat, ein Wohltätigkeitsessen in der Orangerie auf Schloss Fredensborg gibt, spendiert Fritz Schur den Champagner für die 300 Gäste.

Der Prinz und Schur reisen oft zusammen ins Ausland, und Schur erzählt gern, dass sie 40 bis 50 Tage im Jahr unterwegs sind. Eines der bevorzugten Ziele ist Thailand, wo sie stets Prinz Henriks Fünf-Sterne-Lieblingshotel im südlichen Phuket buchen.

Außer der Freude am Reisen verbindet die beiden Männer ein gemeinsames Interesse am Segelsport. Fritz Schur segelt seit seiner Kindheit. Als Henrik 1967 nach Dänemark kam, bekam auch er schnell eine Pinne in die Hand. Die ersten Jahre segelte er den Bootstyp Knarr unter anderem mit Jan Bonde Nielsen, in den letzten Jahren eher die Drachenbootklasse, die seit jeher der bevorzugte Bootstyp der adligen, reichen und einiger der besten Segler der Welt ist. Doch obwohl Schur ein erfahrener Segler ist, muss er den Segeltörns von der Mole aus zusehen und den Platz an der Seite des Prinzen dem Arzt Philipp Skafte-Holm überlassen, der auf dem Drachen White Lady stets zur Mannschaft des Prinzen gehört und in den Seglerkreisen daher auch als »Prinz Philipp« bezeichnet wird.

Im Gegensatz zu den meisten anderen Seglern, die gerne mit dem Boot auf einem Trailer an den Hafen kommen, lässt sich Henrik oft mit dem königlichen Schiff Dannebrog dorthin bringen und lädt die anderen Segler zum Abendessen oder zu einer Afterparty nach der Regatta ein.

Das tut er auch 2009, als der königlich dänische Yachtclub aus Hellerup vom 1. bis zum 7. August den Dragon Gold Cup vor Skagen ausrichtet. Bei dieser Gelegenheit gibt sich Schur nicht damit zufrieden, nur zu den Festen auf dem Schiff aufzutauchen. Er ist alle acht Tage in Skagen anwesend und logiert sich auf dem Schiff des Königs ein. Und das kommt ihm zunutze.

Am Abend des ersten Regattatages haben Prinz Henrik und Kronprinz Frederik, die mit dem Boot Nanoq teilnehmen und sich als Hans Hansen in der Teilnehmerliste eingetragen haben, die anderen Teilnehmer zu einem Festmahl auf der königlichen Jacht eingeladen.

Die Regatta hat viele Ausländer angezogen, und da Gazprom viel Geld in die Schiffe investiert hat und sowohl Segler als auch internationale Meisterschaften in der ganzen Welt sponsert, sind auch einige Russen mit dabei, unter anderem der Milliardär Anatoly Loginow, der die Firma BPC Technologies gegründet hat und eng mit dem Gazprom-Partner Lukoil zusammenarbeitet.

Zu ihren Drinks holen die reichen Gäste gute Zigarren hervor. Da Kronprinz Frederik selbst keine Havannas mitgebracht hat, bittet er einen seiner Gäste darum. Fritz Schur bemerkt es, und eine Viertelstunde später kann einer der Diener der Jacht dem nikotinunterversorgten Kronprinzen eine Schachtel der besten Zigarren aus Brøndums Hotel anbieten. Als der Prinz sich die handgerollte Zigarre ansteckt, nickt er diskret in Richtung des Kammerherrn und sagt »Danke, Fritz«.

Der Titel des Kammerherrn beinhaltet das Recht, die rote Uniform des Kammerherrn mit der dazugehörigen Kopfbedeckung und dem aufgenähten goldenen Schlüssel am rechten Jackenaufschlag zu tragen. Der Schlüssel symbolisiert, dass der Träger Zugang zum »Zimmer« des Regenten hat. Fritz Schurs Zugang zu Eldrups Visionen von DONG als grünem Energielieferanten sind ebenso traditionell und rückständig wie die Symbolik des Schlüssels zu den Privatgemächern der Königin. Schur glaubt immer noch an Gas und Öl, und zusammen mit den Direktoren Kurt Bligaard Pedersen aus der Gasabteilung und Carsten Krogsgaard Thomsen von der Finanzabteilung des Konzerns, den Eldrup ebenfalls aus dem Finanzministerium geholt hat, bildet er eine Fraktion gegen Eldrup und seine grüne Schiene.

Gegen den internen Widerstand kann Eldrup seine Projekte im Ausland in Gang setzen, und im Sommer 2011 bekommen sie langsam Fahrt. Eldrup ist der Meinung, wenn man das Wissen und die Position, die sich DONG auf dem Windkraftmarkt erarbeitet hat, bewahren und ausbauen will, müssen die Windkraftaktivitäten von DONG Energy so massiv ausgebaut werden, dass DONG und Dänemark zuschlagen können, wenn der Rest Europas in der nächsten Zeit hoffentlich ebenfalls einsieht, wie wichtig erneuerbare Energien sind, und daher bereit ist, Milliarden von Euro in Windräder und Windparks zu investieren.

Doch Eldrups Ziele kosten viel Geld. Bis zu 2,7 Milliarden Euro. Für einen so großen Betrag kann DONG nicht alleine die Verantwortung und das Risiko übernehmen. Daher wendet Eldrup sich erneut an die Pensionskassen. Diese Mal mit dem Plan, DONG eine Tochtergesellschaft zu geben, die mit den Pensionskassen zusammen den europäischen Windkraftmarkt erobern und genügend Geschäfte nach Hause bringen kann, um 25 000 neue Arbeitsplätze zu schaffen. Trotz der notwendigen zweistelligen Milliardeninvestition hören die Pensionskassen Eldrup interessiert zu. 2011 und 2012 beginnt die Zusammenarbeit mit Pension Denmark, ATP und PKA Gestalt anzunehmen.

Zur Verwirklichung seiner Pläne hat Anders Eldrup eine kleine Gruppe junger, tatkräftiger Mitarbeiter um sich versammelt. Damit Fritz Schur und seine Verbündeten in der Konzerndirektion keine Möglichkeit bekommen sollen, das Projekt zu verhindern, wird es geheim gehalten und mit dem Codenamen »Project Red« versehen.

Der Wind steht günstig für das Projekt. Amerikanische Unternehmen haben begonnen, Schiefergas mit der effektiven, aber stark umweltbelastenden »Fracking-Methode« zu gewinnen. Da das Land dadurch schnell unabhängig von Gasimporten wird, fallen die Gaspreise auf dem internationalen Markt ins Bodenlose. Das ist für eine Gesellschaft, deren Hauptziel Kauf und Verkauf von Erdgas ist, keine sonderlich attraktive Situation.

Daher präsentiert Eldrup Fritz Schur seine Pläne, bekommt aber keine Unterstützung dafür. Der Kammerherr will die Pläne weder dem Vorstand von DONG noch dem Finanzministerium vorlegen und auch nicht zulassen, dass die Projektmacher das selbst übernehmen. Und als Eldrup und seine Gruppe weiter darauf bestehen, behauptet Schur, er hätte bereits mit dem Finanzministerium darüber gesprochen und der Plan sei sofort abgewiesen worden. Im Buch »Det bedste bud« (Das höchste Gebot) des preisgekrönten investigativen Journalisten Anders-Peter Mathiasen berichtet eine Quelle, die dem Prozess bei DONG dicht folgt, Schur hätte erzählt, er wäre im Finanzministerium gewesen, um über den Plan zu sprechen, und dort sei man völlig sprachlos gewesen, dass man bei DONG an so etwas überhaupt arbeiten könnte.

Freitag, den 9. März 2012 kann Fritz Schur Anders Eldrup endlich loswerden. Der Geschäftsführer ist zur Vorstandssitzung eingeladen, damit er die Bilanz für 2011 vorstellen kann, die soeben fertig geworden ist. Er kann eine ziemlich gute Bilanz vorweisen. Der Staat Dänemark und die lokalen Energiegesellschaften, die als Inhaber auftreten, können einen Gewinn von 388 Millionen Euro erwarten, erzählt Eldrup den Vorstandsmitgliedern und berichtet weiterhin über den Erfolg des Windprojekts bei Anholt und die Entwicklung auf dem globalen Markt. Da er nicht über das »Project Red« sprechen darf, kann er dem Vorstand nichts von den Möglichkeiten erzählen, die die aktuelle Gassituation DONG und dem Projekt eröffnen würde. Nachdem er die Bilanz und die Vorhaben, über die er sprechen darf, vorgestellt hat, wünscht er dem Vorstand ein schönes Wochenende, steht auf und geht.

Vor dem Sitzungslokal erwarten ihn die Presse und ein Fernsehteam von TV2, um ihm Fragen zur Bilanz zu stellen. Und während Eldrup von den guten Ergebnissen berichtet, ist Fritz Schur auf der anderen Seite der Tür beim nächsten Tagesordnungspunkt: Er will, dass Anders Eldrup gefeuert wird.

Ein interner »Whistleblower« hat ihm Informationen zugeschoben, dass mit den Gehältern der Schlüsselmitarbeiter des »Project Red« etwas ganz und gar nicht stimmt. Besonders ein einzelner Mitarbeiter, Jacob Baruël Poulsen, steht mit seinem Gehalt und seinen Vergünstigungen im Scheinwerferlicht der Untersuchung.

Im Jahr zuvor hat Barylen, wie er intern bei DONG genannt wird, mehr verdient als Anders Eldrup. Darüber hinaus hat er einen Vertrag, der ihm 2,7 Millionen Euro einbringt, wenn die Zusammenarbeit aufhört, selbst wenn er derjenige ist, der kündigt.

Fritz Schur ist sichtlich empört über diese Verhältnisse und erzählt dem Vorstand, dass das ohne sein Wissen eingefädelt worden sei. Eldrup hat diese in Schurs Augen wahnsinnigen und verrückten Vereinbarungen eigenmächtig vorgenommen, und das soll er jetzt büßen. Er soll mit sofortiger Wirkung entlassen werden.

Als Anders Eldrup mit den Interviews über die DONG-Bilanz fertig ist, geht er in sein Büro. Er checkt seine Mails und ordnet die letzten Details vor dem Wochenende, das er mit Familie und Freunden in Nizza verbringen will. Er lässt sich Zeit, denn Fritz Schur hat ihn am Morgen gebeten, noch zu warten, da er noch etwas mit ihm zu besprechen habe.

Kurz nach halb fünf betritt Schur Eldrups Büro und sagt, er sei verrückt und sie könnten ihre Zusammenarbeit nicht weiter fortsetzen. Es ginge um gewisse Mitarbeiterverträge, die nicht in Ordnung seien, und dass er später noch einmal mit dem Nominierungs- und Entschädigungsausschuss und einem Anwalt wiederkommen würde.

Der Nominierungs- und Entschädigungsausschuss ist vom Vorstand berufen. Eine seiner Aufgaben besteht darin, die Lohn- und Vergütungvereinbarungen der Direktoren und Vorstandsmitglieder zu überprüfen. Als Schur zurückkommt, wird er unter anderem von Vorstandsmitglied Jens Kampmann aus dem Nominierungs- und Entschädigungsausschuss, dem stellvertretenden Vorsitzenden Lars Nørby Johansen und Fritz Schurs persönlicher Anwältin Mariann Norrbom begleitet.

Schur berichtet Eldrup kurz, dass der Vorstand einstimmig beschlossen hat, dass er entlassen wird. Außerdem weist er darauf hin, dass sein Anwalt in den nächsten vierzehn Tagen die Verträge untersuchen und entscheiden wird, ob Eldrup die Abfindung bekommen wird, die ihm in seinem eigenen Vertrag zugesichert wird.

Nach elf Jahren an der Spitze von DONG ist für Anders Eldrup mit einem Schlag Schluss. Er packt die beiden Bilder seiner Kinder ein, die auf seinem Schreibtisch stehen, und verlässt sein Büro. Im Vorzimmer sagt er laut Tonie Yde Højrups *Zetland*-Artikel zu seiner Sekretärin: »Nun, dann ist wohl jetzt Schluss damit.«

Am Montagmorgen trifft sich Anders Eldrup mit Fritz Schur und Lars Nørby Johansen in der Kanzlei Norrbom und Vindings im neuen Kopenhagener Viertel Nordhavnen, um die Bedingungen für den Rauswurf zu besprechen und um einen Text zu formulieren, der an die Presse gegeben werden kann. Schur will, dass der 63-jährige Eldrup erklärt, dass er sich aufgrund seines Alters auf eigenen Wunsch zurückzieht, aber Eldrup ist dagegen. Nach stundenlangen Verhandlungen einigen sie sich schließlich auf den Text: »Anders Eldrup tritt von seinem Posten bei DONG zurück. Dies geschieht im gegenseitigen Einverständnis.«

Dieser wenig informative Text führt zu einem Sturm auf DONG. Die Presse will wissen, was sich hinter diesen Worten mit der Standardformulierung »im gegenseitigen Einverständnis«

verbirgt. Dieser Wortlaut wird in der Wirtschaft immer dann verwendet, wenn man sich von einem führenden Mitarbeiter trennen will und dieser eine Abfindung mit einer eingebauten Stillschweigevereinbarung ausgehandelt hat. An Schur prallen die Fragen ab, aber er lässt etwas darüber verlauten, dass es aufgrund von Eldrups Alter und in gegenseitigem Einverständnis geschehen sei.

»Anders Eldrup ist dreiundsechzigeinhalb, das muss man dabei bedenken. Ich glaube kaum, dass viele Konzernchefs in den größten Betrieben Dänemark dieses Alter haben«, sagt er zur Tageszeitung *Berlingske.* Weiterhin meint er, dass er völlig Eldrups Meinung sei, was die Visionen über die zukünftige Strategie von DONG Energy angeht, und beschreibt ihre Zusammenarbeit als »ausgezeichnet«.

Doch tags darauf beginnen die vielen positiven Aussagen zu Eldrup, ihn möglicherweise zu ärgern. Am späten Dienstagabend beruft er im Ellehammerraum des Hotel Hilton am Flughafen von Kopenhagen eine Pressekonferenz ein. Presse und Öffentlichkeit sollen jetzt die ganze Wahrheit über die Entlassung von Anders Eldrup und die Verhältnisse, die dazu geführt haben, erfahren. In dunklem Anzug mit lachsfarbenem Schlips berichtet er von Barylens Gehaltsvertrag.

»Noch nie, niemals habe ich etwas Derartiges erlebt. Das ist höchst merkwürdig. Es gibt unglaublich viele Ergänzungen zu dem normalen Lohn und den Vergütungen, und darüber hinaus hat er Einmalzahlungen von höchst merkwürdigem Charakter erhalten«, berichtet er und bedauert, dass daher die Zusammenarbeit mit Eldrup beendet werden müsse. »Es tut mir sehr leid. Es tut mir leid für den Betrieb, und es tut mir noch mehr leid für Anders Eldrup. Aber das muss aufhören. Seit Sommer 2005 habe ich außerordentlich gut mit Anders Eldrup zusammengearbeitet. Ich habe den größten Respekt vor ihm und betrachte ihn als einen der begabtesten Menschen, die ich kenne«, äußert er sich bei der Konferenz.

In der nächsten Zeit muss Anders Eldrup erleben, dass er in den Medien als machtbesessen und als »Lohnverschwender« dargestellt wird. Doch schließlich gerät auch Fritz Schur ins Visier, und da sich infolgedessen unter anderem der Parlamentsvorsitzende Mogens Lykketoft öffentlich von Fritz Schurs Art, die Angelegenheit zu regeln, distanziert, beginnt sich das Blatt zugunsten Eldrups zu wenden.

»Ich weiß nicht, warum man darum so viel Wirbel machen muss. Ich fürchte, dass dieser Aufruhr den dänischen Staat mehrere Hundert Millionen Kronen kosten kann … mindestens«, erklärt Lykketoft dem *Ektra Bladet.*

Doch genau vierzehn Tage nach der fatalen Pressekonferenz im Hotel Hilton versetzt Fritz Schur Anders Eldrup einen weiteren Tiefschlag. Auf einer Pressekonferenz im Hauptsitz von DONG in Gentofte legt Schur den Untersuchungsbericht vor, den er bei Mariann Norrbom und ihrer Kanzlei in Auftrag gegeben hat. Zusammenfassend schreibt DONG, dass man aufgrund dieser Untersuchung sowie einer zweiten Meinung vom Kammeranwalt feststellen kann, dass Anders Eldrup ein Verhalten an den Tag gelegt hat, das man als vertragsverletzend bezeichnen kann, und dass man daher nicht bereit sei, seine Abfindung auszuzahlen.

Bei dieser Pressekonferenz ist auch der Vorstandschef des Pharmagiganten Novo Nordisk, Lars Rebien Sørensen, anwesend, der im Vorstand von DONG sitzt. Wenn Eldrup nicht schon durch die vielen Runden gegen Schur niedergeschlagen war, dann jetzt, als der Superstar der dänischen Wirtschaft sagt: »Die Angelegenheit ist ärgerlich, denn ich habe den größten Respekt vor den Resultaten, die Anders Eldrup für DONG erwirkt hat. Aber so etwas habe ich noch nie gesehen. Was hier vor sich geht, ist unerhört.«

Nachdem Anders Eldrup über die Untersuchung nachgedacht hat, beschließt er, ein Schiedsverfahren gegenüber DONG anzustrengen; nach zehn Tagen vor dem Schiedsgericht, 30 Zeugenanhörungen und der Durchsicht von 4500 Dokumenten sind die drei Schiedsrichter am 16. September 2013, eineinhalb Jahre nach Eldrups Entlassung, zu einem Schiedsspruch gekommen. Und alle drei sind sich einig: Als Direktor hatte Eldrup in seinem Vertrag die volle Kompetenz, die Lohnabsprachen zu treffen, die er mit seinen vier engsten Mitarbeitern beim »Project Red« vereinbart hat, ohne dass er den Vorstand darüber informieren musste. Und auch wenn diese Löhne sehr hoch sind, sehen die Richter doch, dass sie durch die Resultate, die die Mitarbeiter erbracht haben, gerechtfertigt sind. Allerdings sind die Richter der Meinung, dass es ein Fehler von Eldrup gewesen sei, den Vorstand angesichts der außerordentlichen Lohnabsprachen nicht zu informieren. Dieser Fehler sei jedoch nicht so gravierend, dass er als vertragsverletzend zu betrachten sei. Daher wird Eldrup seine Abfindung von 1,2 Millionen Euro zugesprochen, und DONG muss die Kosten des Verfahrens in Höhe von 335000 Euro tragen.

Als Anders Eldrup entlassen wird, wird Wirtschaftsdirektor Carsten Krogsgaard Thomsen zum konstituierenden Geschäftsführer berufen. Bereits einen Monat danach kann Fritz Schur verkünden, dass er den Ersatz für Eldrup gefunden hat.

Es ist der 44-jährige Henrik Poulsen, Direktor des Telekommunikationsunternehmens TDC, bei dem er zwei Jahre zuvor 18,7 Millionen Euro verdiente, als er die Gesellschaft an die Börse brachte und die Aktienoptionen nutzte, die er als Teil seines Gehaltsvertrag erhalten hatte. Er gilt als Goldjunge, war schon für die dänischen Giganten Novo Nordisk und Lego tätig und hat auch gute Kontakte und Einsichten in den internationalen Investitionsmarkt. Poulsen studierte Wirtschaftswissenschaften an der Columbia Universität von New York und arbeitete sowohl in Kopenhagen als auch in New York für die internationale Beratungsfirma McKinsey & Co. Außerdem ist er mit den beiden Goldman-Sachs-Leuten Charles Allen, dem Chefberater der Firma, und Andrew

Wolf, dem Chef der Bankabteilung für europäische Investitionen, eng verbunden.

DONGs große Verluste durch die Gasinvestitionen lassen die Gesellschaft in einem schlechten Licht dastehen. Wenn sie, wie bereits 2004 von der VK-Regierung geplant, an die Börse gehen soll, braucht sie ein wirtschaftliches Makeover in Form externer Kapitalzuschüsse. Daher leiten Henrik Poulsen und das Finanzministerium die Jagd nach geeigneten und möglichst internationalen Investoren ein.

Unter anderem peilt man die amerikanische Investitionsbank Goldman Sachs an, doch obwohl sie eine der größten der Welt ist, wäre das eine kontroverse Wahl. Mit einer Reihe von Hochrisikokrediten für amerikanische Immobilienkäufer galt Goldman Sachs als einer der schlimmsten Schurken in der Finanzkrise, da man gleichzeitig mit der Bewilligung von Krediten für Immobilien, die teurer waren, als es die Ökonomie der Käufer tragen konnte, darauf spekulierte, dass der amerikanische Immobilienmarkt zusammenbrechen würde. Wenn ein Kredit unterschrieben wurde, wurde er sofort an zum Beispiel Pensionskassen weiterverkauft, und als die Immobilienblase platzte und die Finanzkrise zwischen 2007 und 2010 ihren Höhepunkt erreichte, erlitten nicht länger Goldman Sachs, sondern die Pensionskassen die Verluste.

Viele warnten vor einer Verbindung mit Goldman Sachs. 200 000 Dänen unterschrieben einen Protest gegen den Verkauf, und auch der Parlamentsvorsitzende Mogens Lykketoft sowie der ehemalige Ministerpräsident Poul Nyrup Rasmussen distanzieren sich von ihrem Parteigenossen Bjarne Corydon, dem sozialdemokratischen Finanzminister, und seinen Plänen mit Goldman Sachs. Doch da sich sowohl Corydon als auch Claus Hjorth Fredriksen von der Venstre-Partei in die amerikanische Lösung verliebt haben, verabschiedet das Parlament am 30. Januar 2014 einen Beschluss, der den Verkauf von 19 Prozent der Aktien von DONG Energy an

Goldman Sachs genehmigt. Das Finanzministerium hat den Wert von DONG auf 4,2 Milliarden Euro festgelegt, das heißt, dass die amerikanische Investitionsbank 1,1 Milliarden Euro für die Aktien bezahlen muss. Und das erweist sich schnell als ein richtig gutes Geschäft.

Als die DONG-Aktien um neun Uhr morgens am 9. Juni 2016 an der Börse zum Verkauf angeboten werden, stehen die Investoren Schlange, und bei Schließung der Börse ist der Wert von DONG auf 13,4 Milliarden Euro gestiegen – dreimal so viel, wie vom Finanzministerium veranschlagt, als der Handel mit Goldman Sachs abgeschlossen wurde. Das bedeutet, dass die Investitionsbank im Lauf von zwei Jahren 1,6 Milliarden Euro an den DONG-Aktien verdient hat.

Und die Banker von Goldman Sachs sind nicht die Einzigen, die sich über einen guten Gewinn freuen können. Bei den Vorbereitungen des Börsengangs nahmen 250 führende Mitarbeiter von DONG an einem sogenannten Incentive-Programm teil, bei dem sie vor dem Börsengang Aktien zu einem besonders günstigen Preis kaufen und einen Gewinn einstreichen konnten, wenn der Kurs an der Börse wie erhofft stieg. Dieses Programm sowie eine spezielle Bonusvereinbarung führen dazu, dass der neue Direktor Henrik Poulsen nach knapp zwei Jahren Arbeit bei DONG über seinen Lohn von 1,2 Millionen Euro jährlich über Aktien im Wert von 4,4 Millionen Euro verfügt.

Kurt Bligaard kann sich nicht über das lukrative Aktiengeschäft freuen, das die führenden Mitarbeiter von DONG angeboten bekommen. Nach zwei Monaten als Geschäftsführer beschließt Henrik Poulsen, Bligaard zu feuern. In einer internen Konzernmitteilung am 6. November 2012 begründet er die Kündigung folgendermaßen: »Wir stehen vor der großen Aufgabe, den Verdienst zu steigern und die Geschäfte von Energy Markets zu fördern. In diesem Zusammenhang möchten wir einen neuen Mann an die Spitze von Energy Markets setzen. Konzerndirektor Kurt Bligaard Pedersen verlässt DONG Energy daher im gegenseitigen Einvernehmen. Ich möchte Kurt für seine großartige Arbeit bei DONG Energy danken und wünsche ihm für die Zukunft alles Gute.«

Mit »alles Gute« meint der Direktor auch eine Abfindung von zwei vollen Jahresgehältern in Höhe von 1,1 Millionen Euro. Kurt Bligaard Pedersen muss sich zwar von seinem Job als Hauptunterhändler mit den russischen Gaschefs verabschieden, doch den Kontakt mit ihnen bricht er nicht ab.

Der starke stellvertretende Vorstandsvorsitzende von Gazprom, Alexander Medwedew, mit dem Bligaard die DONG-Verträge ausgehandelt hat, hat noch viele andere wichtige Aktien in Gazproms Firmennetz. So ist er unter anderem Chef für den wichtigsten Zweig von Gazprom: Gazprom Export, die für mehr als 70 Prozent der Einnahmen der Gesellschaft steht. Die Exportgesellschaft ist auch hundertprozentiger Inhaber der deutschen Tochtergesellschaft Gazprom Marketing & Trading Germania GmbH und des englischen Konzerns Gazprom Energy Ltd. Gazprom kann sich nach Bligaards Entlassung offenbar nicht mit der Aussicht anfreunden, den früheren Kooperationspartner zu verlieren, und macht Bligaard ein gutes Angebot. Am 1. Februar 2014 wird der Däne Geschäftsführer von Gazprom Trading Germania und später oberster Leiter von Gazprom Energy mit Hauptsitz in Manchester mit 300 Angestellten. Hier ist er festangestellt und hat darüber hinaus Vorstandsposten bei der Jyske Bank, BRF Holding und beim zoologischen Garten Kopenhagen. Bei allen dreien ist er stellvertretender Vorsitzender. Ferner sitzt er im Vorstand von NKT Holding und dem holländischen Noordgastransport.

Auch Fritz Schur ist nicht länger bei DONG. Nachdem der Vertrag mit Goldman Sachs unter Dach und Fach ist, verkündet er, dass er als Vorstandsvorsitzender zurücktreten will.

»Ich habe das jetzt neun Jahre lang gemacht. Die Firma befindet sich auf einem guten Weg, wir haben eine starke Führungsspitze, und mit der Aufnahme der neuen Aktionäre beginnt eine neue Phase auf dem Weg zum Börsengang«, sagt er in einer Pressemitteilung, in der er weiterhin betont, dass es DONG in den neun Jahren seines Vorsitzes seiner Meinung nach sehr gut gegangen ist. Dieser Meinung ist auch Finanzminister Bjarne Corydon, der den scheidenden Vorsitzenden in einer offiziellen Mitteilung des Finanzministeriums in höchsten Tönen lobt.

»Wir sind Fritz Schur für seinen großen und stets kompetenten Einsatz als Vorstandsvorsitzender von DONG Energy zu großem Dank verpflichtet, zunächst dafür, dass er die komplexeste Fusion der dänischen Wirtschaftsgeschichte erfolgreich durchgeführt hat, dann für seine Arbeit, DONG Energy für die Börse bereitzumachen, und schließlich dafür, in den letzten Jahren DONG Energys Kapitalgrundlage gesichert zu haben.«

Man kann allerdings bezweifeln, ob das Lob des Ministers wirklich gerechtfertigt ist. Hätte er auf Anders Eldrup und seine hoch bezahlten, aber visionären Mitarbeiter beim »Project Red« gehört, wäre DONG wahrscheinlich nie in die Lage gekommen, von einer Kapitalspritze durch Goldman Sachs abhängig zu sein. Geheime Dokumente, zu denen die Journalisten Anders-Peter Mathiasen und Erik Valeur Zugang hatten, als sie eine Artikelserie über den Verkauf von DONG im Nachrichtenmagazin *Føljeton* schrieben, zeigen, dass DONG seinen Wert durch die Offshore-Windparks explosiv hätte erhöhen können.

Nur drei Monate nach dem Verkauf an Goldman Sachs bekommt DONG die Möglichkeit, drei staatlich subventionierte Offshore-Anlagen in England zu bauen, die den Wert der Gesellschaft um 6,7 Milliarden Euro erhöht hätten. Sowohl im Vorstand von DONG als auch im Finanzministerium war man schon Monate vor dem Verkauf des Aktienpaketes an Goldman Sachs darüber informiert, zog es jedoch nicht mit in Betracht, als der Wert der DONG-Aktien festgesetzt werden sollte. Es war auch nicht gewünscht, dass die Öffentlichkeit etwas von dieser Möglichkeit erfährt. Vergleicht man die bekannt gewordenen Dokumente mit den Papieren, die den Journalisten vom Finanzministerium übergeben wurden, als sie dort Akteneinsicht verlangten, wird deutlich, dass sich unter den vielen Schwärzungen im Text wohl Informationen über die englischen Windparkprojekte verbergen und dass Fritz Schur deren Bedeutung bewusst heruntergespielt hat. In einer E-Mail an den Abteilungsleiter Peter Brixen im Finanzministerium schreibt er unter anderem: »Bei der Durchsicht des Materials fand ich nicht viel Neues in der Rubrik ›Sicherung von Wertsteigerung‹.«

Drei Monate nachdem Fritz Schur Anders Eldrup in voller Öffentlichkeit gefeuert hat, lädt er 390 seiner »engsten Freunde« zu einem rauschenden Fest im Falkoner Centret in Frederiksberg ein. Er ist am 27. November 2011 60 geworden, verschiebt das Fest jedoch auf den 2. Juni 2012. In seiner überlangen Willkommensrede erklärt er den Gästen, dass die Wahl auf dieses Datum fiel, weil er es mit dem vollen Kalender seines Ehrengastes, Königin Margrethe, abstimmen musste. Er erzählt auch, dass Kronprinz Frederik aus gesundheitlichen Gründen nicht kommen kann, dass er sich aber freut, außer der Königin auch den Prinzgemahl und Kronprinzessin Mary begrüßen zu dürfen. Im Laufe des Abends verwöhnt er seine Gäste nicht nur mit einem exquisiten Abendessen und teuren Weinen, sondern auch mit einem Unterhaltungsprogramm mit Künstlern wie Linie 3, Sanne Salomonsen und Elton John. Letztgenannter wurde eingeladen, um Königin Margrethe zu überraschen, die angeblich ein Fan des britischen Popartisten ist. Zu den Gästen der zwei Millionen Euro teuren Geburtstagsparty gehören auch die DONG-Direktoren Kurt Bligaard Pedersen und Carsten Krogsgaard Thomsen mit Frau sowie Dimitri und Dorrit

Romanoff, die auf den Tischkarten von Fritz Schur hier als Königliche Hoheiten tituliert werden – im Gegensatz zu den Festen auf Schloss Amalienburg, wo man es mit der Verteilung von Adelstiteln etwas genauer nimmt. Der russische Prinz und seine Prinzessin werden an einem der vier Haupttische platziert, wo sie den ganzen Abend lang Blickkontakt mit dem Jubilar Schur und seiner Tischdame, Königin Margrethe, halten können.

Viereinhalb Jahre später stirbt Dmitri Romanoff am Silvesterabend mit 90 Jahren. Kurz nach seinem Tod schickt Russlands Präsident Dmitri Medwedew ein Kondolenztelegramm, in dem er schreibt: »Er war einer unserer herausragendsten Landsmänner. Bei unseren persönlichen Treffen wurde mir jedes Mal klar, dass er nie den Kontakt zu Russland verloren hatte und dass er stets bereit war, seinem Vaterland bei seinen Bemühungen zu helfen.«

Zwei Tage später schickt auch Ministerpräsident Putin seine Grüße: »Sein ganzes Leben lang war das Oberhaupt der Romanow-Familie seinem Vaterland eng verbunden und hat in hohem Maße zur Verbreitung russischer Kultur und Geschichte im Ausland beigetragen.«

In einem Telegramm an die Witwe Dorrit Romanoff schreibt er: »Wer diesen herausragenden Menschen kannte, wird ihn stets in seinem Herzen bewahren.«

Sowohl Medwedew als auch Putin haben dem toten Prinzen viel zu verdanken. Er bahnte nicht nur Nord Stream durch die Nachbestattung den Weg, sondern unterstützte Russland auch 2014 nach der Annektierung der Krimhalbinsel.

Während die ganze Welt mit Ausnahme von Nordkorea und Syrien die russische Invasion verurteilt, steht der Prinz von Rungsted ganz auf der Seite der Russen. Das zeigt sich vor allem im August 2015, als er mit Prinzessin Dorrit unter großem russischem Medienaufwand die Krim besucht, um die Halbinsel im russischen Reich willkommen zu heißen. Bei seiner Ankunft in Simferopol wird das dänische Paar mit Blumen und laufenden Kameras empfangen, und der Prinz gibt seinen Kommentar dazu ab, dass die Krim jetzt russisch ist: »Mein Vater liebte die Krim. Und jetzt kann ich eine Krim besuchen, die wieder zu Russland gehört. Das finde ich schön. Denn die Krim ist russisch«, sagt er zu den anwesenden Journalisten und zur größten Zufriedenheit des Kreml. »Ihr seid zufrieden und ich bin zufrieden, und es ist mir völlig egal, was die Welt dazu sagt.«

6. KAPITEL

BIER UND EIN BOOT VOLL BANANEN

Als sich Dänemarks Ministerpräsident Lars Løkke Rasmussen mit seinen sechs Begleitern am Montag, dem 2. November 2009, um 20:30 Uhr Moskauer Zeit in die CL-604 Challenger der Luftwaffe setzt, haben sie bereits einen intensiven Arbeitstag hinter sich. Zwei Stunden lang haben sie mit dem russischen Ministerpräsidenten Wladimir Putin um Russlands Beitrag zum Klimaabkommen, dem Kopenhagener Vertrag, gerungen. Løkke hofft, dass er und die anderen Staatsoberhäupter, angeführt von US-Präsident Obama, den Vertrag auf dem Klimagipfel COP15, der einen Monat später in Kopenhagen stattfinden soll, fertig haben.

Nach China und den USA hat Russland den höchsten Ausstoß an Treibhausgasen, und auch wenn die Russen versprochen haben, die Emissionen gegenüber 1990 um 20 bis 25 Prozent zu reduzieren, trägt das Land immer noch gewaltig zum globalen Treibhausgasausstoß bei. Vor allem, da die Russen eine Menge CO_2-Quoten besitzen, die so gut wie Gold wert sind.

Diese Quoten erhielten sie mit dem Kyoto-Protokoll 1997. Hier wurde vereinbart, dass die Treibhausgasemissionen bis 2012 global um 5,2 Prozent gegenüber 1990 gesenkt werden sollen. Jedes Land bekam eine Obergrenze für den Ausstoß zugeteilt, und wenn ein Land diese nicht erreicht, kann es den Überschuss der

Quote an Länder verkaufen, wo man nicht so schnell mit einem Klimaschutzprogramm ist und daher einen höheren Ausstoß hat als vereinbart. Da die Berechnung der Quoten vom Ausstoß im Jahr 1990 ausgeht, als die Räder der alten sowjetischen Schwerindustrie mit jeder Menge Kohle und Erdöl in Gang gehalten wurden, haben der Umschwung des Landes und ausländische Investitionen in moderne, umweltfreundlichere Produktionsformen die Emissionen drastisch verringert. Daher besitzen die Russen jetzt Quoten, die sechs Milliarden Tonnen CO_2 entsprechen – das ist viermal so viel wie der jährliche Ausstoß des Landes. Und dieses goldene Papier wollen sie natürlich nicht gerne herausgeben.

Vor dem heutigen Treffen haben Lars Løkke und seine Delegation die Hoffnung gehegt, diese Haltung ein klein wenig verändern zu können. Doch sie sind sich darüber im Klaren, dass es sich bei diesem Treffen nicht nur um den russischen Beitrag zu einem dänischen COP15-Erfolg handelt, sondern dass Putin ebenfalls seine Tagesordnung und seine Anliegen hat. Außerdem wollen die Dänen selbst auch das Gespräch nutzen, um über dänische Unternehmensmöglichkeiten in Russland zu sprechen.

In einer Pressemeldung, die das Amt des Ministerpräsidenten drei Tage vor dem Treffen sendet, legt Pressechefin Søs Marie Serup das Programm dar, das neben dem Treffen mit Putin, wo COP15, bilaterale Zusammenarbeit und die gemeinsamen außenpolitischen Probleme besprochen werden sollen, auch eine Pressekonferenz und ein Gespräch mit Repräsentanten dänischer Unternehmen in Russland beinhaltet.

Die Pressechefin nennt es zwar nicht im Programm, doch sowohl sie als auch die Ministerialräte Bo Lidegaard und Thomas Ahrenkiel, die bei der Delegation dabei sind, sind sich darüber klar, dass das Nord-Stream-Projekt, zu dem Dänemark gerade als erstes Land seine Zustimmung erteilt hat, sowohl bei dem Treffen mit

Putin als auch bei der darauf folgenden Pressekonferenz zur Sprache kommen kann.

Die Russen haben unter Putin die letzten Jahre viel Druck ausgeübt, damit Dänemark den Antrag von Nord Stream genehmigt, die 1224 Kilometer lange Gasleitung auf ihrem Weg vom russischen Vyborg nach Lubmin in Deutschland durch dänisches Fahrwasser verlegen zu dürfen. Zum letzten Mal hat Lars Løkke Rasmussen Putin am 16. September eine Dreiviertelstunde lang am Telefon gehabt. Dabei sprach der russische Präsident mehrmals die dänische Genehmigung an und lockte gleichzeitig mit gesteigertem Handelsvolumen und einer Einladung zu dem Treffen in Moskau, das soeben stattgefunden hat.

Lars Løkke Rasmussen kann es sich hoch anrechnen, dass er, ein knappes halbes Jahr nachdem er das Amt des Ministerpräsidenten und ein schlechtes Verhältnis zu Russland von Anders Fogh Rasmussen übernommen hat, von Putin selbst angerufen und zu einem Treffen im Kreml eingeladen wird. Und auch wenn Putin wie erwartet lieber über Gas und Gasleitungen redet als über den kommenden COP15-Gipfel, bei dem er sich zwar zu engagieren verspricht, wenn er auch nicht garantieren kann, dass er persönlich erscheinen wird, und die ganze dänische Delegation die Verhandlungen mit der Auffassung verlässt, »die Russen sollten ihre Klimaambitionen erhöhen«, so nehmen sie doch auch das Gefühl mit, dass die eisige Kälte zwischen Dänemark und Russland jetzt von wärmeren Winden abgelöst wird. Und obwohl die Wärmequelle russisches Erdgas ist, haben der Ministerpräsident und seine sechs Begleiter das Gefühl, dass man das feiern kann. Bei dem Treffen in Moskau war Putin strahlender Laune. In seiner Rede bei der abschließenden Pressekonferenz sagt er: »Wir sind der dänischen Regierung für die Genehmigung zum Bau der Nord-Stream-Leitung durch dänisches Hoheitsgewässer und Teile der exklusiven Wirtschaftszone Dänemarks in der Ostsee sehr dankbar und wissen die schnelle und vernünftige Entscheidung zu schätzen. Dies ist ein Beispiel für einen politisch sachlichen Umgang mit Fragen der Energiewirtschaft und der Zusammenarbeit in Europa. Wenn das Gassystem in Betrieb geht, sichert es die Energieversorgung der wichtigsten europäischen Verbraucher, darunter auch Dänemark, das durch die Nord-Stream-Leitung jährlich eine Milliarde Kubikmeter Gas erhalten wird. Und diese Menge kann sich in Zukunft noch verdreifachen.«

So offen Putin sich über die dänische Genehmigung freut, so schweigsam ist Lars Løkke Rasmussen, der in seiner Eröffnungsrede bei der Pressekonferenz überhaupt nicht über das kontroverse Nord-Stream-Projekt und seine politische Bedeutung spricht. Bis zur Genehmigung haben er und die entsprechenden Minister seiner VK-Regierung im Lauf des Prozesses immer wieder betont, dass eine dänische Genehmigung oder deren Verweigerung eine administrative Entscheidung ist, die von Beamten der Energieregulierungsbehörden und nicht vom dänischen Parlament getroffen wird. Ein eventuelles Ja mit dem Wunsch nach einem verbesserten Verhältnis zu Russland und damit besseren Möglichkeiten für die dänische Wirtschaft auf dem russischen Markt zusammenzubringen sei völlig unangemessen. Die Entscheidung sei ausschließlich administrativ und abhängig von der Einschätzung der Energieregulierungsbehörde, heißt es. Doch Putin sieht das anders. Als ein Journalist der Zeitung *Berlingske* fragt, ob Dänemarks Ja zur Verbesserung des bislang schlechten Verhältnisses der beiden Länder zueinander beigetragen habe, antwortet er: »So wie ich das sehe, hat die dänische Regierung eine pragmatische Entscheidung getroffen. Dänemark erfüllt damit nicht nur seine Verpflichtung als EU-Mitglied, indem es zu neuen Lieferrouten für russisches Erdgas zu den größten Abnehmern in Westeuropa beiträgt – und das sind richtig viele –, sondern sichert sich auch eine bessere eigene Versorgung durch dieselbe Leitung. Die erhöhte Lieferung von russischem Gas nach Dänemark sichert überdies, dass das Land selbst den europäischen Markt beliefern kann, darunter zum Beispiel Schweden oder Holland. Das hat der Ministerpräsident bei unserem heutigen Treffen gesagt. Und die Frage, ob diese Entscheidung das Verhältnis unserer Staaten zueinander verbessert hat, kann ich ganz kurz beantworten: Ja, das hat sie.«

Einen guten Monat zuvor hatte Lars Løkke Rasmussen bei der jährlichen Generalversammlung der UN die erste Möglichkeit, das angespannte Verhältnis zu Russland zu verbessern. Aufgrund des anstehenden EU-Vorsitzes gilt er als einer der prominentesten Teilnehmer und sitzt beim Begrüßungsessen des UN-Generalsekretärs Ban Ki-Moon daher neben dem russischen Präsidenten Dmitri Medwedew.

Nach der russischen Verfassung kann man als Präsident nur zwei Vierjahresperioden amtieren, und da Putin seit März 2000 Präsident ist, kann er sich 2008 nicht mehr zur Wahl stellen. Daher bringt er den loyalen Dmitri Medwedew als neuen Präsidenten in Stellung. Der hat genau die Qualifikationen, die er braucht, um den Präsidentenstuhl für Putin warm zu halten, bis eine Gesetzesänderung ihm erneut Zugang zum obersten Amt des Staates erlaubt. Medwedew ist Vorstandsvorsitzender der von Putin kontrollierten Gazprom-Gesellschaft, Jurist und Putins früherer Stabschef. Und mit seinen 163 cm ist er noch zwei Zentimeter kleiner als Putin selbst.

Die wenigsten haben Zweifel daran, dass durch diese Konstruktion Putin die Macht über Russland und die riesigen Bodenschätze des Landes gesichert werden soll. In einem geheimen Telegramm des amerikanischen Botschafters John Beyrle in Moskau an seine Außenministerin werden russische Quellen zitiert, die sagen, dass Medwedew zwar Präsident ist, aber immer noch den Robin für Batman Putin spielt.

Lars Løkke Rasmussen weiß, wie es ist, im Schatten eines dominanten Actionmans zu stehen. Elf Jahre lang spielte er in der Venstre-Partei die zweite Geige hinter Anders Fogh Rasmussen, und jetzt, da dieser den Job als NATO-Generalsekretär angenommen hat, muss er kräftig hinter seinem Vorgänger aufräumen. Der Umgang des früheren Ministerpräsidenten mit der Mohammedkrise und Dänemarks Beteiligung an den Kriegen im Irak und in Afghanistan führten dazu, dass Dänemark in der arabischen Welt schief angesehen wurde, während die Geschichte mit dem Tschetschenienkongress und Achmed Sakajew dazu führte, dass die dänische Wirtschaft vom russischen Markt praktisch ausgeschlossen wurde. Daher nutzt Lars Løkke Rasmussen die Gelegenheit in New York, um mit dem russischen Präsidenten über die leidige Sakajew-Sache zu sprechen. Dem Gespräch beim Abendessen folgt ein Treffen hinter verschlossenen Türen, und als Lars Løkke Rasmussens New-York-Reise endet, hat sich das dänisch-russische Verhältnis so weit gebessert, dass Medwedew zugestimmt hat, Dänemark einen offiziellen Staatsbesuch abzustatten.

Seit Sowjetführer Nikita Chruschtschow vor 46 Jahren hat kein russisches Staatsoberhaupt Dänemark mehr besucht, da Putin sein Kommen 2002 abgesagt hatte. Daher ist es höchst außergewöhnlich, dass sich Dänemark und Russland in den darauf folgenden beiden Jahren fast gegenseitig die Türen einrennen. Sowohl Putin als auch Medwedew statten Dänemark offizielle Besuche ab, Lars Løkke Rasmussen fliegt mehrmals nach Russland, und als Krönung des Ganzen schickt Dänemark sowohl das Regenten- als auch das Kronprinzenpaar im September 2011 zu einem viertägigen offiziellen Besuch nach Russland.

Doch bevor man die vielen Treffen arrangieren kann, muss man noch einen einzigen Stein aus dem Weg räumen. Russland und Nord Stream sollen die Genehmigung für den Antrag bekommen, den der Geschäftsführer von Nord Stream, Matthias Warnig, der Energieregulierungsbehörde am 4. März 2009 geschickt hat.

Das geschieht 26 Tage nach dem Treffen von Lars Løkke Rasmussen mit Medwedew in New York.

In einer Notiz der Energieregulierungsbehörde zur Genehmigung der Gasleitung steht unter anderem:

»Die Energieregulierungsbehörde hat der Nord Stream AG am 20. Oktober 2009 gemäß dem Seerechtsübereinkommen die Genehmigung zum Bau der Nord-Stream-Erdgasleitungen durch das dänische Seegebiet in der Ostsee erteilt. Diese Genehmigung wurde durch eine Anzeige in der Tagespresse und auf der Internetseite der Energieregulierungsbehörde veröffentlicht. Der energiepolitische Ausschuss sowie der Umwelt- und Planungsausschuss wurden in einem Schreiben vom 8. November 2006 und 5. März 2009 über das Rohrleitungsprojekt informiert. Die Energieregulierungsbehörde empfing am 4. März 2009 einen Antrag auf Genehmigung für den Teil der parallel verlaufenden Rohrleitungen, der im dänischen Seegebiet der Ostsee östlich und südlich von Bornholm liegt. Dem Antrag beigefügt war eine Einschätzung des Projekts auf Umweltverträglichkeit als Teil des Antragsmaterials. Die Einschätzung der Umweltverträglichkeit wurde in einer öffentlichen Anhörung zwischen dem 9. März 2009 und dem 8. Mai 2009 behandelt. Auch die übrigen Ostseeanrainer wurden gehört. Sie wurden gebeten, sich dazu zu äußern, ob sie der Meinung waren, dass der dänische Teil der Rohrleitungen sich auf ihre Umwelt in ihren jeweiligen Gebieten auswirken könnte. Alle eingegangenen Antworten wurden von der Energieregulierungsbehörde und den übrigen, in den Genehmigungsprozess involvierten dänischen Behörden behandelt. In Dänemark wird die Genehmigung zum Bau von Transitleitungen im Meer durch die Energieregulierungsbehörde in Zusammenarbeit mit anderen Behörden und gemäß dem Seerechtsübereinkommen erteilt. Gleichlautende Anträge der Gesellschaft sind bei den Behörden von Russland, Finnland, Schweden und Deutschland unter Behandlung.«

In der Notiz werden weiterhin das Projekt und die Grundlage für die Erteilung der Genehmigung beschrieben, doch bei beiden werden mehrere Sachverhalte nicht richtig geschildert und entsprechen nicht ganz der Wahrheit. Und das gleich mehrmals.

Mittwoch, den 16. September wird Lars Løkke Rasmussen von Wladimir Putin angerufen. Der Anruf ist verabredet, daher hatten seine Beamten ausreichend Zeit, Lars Løkke Rasmussen genügend Hintergrundinformation über das Nord-Stream-Projekt und den derzeitigen Status zukommen zu lassen.

Solche Informationen nennt man Handakten, und in den Handakten der Energieregulierungsbehörde für Lars Løkke Rasmussen steht Folgendes:

»Alle Länder um die Ostsee sind dem Seerechtsübereinkommen der Vereinten Nationen beigetreten, das das Recht zur Verlegung von Rohrleitungen auf dem Kontinentalsockel festlegt, eine Art freie Passage. Die Küstenstaaten können solche Rohrleitungen nicht verbieten, sie können allerdings verlangen, dass ausreichend Rücksicht auf Naturressourcen und Umwelt genommen wird. Die Route muss vom Küstenstaat genehmigt werden.

Es stellt sich also nicht die Frage, ob die Länder ihre Zustimmung zur Nord-Stream-Leitung geben, sondern wann sie es unter Berücksichtigung von Umwelt und Naturressourcen tun.«

Weiter steht in der Akte, dass Nord Stream der Energieregulierungsbehörde gegenüber inoffiziell geäußert hat, es wäre sehr schön, wenn eine zügige dänische Entscheidung sozusagen als Speerspitze für das Projekt agieren könnte, und »man möchte anmerken, dass die Gesellschaft am 17. September eine Entscheidung über einen Vertrag über eine Milliarde Euro für die Miete von drei Rohrverlegungsfahrzeugen fällen würde«.

In den Akten der Energieregulierungsbehörde befinden sich mehrere falsche Informationen, sowohl von Nord Stream als auch von der Behörde selbst.

Nord Stream umgeht die Wahrheit, als die Gesellschaft bei ihrem Versuch, eine schnelle Sachbehandlung bei der Energieregulierungsbehörde zu erwirken, erzählt, sie wäre dabei, einen Mietvertrag für Rohrlegeschiffe im Wert von einer Milliarde Euro abzuschließen.

Dieser Vertrag ist bereits unterschrieben, und zwar schon seit 15 Monaten. Das geht unter anderem aus einer Pressemeldung von Nord Stream vom 24. Juni 2008 hervor. Dort steht: »Nord Stream AG und Saipem S.p.A. haben einen Vertrag im Wert von über einer Milliarde Euro für die Verlegung der Nord-Stream-Leitung unterschrieben.«

Und es stimmt auch nicht, dass die Genehmigung im Sinne des UN-Seerechtsübereinkommens erteilt wird und dass es nicht die Frage sei, ob sie genehmigt wird, sondern wann.

Es stimmt zwar, dass der Teil der Rohrleitungen, der durch Dänemarks sogenannte exklusive Wirtschaftszone führt, der Gesetzgebung des Seerechtsübereinkommens unterliegt, doch ein Teil der Leitungen führt so dicht an Bornholm vorbei, dass sie direkt dänisches Hoheitsgewässer betreffen, wo ganz andere Regeln für die Genehmigung gelten.

Im Gegensatz zur exklusiven Wirtschaftszone und dem Kontinentalsockelgebiet, wo ein Küstenstaat nur die Möglichkeit hat, Umweltregulierungen geltend zu machen, und somit seine Zustimmung zu einer Rohrverlegung nur geben muss, wenn diese nachweislich nicht Umwelt, Fischerei und Kulturerbe belastet, so verhält es sich anders, wenn man in die Zwölf-Meilen-Zone eindringt, die das Hoheitsgewässer eines Landes eingrenzt. Hier kann ein Land frei entscheiden, was für Genehmigungen es erteilt, und hat das volle Recht, »Nein« zu sagen – auch wenn das aus politischen Gründen geschehen sollte. Das ist nicht das einzige Mal, dass irreführende Informationen verwendet werden.

Am 20. November bittet Lone Dybkjær, Parlamentsmitglied von der Venstre-Partei, in ihrer Eigenschaft als Mitglied des parlamentarischen Europaausschusses den Energieminister, ihr ein Notat über die Gesetzesgrundlage für die Genehmigung der Gasleitung zu schicken. Weiterhin bittet sie den Minister um Informationen, ob das Gesetz auch die Möglichkeit bietet, das Projekt abzulehnen.

Am 14. Dezember bekommt Dybkjær Antwort von der neu ernannten Klima- und Energieministerin Lykke Friis. Sie wurde erst drei Wochen zuvor aus einem Job als Prorektorin an der Kopenhagener Universität in die Regierung geholt, um Connie Hedegaard abzulösen, die EU-Kommissarin und bis zum UN-Klimagipfel in Kopenhagen 2009 auch Ministerin für die Klimakonferenz sein soll.

In dem Notat an Lone Dybkjær scheibt Lykke Friis, dass Dänemark gemäß Artikel 79 des Seerechtsübereinkommens dazu verpflichtet sei, der Nord-Stream-Leitung ihre Zustimmung zu erteilen, da in diesem Artikel steht, dass alle Staaten das Recht haben, unterseeische Kabel oder Leitungen auf dem Kontinentalsockel zu verlegen, solange sie gewissen Anforderungen entsprechen, was zum Beispiel die Kontrolle von Verunreinigungen angeht.

Sie schreibt jedoch nichts davon, dass es Ausnahmebestimmungen gibt, zum Beispiel wenn Teile der Leitung durch die Hoheitsgewässer eines Landes führen. Genau das tut die Nord-Stream-Leitung südlich von Bornholm. Die Ministerin verweist außerdem auf die Bekanntmachung Nr. 361 vom 25. April 2006, sagt aber nicht, dass man ebendiese Bekanntmachung auch als Begründung für ein Nein zu Nord Stream hätte benutzen können, da dort steht, dass der Bau nur nach Genehmigung durch den Verkehrs- und Energieminister begonnen werden darf und dass Rohrleitungen außerhalb des dänischen Hoheitsgewässers verlegt werden sollen.

Lykke Friis und die Regierung hatten also sowohl nach dänischer als auch nach internationaler Gesetzgebung die Möglichkeit, Gazprom und die Gasleitung am Grund der Ostsee zu blockieren, wenn sie das wirklich gewünscht hätten.

Doch das war zu keinem Zeitpunkt der Fall.

2009 sind Lars Løkke Rasmussen und seine Regierung voll und ganz damit beschäftigt, sich auf freundschaftlichen Fuß mit Putin und Medwedew zu stellen, um dänischen Speckseiten und dänischem Dosenbier die Tür zum russischen Markt zu öffnen. Die großen Branchenorganisationen Dansk Industri und Dansk Landbrug og Fødevarer wollen unbedingt aus der Ecke heraus, in die die Mohammedkrise und der Sakajew-Fall die dänische Exportwirtschaft gedrängt haben. Daher werden die kaufmännischen Vorteile von Nord Stream höher angesetzt als die geopolitische Rücksicht auf die Ukraine, die baltischen Staaten und Polen; aus diesem Grund werden die Verhandlungen um das Projekt auch auf Ministerpräsidenten- und Außenministerebene geführt.

Am 3. Juni 2009 bekommt Außenminister Per Stig Møller Besuch von seinem russischen Kollegen Sergei Lawrow. Die beiden Minister und ihre nächsten Ratgeber treffen sich zu einem Arbeitsfrühstück in Eigtveds Pakhus in Kopenhagen. Dabei wird sowohl über COP15 als auch über Nord Stream gesprochen. Im Protokoll der Sitzung ist zu lesen: »Von russischer Seite begrüßte man den konstruktiven Ansatz der dänischen Regierung betreffend Nord Stream und hofft, dass die dänischen Behörden das Gasleitungsprojekt möglichst bald genehmigen.«

Dort steht auch, dass der russische Außenminister Lawrow Per Stig Møller erzählt, das Nord-Stream-Konsortium hätte die Umweltaspekte gründlich durchleuchtet und bearbeitet und er sei der Meinung, dass die Probleme wohl bekannt und durchaus zu bewältigen seien. Der dänische Außenminister hört das gerne und berichtet im Gegenzug, dass man von dänischer Seite aus keine unnötigen Probleme bereiten will und dass man erwarte, den Russen und Nord Stream im nächsten Jahr eine positive Antwort erteilen zu können.

Nicht nur in Kopenhagen wird über die dänische Genehmigung der Gasleitung gesprochen. Zum gleichen Zeitpunkt wie das Treffen zwischen Lawrow und Per Stig Møller lädt sich Putins Gefolgsmann Gerhard Schröder bei Botschafter Carsten Søndergaard in der dänischen Botschaft in Berlin ein. Nach dem Besuch schickt der Botschafter dem Außenministerium eine E-Mail, um über das Treffen mit dem früheren deutschen Kanzler zu berichten.

»Er ist heute Vorsitzender des Aktionärsausschusses von Nord Stream, wo er sich aktiv mit energiepolitischen Fragen befasst. Gerhard Schröder hat bereits seine Memoiren herausgegeben, die klar zeigen, dass er gerne als der Kanzler im Gedächtnis bleiben will, der durch den russischen Energieexport dafür sorgte, dass Russland sich in einer verpflichtenden Zusammenarbeit mit dem Westen engagiert.«

Weiterhin berichtet der Botschafter, dass er mit Schröder die aktuelle energiepolitische Lage besprochen habe. Schröder sei der Meinung, Deutschland und Europa könnten die Energie, die importiert werden kann, gut brauchen. Daher ist Nord Stream notwendig. Es ärgert ihn nur, dass die Entscheidungen so lange auf sich warten lassen. Er nennt es umständlich, lobt jedoch die dänische Einstellung, die professionell und »an der Sache orientiert« sei.

Eine Woche später reist auch Ministerpräsident Lars Løkke Rasmussen nach Berlin. Er hat eine zweitägige Reise geplant, in deren Verlauf er zunächst die deutsche Kanzlerin Angela Merkel und unmittelbar anschließend den britischen Premierminister Gordon Brown in der Downing Street 10 treffen will.

Vor seiner Abreise überreicht man ihm eine Handakte, damit er für das Treffen mit den beiden wichtigen Staatsoberhäuptern gut vorbereitet ist. Darin befindet sich unter anderem ein Redevorschlag auf Englisch:

»The administrative procedures regarding the Nord Stream project application in Danish territory are progressing according to plan. We expect to be able to conclude this autumn. As you will know, the Danish Government welcomes this project. It will contribute to security of gas supply in the EU.«

Die klare Aussage zur Unterstützung der russischen Gasleitung durch Dänemark ist ausschließlich zum internen Gebrauch bei geschlossenen Sitzungen gedacht und wird nicht öffentlich gemacht. In Dänemark wird dem Projekt in den Medien nur wenig Aufmerksamkeit gewidmet. Im Gegensatz zu Schweden, Polen und den baltischen Staaten, wo eine heftige Debatte um die Gasleitung und die damit verbundenen Konsequenzen sowohl in der Regierung als auch in der Öffentlichkeit tobt, spricht man in Dänemark kaum über Nord Stream. Nur die wenigsten haben von der Gasleitung gehört, die fast ausschließlich in einer Nebenrolle bei Berichten über DONG Energys russische Gasverträge und deren Bedeutung für die Sicherung der dänischen Energieversorgung auftritt.

In den anderen Ländern an der Ostsee macht man sich allerdings nicht nur Sorgen um die negativen Umwelteinflüsse, die das Projekt mit sich bringen kann, sondern spekuliert auch über die politische Bedeutung der Gasleitung. Nur wenige bezweifeln, dass das Projekt ein wichtiges Glied in einer Strategie ist, die die früheren Satellitenstaaten in Osteuropa unter russischer Kontrolle halten und somit verhindern soll, dass sich diese Länder der EU oder der NATO annähern. In Estland hat man das Ansuchen der Russen, eine Pipeline durch das exklusive Wirtschaftsgebiet Estlands zu verlegen, bereits 2007 abgelehnt. Bei einem Treffen zwischen den Staatsoberhäuptern der baltischen Staaten am 6. November 2009 erklärt Lettlands Präsident Andrius Kubilius, seine Regierung sei gegen Nord Stream, dass sie jedoch nicht die Möglichkeit hätten, für oder gegen das Projekt zu stimmen. Daher hofft er, dass die skandinavischen Länder sich ernsthaft mit den Konsequenzen befassen, bevor sie ihm grünes Licht geben.

»Wir müssen auf unsere skandinavischen Freunde vertrauen und müssen unsere Empfehlung, das Projekt abzulehnen, an die Länder weitergeben, die direkten Einfluss auf die Entscheidungen haben«, sagt er bei dem Treffen.

Die kleinen Ostseeländer sind nicht die Einzigen, die fürchten, dass die Russen kommen. Auch der militärische Geheimdienst legt in seiner Risikoanalyse für 2009 den Finger auf den wunden geopolitischen Punkt der Gasleitung.

»Russland wird seine Innen- oder Außenpolitik nicht nach Forderungen oder Protesten der EU richten. Russland wird die Kosten in Kauf nehmen, die zeitweilig bei einzelnen oder mehreren EU-Mitgliedern auftreten werden, wenn man sich ihren Forderungen und Standpunkten widersetzt. Und Russland wird nicht aufhören, die Öl- und Gasversorgung als Druckmittel gegen seine Nachbarn im SNG-Gebiet einzusetzen, auch wenn dadurch mehrere EU-Länder in unterschiedlichem Ausmaß von den Konsequenzen der Versorgungsprobleme betroffen werden.«

Am 11. Juni macht sich Matthias Warnig vom Hauptsitz von Nord Stream im Schweizer Kanton Zug auf den Weg nach Moskau, um sich mit dem amerikanischen Botschafter John R. Beyrle zu treffen.

Warnig plant eine USA-Reise, auf der er mit Mike McFaul, dem Leiter des nationalen Sicherheitsrates NSC, und Vizeaußenminister Willam Burns zusammenkommen will, und braucht die Hilfe des Botschafters, um diese Treffen zu arrangieren.

Bei dem Gespräch in der Botschaft in Moskau spricht der Botschafter Nord Stream an. In einem als vertraulich gestempelten Telegramm, das er anschließend ans amerikanische Außenministerium schickt, berichtet er, laut Matthias Warnig würden Gazprom und Nord Stream für das Projekt »sehr viel Geld ausgeben«, um die Zustimmung aus Finnland, Schweden und Dänemark zu erhalten.

Weiterhin erzählt Warnig dem Botschafter, dass er sich Sorgen mache wegen der langen Entscheidungsprozesse, die Nord Stream viel Geld kosten, und dass man die Bauarbeiten spätestens im April 2010 beginnen müsste, damit Gazprom nicht die Einnahmen aus den Gasliefervertägen verlieren soll. Warnig sagt, dass die Länder eine Umweltverträglichkeitsprüfung über die Umweltauswirkungen des Projekts anerkennen müssen, bevor Nord Stream mit dem Bau der Leitungen beginnen kann. Und er ist davon überzeugt, dass Nord Stream »mit den tatsächlichen Verhältnissen« umgehen kann, die sich aus den Anforderungen der Untersuchung ergeben. »Der Botschafter fragte, ob das Projekt von der deutschen Regierung voll unterstützt wird. Warnig bejahte dies und bemerkte, er hätte regelmäßig direkten Kontakt mit dem Büro von Bundeskanzlerin Merkel und dass der Aufsichtsratsvorsitzende von Nord Stream, Gerhard Schröder, Frau Merkel ebenfalls häufig trifft«, steht in dem Telegramm.

Bei dem Treffen zwischen Per Stig Møller und Sergei Lawrow wurde über die Umwelteinflüsse gesprochen und auch darüber, dass Nord Stream die Umweltauflagen erfüllen kann, doch das, was Warnig und seine Kollegen bei Nord Stream für lösbar halten, ist nicht ganz so einfach.

Die Ostsee ist das zweitgrößte Brackwassermeer der Welt mit einem empfindlichen Ökosystem. Jahrzehntelange Einleitung von Stickstoffen aus Landwirtschaft und Industrie sowie der intensive Schiffsverkehr haben das Meer so weit verunreinigt, dass viele Fischarten und Meeresbewohner in ihrer Existenz bedroht oder gar ganz verschwunden sind. Manche Stellen am Meeresboden sind so verunreinigt, dass es für die Umwelt und den Fischbestand in der

Umgebung eine Katastrophe wäre, wenn die großen Bagger, die einen Graben für die Gasleitung anlegen sollen, giftige und gefährliche Stoffe aufrühren würden.

Im Gebiet südöstlich von Bornholm liegen außerdem ansehnliche Mengen von Munition und Giftgasen aus dem Zweiten Weltkrieg, die dort versenkt wurden. Bornholmer Fischer kennen das unbehagliche Gefühl, alte Bomben und Senfgasgranaten ins Netz zu bekommen. Das Gas führt bei Hautkontakt zu heftigen Verbrennungen und ätzt sich problemlos durch normale Textilien. Ist man dem Gas längere Zeit ausgesetzt, erhöht sich auch das Krebsrisiko. Bei den Grabungsarbeiten für die Gasleitung steigt das Risiko, dass den Fischern Munition und Senfgas ins Netz gehen, erheblich an; zudem riskieren die Fischer, dass ihre Netze beschädigt werden, wenn sie sie über die Gasleitung ziehen. Doch auch die Vogel- und Pflanzenwelt der Ostsee ist von den großen Bauarbeiten betroffen.

Einige Teile der Gasleitung führen durch das besonders geschützte Natura-2000-Gebiet der EU; außerdem werden die Konstruktionsarbeiten auch viele historische Schiffswracks zerstören, die als besonderes Kulturerbe betrachtet werden. Daher soll eine Umweltverträglichkeitsprüfung erstellt werden, bevor das Projekt genehmigt wird. Diese Analyse soll untersuchen, ob sich das Projekt negativ auf Umwelt, Menschen, Kulturerbe sowie Tier- und Pflanzenwelt auswirken kann. Als Antragssteller soll Nord Stream die Umweltverträglichkeitsprüfung bezahlen. Doch dadurch kann die Firma auch bestimmen, wer sie durchführt.

Nord Stream und Gazprom wählen das große dänische Ingenieurunternehmen Rambøll sowohl für die Voruntersuchungen als auch für den Abschlussbericht. Das erweist sich als ein geschickter strategischer Schachzug gegenüber der dänischen Regierung, deren Spitzenpolitiker großes Vertrauen in die Arbeit und die Zuverlässigkeit des Büros haben.

Die dänische Klima- und Umweltministerin Connie Hedegaard reist im November 2009 durch die ganze Welt, um den kommenden Klimagipfel in Kopenhagen im darauffolgenden Monat vorzubereiten. Sie arbeitet seit zwei Jahren für das Treffen. Sie war selbst eine der Initiatoren dafür, dass es in Kopenhagen stattfindet, und hofft, dass es Dänemark ein für alle Mal als einen der weltweit führenden Vorkämpfer für Klimaschutzmaßnahmen verankert. Trotz des vollen Kalenders findet sie am 9. November noch Zeit für eine schriftliche Antwort auf die Frage nach der Umweltverträglichkeitsprüfung von Nord Stream, die ihr Per Clausen von der Partei Enhedsliste elf Tage zuvor gestellt hat. Er will, dass sich die Ministerin dafür einsetzt, eine unabhängige Untersuchung der Umweltkonsequenzen der Gasleitung einzuleiten.

Doch die Ministerin ist dagegen und begründet ihre Entscheidung folgendermaßen:

»Die Energieregulierungsbehörde hat den Fall nach der gängigen Praxis behandelt, und ich sehe keinen Anlass, weitere Untersuchungen anzuordnen. Die Genehmigung der Energieregulierungsbehörde zum Bau von Erdgasleitungen und Rohstoffabbau basiert auf der Grundlage des Materials, das die Gesellschaft mit dem Antrag einreicht. Das gilt auch für den Antrag von Nord Stream. Die Energieregulierungsbehörde hat gemeinsam mit den übrigen betroffenen Behörden entschieden, dass das Material den Forderungen in Umfang und Qualität entspricht. Es ist die Pflicht des Antragstellers, die notwendige Dokumentation zur Verfügung zu stellen, die einer Genehmigung zugrunde liegt, und dazu gehört es unter anderem auch, die Ausarbeitung des Antrags und die Durchführung der dazugehörigen Untersuchungen zu bezahlen. Die dänische Firma Rambøll hat die Umweltverträglichkeitsprüfung im Auftrag von Nord Stream AG erarbeitet.«

Im weiteren Verlauf benutzt Connie Hedegaard erneut den Qualitätsstempel Rambøll und schreibt, dass die dänische Firma auch die Verantwortung für die Untersuchungen im Vorfeld der Baumaßnahmen hat.

Was sie allerdings nicht schreibt, ist, dass sowohl von dänischer als auch ausländischer Seite Zweifel an der Qualität der Rambøll-Untersuchung erhoben wurden.

So schickte zum Beispiel der schwedische Umweltminister Andreas Carlgren die Analyse 2008 direkt an die Leitung von Nord Stream und Rambøll zurück mit der Aufforderung, sie umzuarbeiten.

»Der Antrag ist so mangelhaft, dass wir ihn nicht an die Behörden weiterleiten werden. Daher schicken wir ihn zurück«, sagt er bei einer Pressekonferenz und in einer späteren Pressemitteilung erläutert er die Entscheidung: »Im Antrag von Nord Stream zur Genehmigung einer Gasleitung in der Ostsee fehlen entscheidende Informationen. Bevor die Regierung ihn behandeln kann, muss er deutlich umfangreicher werden. So muss der Antrag zum Beispiel eine Beschreibung der Umweltverträglichkeit beinhalten, der die gesamte Strecke durch die Ostsee umfasst, die Ergebnisse der vorgenommenen Untersuchungen sowie eine Bewertung alternativer Routen. Die Regierung wird eine umfassende und gründliche Beurteilung der Umweltauswirkungen des Projekts in der Ostsee vornehmen, und wir haben ausdrücklich betont, dass die Entscheidungsgrundlage von hoher Qualität sein und alternative Leitungsverläufe beinhalten muss.«

Eine Umweltverträglichkeitsprüfung muss einer Reihe von involvierten und betroffenen Ausschüssen, Nichtregierungsorganisationen und Interessenverbänden vorgelegt werden. Am Tag, nachdem die Energieregulierungsbehörde Nord Streams Umweltverträglichkeitsprüfung von Rambøll erhalten hat, wird die Analyse an die Anhörungsberechtigten weitergeleitet.

Nicht alle freuen sich über die Lektüre. Einige weisen direkt auf falsche Informationen hin. So zum Beispiel der Kulturerbeausschuss, der sich in seiner Antwort zur Anhörung am 20. Mai 2009 über mehrere Dinge wundert. Zum Beispiel darüber, dass Spezialisten vom Wikingerschiffmuseum in Roskilde, die die Schiffswracks an der Strecke untersuchen sollten, fünf interessante Objekte entlang der Linie beschrieben, für deren Untersuchung sie Zeit brauchen, bevor eine endgültige Routenführung festgelegt wird. Doch darauf konnten Nord Stream und Rambøll offenbar nicht warten, meint der Kulturerbeausschuss und schreibt:

»Der Kulturerbeausschuss notiert, dass in der Umweltverträglichkeitsprüfung auf Seite 390 steht: Damit die Kulturerbegebiete nicht zerstört werden, wurden bei der Ausarbeitung des Leitungsverlaufes weitreichende Maßnahmen ergriffen. Der Ausschuss erlaubt sich, darauf hinzuweisen, dass dies ohne die Konsultation des Kulturausschusses geschehen ist und dass man darüber verwundert ist, dass die endgültige Leitungsführung bereits beschlossen ist, bevor man die Möglichkeit hatte, über den Bericht des Wikingerschiffmuseums zu beraten und bevor der Ausschuss diesbezüglich Kontakt mit Nord Stream aufgenommen hat.«

Der Kulturerbeausschuss weist in seinem Bericht darauf hin, dass man verabredete, diese Dinge zu regeln, und zitiert das Referat einer Sitzung, in dem die vereinbarten Punkte notiert sind. Dazu gehört, dass Nord Stream Berichte über Schutzzonen um die einzelnen Wracks ausarbeiten soll. »Doch dem Kulturausschuss ist nicht bekannt, dass diese Berichte erarbeitet wurden«, schreibt der Ausschuss, »und er wurde auch nicht über eventuelle Sicherheitsmaßnahmen im Umkreis der einzelnen Wracks informiert.«

Ein halbes Jahr später ist es Estland, das die Arbeit von Rambøll scharf kritisiert. Die Estonian Naturalists' Society, ein Verband von 800 Naturwissenschaftlern und Umweltforschern mit akademischer Ausbildung, ist mit den Ergebnissen der Umweltverträglichkeitsprüfung und damit, dass die Energieregulierungsbehörde Nord Stream auf dieser Grundlage die Erlaubnis zum Bau der Rohrleitungen gegeben hat, nicht einverstanden. Daher legt sie am 16. November 2009 Beschwerde gegen den Beschluss der Energieregulierungsbehörde vor dem Energiebeschwerdeausschuss ein.

In dieser Beschwerde zählen die Spezialisten gemeinsam eine lange Reihe von Punkten auf, die ihrer Meinung nach nicht ausreichend berücksichtigt oder nicht gründlich genug untersucht wurden. Es liegen keine korrekten und publizierten Dokumentationen mit ausreichender Einschätzung der grenzübergreifenden Auswirkungen für Estland vor. Es liegt keine ausreichende Einschätzung der Auswirkung von versenkten konventionellen oder chemischen Waffen vor. Es liegt kein eindeutiges und publiziertes Überwachungsprogramm vor, das mit den betroffenen Staaten diskutiert wurde. Es liegt kein ausreichendes Notfallprogramm vor, ebenso wenig wie eine ausreichende Versicherung für das Projekt. Insgesamt betrachtet die Estonian Naturalists' Society die Umweltverträglichkeitsprüfung als so mangelhaft, dass sie empfiehlt, die Arbeiten an der Gasleitung nicht zu beginnen, bevor nicht ein fachübergreifender internationaler Expertenausschuss eine neue Untersuchung vorgenommen hat. Die estnischen Naturforscher sind der Meinung, dass ihre Klage eine aufschiebende Wirkung haben sollte. Und das bedeutet, dass Nord Stream die Arbeiten nicht beginnen kann, bevor die Klage vor dem Ausschuss verhandelt worden ist.

Am 15. Januar 2010 schreibt der Rechtsanwalt von Nord Stream an den Beschwerdeausschuss, dass er keine Grundlage dafür sieht, dass die Beschwerde eine aufschiebende Wirkung haben sollte, und dass Verzögerungen zu großen wirtschaftlichen Schäden für Nord Stream führen würden, die 1 Milliarde Euro in das Projekt investiert haben. Er droht darüber hinaus mit kalten Heizungen in dänischen Wohnzimmern, wenn es dennoch dazu komme. »Eine Verzögerung würde die rechtzeitige Versorgung von Dänemark mit Erdgas gefährden«, schreibt er und fügt hinzu, dass auch ein paar Monate

Verzögerung im Genehmigungsprozess bedeuten würden, dass man das ganze Projekt um ein Jahr verschieben muss.

Der Energiebeschwerdeausschuss berücksichtigt den Kommentar des Anwalts, und da er auch nicht der Meinung ist, dass an der Arbeit der Energieregulierungsbehörde etwas auszusetzen ist, wird dem Wunsch nach aufschiebender Wirkung nicht entsprochen, schreibt der Klageausschuss am 2. März 2010 in einem Brief an die Estonian Naturalists' Society. Darüber hinaus informieren sie, dass der Fall bei der Sitzung des Energiebeschwerdeausschusses zwei Monate später verhandelt werden würde, wo man auch darüber befinden würde, ob die estnische Organisation überhaupt das Recht hat, Beschwerde gegen die dänische Entscheidung einzulegen.

Als am Dienstag, dem 27. April 2010, kurz nach 17:00 Uhr Medwedews zwei Flugzeuge landen und zwei gepanzerte Limousinen, 60 Security-Leute und der persönliche Stab aus Ärzten und Köchen am Flughafen Kopenhagen Kastrup ankommen, wird er von Königin Margrethe empfangen. Es ist ein offizieller Staatsbesuch in Dänemark, daher ist die Königin seine Gastgeberin. Unter normalen Umständen wird ein Staatsbesuch dieses Kalibers Jahre im Voraus verabredet und geplant, doch der des russischen Präsidenten ist sowohl im Kreml als auch in Kopenhagen in aller Eile organisiert worden. Das Tauwetter zwischen Dänemark und Russland, das mit der Nachbestattung der Zarenwitwe Dagmar 2006 begann und mit der Genehmigung des Nord-Stream-Projekts ein halbes Jahr zuvor seinen Höhepunkt erreichte, hat sich im vergangenen Jahr eindeutig zur beiderseitigen Zufriedenheit entwickelt; daher arbeitet man mit Hochdruck daran, ein Stelldichein zwischen den beiden Staatsoberhäuptern zu arrangieren.

Der Besuch beginnt mit einem Galadiner auf Schloss Fredensborg. Auf dem letzten Stück der Fahrt vom Flughafen zum Schloss, wobei Königin Margrethe und Medwedew in der kugelsicheren Limousine vorausfahren, gefolgt von Medwedews Frau Svetlana und Prinz Henrik, schließen sich die berittene Polizei und das Gardehusarenregiment dem Konvoi an. Nachdem das russische Regentenpaar im Schloss einquartiert wurde, wo es während seines Aufenthalts wohnt, treffen auch die geladenen Dinergäste ein.

Lars Løkke Rasmussen und seine Frau Sólrun sind natürlich dabei, und schon am Tag danach sitzt der Ministerpräsident wieder mit Präsident Medwedew zusammen. Im Laufe des Tages kann Medwedew auch an einem dänisch-russischen Wirtschaftsforum in der alten Zapfanlage von Carlsberg in Valby teilnehmen und mit Königin Margrethe im Restaurant Nimb im Tivoli zu Abend essen, Letzteres zum großen Ärger der vielen Taxifahrer und Fast-Food-Verkäufer in diesem Bereich, weil die Polizei wegen des russischen Tivoligastes die Bernstorffgade vor dem Bahnhof für zwei Stunden komplett sperrt. Taxen werden zurückgewiesen, Busse umgeleitet und Fußgänger verscheucht, wenn sie an den Würstchenbuden oder den Ständen mit Blumen und Erdbeeren stehen bleiben.

»Das betrifft unser Einkommen. So etwas habe ich noch nie erlebt. Wenn die Königsfamilie hier vorbeikommt, gab es noch nie so ein Problem«, sagt die Würstchenverkäuferin Else Koch zu den Mitarbeitern der Zeitung *Politiken.* Und die Erwerbstätigen vor dem Tivoli sind nicht die Einzigen, die mit dem freundlichen Empfang für den russischen Präsidenten unzufrieden sind. Vor der russischen Botschaft hat sich eine Gruppe von Georgiern, Tschetschenen und Dänen in stillem Protest gegen die russischen Übergriffe in Tschetschenien und den georgischen Provinzen Abchasien und Südossetien versammelt.

Bei der abschließenden Pressekonferenz im Spiegelsaal des Staatsministeriums haben jedoch die Fragen nach den Menschenrechten in Tschetschenien und Georgien nicht die höchste Priorität. In den beiden Vorstellungsgesprächen loben der russische Präsident und Lars Løkke Rasmussen einander und ihre Länder. Der dänische Ministerpräsident erzählt erfreut, dass das gute Verhältnis zwischen Russland und Dänemark jetzt auch in einer engeren Zusammenarbeit bei verstärktem Handel und in der Errichtung eines ganz neuen dänisch-russischen Businessforums mündet. Er erzählt auch, dass Russland und Dänemark gemeinsame politische Interessen haben, unter anderem beim Klima, wo die beiden Länder angeblich an einer globalen juristisch bindenden Vereinbarung arbeiten.

Dass Dänemark und Russland klimapolitisch im Gleichschritt gehen, wurde beim Klimagipfel vier Monate zuvor nicht demonstriert. Damals verließ Medwedew die Verhandlungen in Dänemark, noch bevor die Partner sich über den Text eines Schlussdokuments einig waren. Auf der Pressekonferenz allerdings sagt er, dass das, was während des Klimagipfels geschah, doch sehr wichtig war, auch wenn es harte Tage waren. »Denn es zeigte sich zum ersten Mal, dass es möglich ist, miteinander zu reden und zu einem gemeinsamen Verständnis zu kommen, obwohl man bei dieser Gelegenheit unterschiedliche Standpunkte vertritt – auch wenn Russland und Dänemark ansonsten sehr ähnliche Standpunkte einnehmen.« Dieses gegenseitige Verständnis war auch bei den Verhandlungen zu Nord Stream erkennbar, berichtet er. »Ich erinnere daran, dass Dänemark das erste Land war, das die Genehmigung zum Bau der Nord-Stream-Gasleitung erteilte. Ich möchte betonen, dass der Ansatz auf dänischer Seite dabei äußerst pragmatisch war und keineswegs eine ideologische Entscheidung. Solch eine Entscheidung, bei der Rücksicht auf die Interessen unserer beiden Länder genommen werden muss, kann nur pragmatisch sein. Ich bin sicher, dass sich das auch in einer kommerziellen Dividende zeigen wird«, sagt er, bevor er auf die abschließende Frage aus dem Saal nach den russischen Angriffen in Georgien und Tschetschenien antwortet: »Ich möchte sagen, dass das unsere Probleme sind und wir es sind, die sie lösen müssen – und zwar allein. Wir benötigen dabei keine Unterstützung von außen.«

Einen Monat vor dem Besuch von Medwedew in Dänemark hat Lars Løkke Rasmussen zum zweiten Mal innerhalb eines knappen halben Jahres Wladimir Putin in Russland besucht. Die beiden sahen einander auch im Monat zuvor bei einem Gipfeltreffen zur Ostsee in Helsinki und noch einmal am 22. Mai in Sankt Petersburg, wo es ebenfalls um das gemeinsame Meer ging. In der Folge von Dagmars Nachbestattung hat der dänisch-russische Regierungsrat für wirtschaftliche Zusammenarbeit nach der fünfjährigen Blockade eine gewaltige Infusion bekommen. Das macht sich auch in der Esplanade in Kopenhagen bemerkbar, wo das dänische Reedereikonglomerat A.P. Møller-Mærsk seinen Hauptsitz hat.

Die Reederei mit dem siebenzackigen Stern im Logo hat rechtzeitig vorgesorgt und sich auf die neuen Zeiten im dänisch-russischen Verhältnis vorbereitet. Am 22. März kann die Gesellschaft mit Nils Smedegaard Andersen und Eivind Kolding an der Spitze sowohl Wladimir Putin als auch Lars Løkke Rasmussen zu einem Empfang in Sankt Petersburg einladen. Mit Unterstützung der russischen Regierung hat die Containerflotte der dänischen Reederei, Maersk Line, die Lizenz zur Eröffnung der Containerlinie ECUBEX erhalten, die Bananen von der Hafenstadt Guayaquil in Ecuador nach Sankt Petersburg transportieren soll. Der Pressemitteilung der dänischen Reederei zufolge soll mit dieser Vereinbarung der große Bedarf an frischen Bananen in den russischen Supermärkten gedeckt werden. Um diesem Bedarf gerecht zu werden, hat die Reederei nicht weniger als sechs Schiffe eingesetzt, die zwischen den beiden Destinationen hin und her pendeln sollen. Am Tag vor der Einweihung erzählt Lars Løkke Rasmussen dem Finanzmagazin *NetPosten,* dass er sich freut, die Eröffnung zusammen mit Putin zu feiern, denn sie symbolisiere das große Potenzial dänischer Unternehmen auf dem russischen Markt.

»Gleichzeitig freue ich mich darauf, Ministerpräsident Putin zu treffen. Es ist eine gute Gelegenheit, Möglichkeiten zu besprechen, das gute bilaterale dänisch-russische Verhältnis zu stärken«, erklärt er.

Putin freut sich ebenfalls, Løkke Rasmussen zu sehen. Er erinnert sich an das letzte Treffen in Helsinki, wo sie gemeinsam ihren Durst mit Carlsberg-Pils löschten, das in der russischen Lizenzbrauerei Baltika produziert wurde. Bevor Lars Løkke Rasmussen das Horn betätigen darf, mit dem das Startsignal zum Löschen von 1200 Kühlcontainern mit Bananen gegeben wird, laufen die beiden Regierungschefs um die Wette die acht Etagen lange Treppe zur Kommandobrücke des Schiffes hinauf.

Im Laufe des netten Tages erinnert Lars Løkke Rasmussen Putin und die anwesenden Journalisten auch daran, dass dies das dritte Treffen mit Putin innerhalb kurzer Zeit ist und dass er hofft, das nächste finde in Kopenhagen statt. Putin ist da ganz sicher und sagt: »Ich komme gerne nach Dänemark. Deine Regierung war schließlich die erste, die Nord Stream die Baugenehmigung erteilt hat, und wenn ich in Dänemark bin, können wir mit dem Boot hinausfahren und sehen, wie die Bauarbeiten vor der dänischen Küste voranschreiten.«

Doch als Putin Dänemark am 26. April 2011 besucht, haben er und Lars Løkke keine Zeit, in See zu stechen, um die Arbeiten an der Gasleitung südlich von Bornholm zu besichtigen. Das Programm für den eintägigen Besuch ist sehr straff und umfasst nur drei Punkte: ein Gespräch mit Lars Løkke Rasmussen, einen Besuch bei der Königin in Amalienborg und ein Treffen mit der Führungsspitze von A.P. Møller-Mærsk auf der Esplanade.

Neben Gazprom und Russland verdient die Reederei am meisten an der dänischen Genehmigung des Nord-Stream-Projekts. Seit Nils Smedegaard Andersen 2007 Geschäftsführer der großen Firma wurde, behielt er die Möglichkeiten auf dem russischen

Markt im Blick. 2009 kristallisieren sich seine Visionen zu einem Plan, Russland zu erobern. Daher wird der damalige Chef von Maersk Tankers, Søren Skou, nach Russland geschickt, um das Terrain zu sondieren. Er soll nicht nur auf die Möglichkeiten für die Reederei achten, sondern auch dafür, Hafenterminals einzurichten und den Fuß in die russische Gas- und Erdölindustrie zu bekommen. Und als der dänische Abgesandte und später auch sein Geschäftsführer mit den Russen verhandeln, geschieht das nicht auf Wirtschaftsebene, sondern mit Putins rechter Hand, Vizeministerpräsident Sergei Iwanow.

Iwanow ist ein früherer KGB-Kollege von Putin, und ihre gemeinsame Vergangenheit beim russischen Geheimdienst war seiner Karriere sehr förderlich. Bevor er als Vizeministerpräsident ganz in die Nähe von Putin versetzt wurde, war er Verteidigungsminister und während der Zeit der Verhandlungen mit der dänischen Reederei überdies Mitglied des Vorstands mehrerer Firmen in der Öl- und Gasbranche sowie Vorstandsvorsitzender des staatlichen Luftfahrtkonzerns OAK. Daher freut er sich über den neuen dänischen Kooperationspartner. Nach dem Treffen mit Nils Smedegaard Andersen erzählt er der russischen Presse, dass er und die Regierung A.P. Møller-Mærsk als wichtigen strategischen Partner betrachten. »Die Firma hat bereits über eine Milliarde Dollar in russische Projekte investiert, und das ist noch nicht das Ende«, erklärt er auf der offiziellen Webseite des Kreml.

Die dänischen Bauern und ihre Schlachtereien und Meiereien können sich ebenfalls über den russischen Besuch freuen. Ministerpräsident Putin hat seine Landwirtschaftsministerin Jelena Skrynnik mitgenommen, und während Putin und der Vorstandsvorsitzende von Gazprom, Alexei Miller, mit den Mærsk-Chefs über eine dänisch-russische Kooperation bei der Gas- und Ölforschung in den arktischen Gebieten sprechen, treffen sie und Repräsentanten der russischen Fleisch- und Milchproduktorganisationen mit dem dänischen Minister für Ernährung und Landwirtschaft und den Topleuten aus der Landwirtschaft zusammen.

Bei diesem Treffen einigen sich die Minister und ihre Wirtschaftsdelegationen darauf, die Danish-Russian Agri Business Group zu gründen, die schnell und zusammen mit den Regierungen beider Länder dafür sorgen soll, dass die dänischen Landwirte und die dänische Lebensmittelindustrie Aufträge mit nach Hause nehmen kann, wenn sie zusammen mit der Königin und ihrer Familie fünf Monate später auf Staatsbesuch nach Russland kommen.

Auf der abschließenden Pressekonferenz spricht Lars Løkke Rasmussen auch gerne über die guten dänischen Exportmöglichkeiten. Wie schon bei früheren dänisch-russischen Gipfeltreffen will er auch dieses Mal lieber nichts über Nord Stream sagen. In seiner Anfangsrede erwähnt er das Projekt nicht mit einem Wort, sondern spricht über die aktuellen Handelsabkommen und das gute Verhältnis, das er zu Putin hat.

»Wir treffen uns tatsächlich zum vierten Mal innerhalb von anderthalb Jahren«, sagt er, nachdem er erzählt hat, dass es Putins erster offizieller Besuch in Dänemark ist und dass der russische Markt mit nur knapp zwei Stunden Flugzeit näher liegt, als man glauben möchte.

Doch auch dieses Mal kommt er nicht davon, ohne mit der russischen Erklärung für das in so kurzer Zeit eklatant verbesserte Verhältnis von Dänemark und Russland konfrontiert zu werden, denn Wladimir Putin sagt: »Ich möchte dem Ministerpräsidenten noch einmal für die Entscheidung danken, Russland die Erlaubnis zu erteilen, die Nord-Stream-Gasleitung durch das dänische Fahrwasser der Ostsee zu verlegen. Es freut mich, berichten zu können, dass wir die Arbeiten im Juli abschließen können und dass es weder mit der Ökologie noch mit den Hinterlassenschaften des Krieges, die auf dem Grund der Ostsee liegen, Probleme gegeben hat. Alles ist nach Plan verlaufen. Im Juli werden wir beginnen, Gas durch die Leitungen zu schicken, und im Oktober/November fangen wir damit an, unsere europäischen Kunden zu beliefern. Zum ersten Mal wird es russisches Erdgas auf dem dänischen Markt geben, und es wird möglich sein, die Liefermenge über die bereits bestellten zwei Milliarden Kubikmeter zu erhöhen.«

Nach der Pressekonferenz am Ende eines langen Tages runden Lars Løkke Rasmussen und Putin den russischen Kopenhagenbesuch mit einem Spaziergang im Tivoli ab, wo die beiden Bier trinken und Putin Geschichten aus seiner Zeit in Dresden erzählt. Die beiden Männer unterhalten sich so gut, dass Putins geplanter Abflug ein paar Stunden aufgeschoben wird. Als Königin Margrethe und Prinz Henrik ihn fünf Monate später anlässlich des dänischen Staatsbesuches in Moskau besuchen, erzählt er von der Kneipentour, doch davon hat die Königin bereits gehört.

»Ja, das war im Færgekroen«, sagt sie und erklärt ihm, dass das Gasthaus sehr bekannt und beliebt ist.

Während die dänische Regentin und ihr Ministerpräsident sich in Putins Gegenwart wohlfühlen, haben andere Länder ein etwas angespannteres Verhältnis sowohl zu ihm als auch zu seiner Art, mit politischem Widerstand und Russlands Nachbarländern umzugehen. Ein Protokoll des Generaldirektorats für die Politiker des EU-Parlaments vom Dezember 2007 benennt die Vorbehalte und Befürchtungen der verschiedenen Ostseeanrainer und stellt gleichzeitig Dänemarks fehlende Besorgnis über eventuelle geopolitische oder umweltmäßige Folgen der Gasleitung.

Polen und die baltischen Staaten fürchten, dass die Gasleitung eine politische Waffe sein kann, die Putin und sein Regime in einer eventuellen Krisensituation gegen das eigene oder andere Länder einsetzen können. Schweden hingegen sorgt sich auch um die Folgen für die Umwelt. Schwedische Umweltgruppen befürchten, dass die Leitung dem geschützten Seegebiet vor der Insel Gotland sehr nahe kommt und dass sie außerdem durch Gebiete mit großen Mengen chemischer Kampfstoffe aus dem Zweiten Weltkrieg führt. Darüber hinaus haben sie regelmäßig Besuch von russischen U-Booten in ihrem Schärengarten und stehen dem Projekt daher auch aus politischen und militärischen Gründen kritisch gegenüber.

Diese Furcht wird unter anderem vom Verteidigungsanalytiker Robert L. Larsson in einem Bericht der schwedischen Verteidigungsakademie FOI von 2006 begründet. Die Gasleitung würde Russlands direkten Einfluss auf Polen, die Ukraine und Weißrussland verstärken, da Russland die Gasversorgung der drei Länder regeln kann, ohne die Gaslieferungen nach Westeuropa zu beeinträchtigen. Das bedrohe die Stabilität dieser Regionen und würde zur Spaltung der Solidarität in der EU beitragen. Dazu bedeute die höhere Abhängigkeit von russischem Gas in Europa, dass die Russen den Preis beliebig anheben können. Darüber hinaus könne der Bau der Gasleitung auch zu einigen politischen und militärischen Spannungen führen, schreibt er.

Nord Stream möchte unter anderem eine Serviceplattform für die Gasleitung in der exklusiven Wirtschaftszone Schwedens dicht vor der Küste von Gotland errichten. Diese Plattform soll mit russischem Personal bemannt werden, und da Putin bereits geäußert hat, dass die russische Flotte entlang der Nord-Stream-Leitung patrouillieren wird, warnt Larsson vor verstärkter russischer Militärpräsenz im schwedischen Fahrwasser. Außerdem ist er der Meinung, dass das Risiko bestehe, die Russen könnten die Plattform nutzen, um die Länder in diesem Teil der Ostsee auszuspionieren. Der schwedische Verteidigungsminister Mikael Odenberg ist der gleichen Meinung und sieht darin ein Problem. Und auch Russlands Botschafter in Schweden sieht Probleme. Doch anders als der Minister hält er nicht russische Spionage für das Problem, sondern dass der Forscher dem Minister und der Öffentlichkeit völlig lächerliche Theorien unterbreitet.

»Ich weiß wirklich nicht, welcher Idiot seinem Vorgesetzten so etwas berichten kann«, sagt er in einem Interview von Sveriges Radio über den Bericht. »Wenn Russland Schweden ausspionieren will, braucht es keine Plattform. Durch unsere Satelliten können wir schon jetzt und in Echtzeit jedes Nummernschild in den Straßen von Stockholm lesen.«

Auf Larssons andere Kritikpunkte geht der Botschafter nicht ein.

Auch in Dänemark tut man das nicht. In einem Bericht ans Europaparlament beschränken sich die Befürchtungen Dänemarks auf zweieinhalb Zeilen.

»Dänemark sah Probleme mit der Auswirkung des Projekts auf Bornholm, da aber die Leitung jetzt nördlich der Insel verlegt wird, erfüllt sie die Bedingungen der dänischen Gesetze«, steht dort.

Nach dem ersten Plan soll die Gasleitung an Dänemark vorbei im internationalen Fahrwasser zwischen Bornholm und Polen verlaufen. Dieses Gebiet ist seit 25 Jahren eine Art Grauzone, auf die sowohl Polen als auch Dänemark Anspruch erheben. Daher wird regelmäßig wegen einer Grenzführung verhandelt, doch bislang ohne Ergebnis. Nach der Veröffentlichung der Route für die Gasleitung flammt das alte Thema wieder auf, und als Nord Stream und Rambøll erkennen, dass als Resultat der Verhandlungen ein Teil der Rohrleitung auf polnischem Grund liegen würde, sehen sie ihr Projekt in Gefahr.

Also müssen sie zurück zum Zeichenbrett, wo sie zwei alternative Routen nördlich von Bornholm eintragen. Am 27. November kann die Energieregulierungsbehörde die revidierte Projektbeschreibung zur Anhörung unter anderem zur Schifffahrtsbehörde schicken, wo man sich über die Verlegung der Route wundert und antwortet:

»Die Route in der Küstenschifffahrtszone zwischen Bornholm und dem Verkehrstrennungsgebiet im Bornholms Gatt ist aus

Umwelt- und Sicherheitsgründen weniger sinnvoll als eine Routenführung südlich von Bornholm.«

Begründet wird die Einschätzung damit, dass die Bodenverhältnisse nördlich von Bornholm so beschaffen sind, dass es nur wenig Möglichkeiten gibt, die Leitung einzugraben, damit sie vor den Grundnetzen der Fischer und den Ankern anderer Schiffe geschützt ist. Dieser Einwand ist nicht unbegründet. In dem gleichen Gebiet, in dem Nord Stream und Rambøll die Gasleitung verlegen wollen, liegen auch Kabel, die Bornholm mit Energie aus Schonen versorgen. Schon dreimal wurden diese Kabel durch Schiffsanker so stark beschädigt, dass die Energieversorgung zusammenbrach.

Doch das ist nicht das Einzige, was die Schifffahrtsbehörde an der Projektbeschreibung von Nord Stream verwundert.

»Aus den revidierten Projektinformationen vom Oktober 2007 geht aus Abschnitt 6, Seite 15 hervor, dass die Routenführung nördlich von Bornholm gemeinsam mit den dänischen Behörden beschlossen wurde. Der Schifffahrtsbehörde ist nicht bekannt, dass eine derartige Entscheidung zur Anhörung gekommen wäre oder auf andere Weise zusammen mit den dänischen Behörden erörtert worden ist«, steht im Schreiben an die Energieregulierungsbehörde.

Die Schifffahrtsbehörde ist nicht die Einzige, die sich über die Projektbeschreibung und die Verpackung, in der man sie zu verkaufen versucht, wundert.

Als Rambøll und Nord Stream die Idee von einer Routenänderung verkaufen wollen, haben sie die Hand offenbar tief in die Tasche mit den schönen »Buzzwörtern« gesteckt und dabei das Wort »Routenoptimierung« zu fassen bekommen. Doch im Seewesen schluckt man den Euphemismus nicht einfach so. In einem Brief an die Energieregulierungsbehörde schreibt der nautische Sachbearbeiter der Schifffahrtsbehörde, Flemming Sørensen: »Im Abschnitt 6 ›Routenoptimierung‹ heißt es unter anderem: Nord Stream hat gemeinsam mit den dänischen Behörden beschlossen, mit der Alternative DK-02 weiterzumachen … Dadurch werden auch die Kommentare der Behörden auf Bornholm berücksichtigt … Es wird nicht genannt, um welche Behörden es sich dabei handelt, doch ganz sicher war es nicht die dänische Schifffahrtsbehörde, die die Alternative DK-02 empfohlen hat.«

Auch das schwedische Schifffahrtsamt, mit dem sich die Schifffahrtsbehörde und das Seefahrtsamt treffen, um über das Projekt zu sprechen, finden es unverantwortlich, die Gasleitung ins viel befahrene Fahrwasser zwischen Bornholm und Schweden zu verlegen. Auch das meldet der nautische Sachbearbeiter in der Antwort zur Anhörung an die Energieregulierungsbehörde.

»Bei diesem Treffen wurde konstatiert, dass sich die dänischen und schwedischen Schifffahrtsämter in der Hauptsache einig sind, welche Problemstellungen relevant und welche Routen für die Gasleitungen aus Gründen der Fahrwassersicherheit vorzuziehen sind. Unter anderem sind sie sich einig, dass man eine genauere Beschreibung der alternativen Routen braucht und eine Begründung, warum andere Alternativen verworfen wurden.«

Doch weder Rambøll noch Nord Stream wollen erklären, warum bei ihnen die Alarmsignale aufleuchten, wenn die Route durch die Grauzone zwischen Polen und Dänemark verläuft. Und da die dänische Regierung auch absolut keinen Grund sieht, dem russischen Projekt Probleme zu bereiten, einigt man sich darauf, die Leitung in sicherem Abstand zur dänisch-polnischen Sackgasse und so dicht an Bornholm vorbeizuführen, dass sie teilweise ganz in dänischem Hoheitsgewässer liegt.

Doch selbst wenn in Dänemark alles scheinbar leicht durch die Systeme geht, muss man in anderen Ländern dafür umso härter für die Sache kämpfen. Als der erste Antrag und die Umweltverträglichkeitsprüfung 2007 bei der schwedischen Regierung landen, nennt nicht nur der schwedische Minister sie völlig unbrauchbar, sondern auch im Außenministerium distanziert man sich davon und plant, die Russen zu zermürben. Das erzählt der Generalrat in der Abteilung für Osteuropa und Zentralasien im Außenministerium, Johan Frisell, dem amerikanischen Botschafter Michael M. Wood bei einem Treffen in seiner Botschaft in Stockholm im November 2008.

Frisell nennt das Nord-Stream-Projekt »fürchterlich« und erzählt, dass die schwedische Regierung alles dafür tun wird, die Entscheidung in die Länge zu ziehen. Damit haben sie Erfahrung.

»Denken Sie nur daran, dass es 8–10 Jahre dauerte, um die Brücke nach Dänemark zu genehmigen«, sagt er einem Telegramm zufolge, das der Botschafter nach Washington sendet und das später über Wikileaks veröffentlicht wird.

Während des Anhörungsprozesses sagen mehr als 60 Behörden »Nein« zu dem Projekt und weisen auf eine lange Reihe von Risikofaktoren hin. Die landwirtschaftliche Hochschule schreibt, dass das empfindliche Milieu der Ostsee durch das Projekt verletzt werden könnte. Das Gleiche tun das schwedische meteorologische Institut und der Naturschutzverband. Die staatliche Behörde für geologische Gutachten weist auf das Risiko hin, dass die Leitung in Gebieten vergraben werden soll, in denen große Mengen chemischer Waffen versenkt wurden, und die schwedische Marine meint, dass die Konsequenzberechnungen von Nord Stream mangelhaft sind und die Länge der Leitung die Sicherheit auf See gefährden könnte.

Doch die Russen sind für einen Krieg mit den Kritikern gewappnet. Das erzählt der amerikanische Botschafter in Russland, John R. Beyrle, in einem weiteren, als geheim eingestuften Telegramm nach Washington. Er hatte ein Meeting mit Russlands EU-Koordinator Dmitri Polanski, der behauptet, dass Nord Stream trotz lauter Proteste in Polen, Estland und Schweden gebaut werden würde.

»Das Projekt kann nicht gestoppt werden. Nicht einmal von einem so großen EU-Land wie Polen«, sagt der Koordinator dem

Botschafter, der nach einem Treffen mit den Topchefs von Nord Stream Washington auch erzählen kann, diese hätten gesagt, die russische Regierung würde sich, wenn nötig, in das Projekt einmischen.«

Der Botschafter erwähnt auch das enge freundschaftliche Verhältnis von Matthias Warnig und Wladimir Putin und beschreibt, dass Nord Stream eine »Road Show« plant, um für Sympathie für das Projekt zu werben. Darüber hinaus berichtet er, dass die Firma mit regelmäßigen Besuchen bei Behörden und Entscheidungsträgern in den betroffenen Ländern Lobbyarbeit leistet und dass Nord Stream die involvierten Organisationen und Parteien mit Zuschüssen und Sponsorgeldern schmiert. »Zweck des Ganzen ist es, die politische Opposition aufzubrechen«, schreibt er in dem geheimen Bericht.

Um den politischen Widerstand in Schweden zu brechen, tut sich Nord Stream mit zwei Kommunikationsbüros zusammen: der lokalen Abteilung der internationalen Gesellschaft Hill & Knowlton, die für Events und Arrangements für seine Niederlassungen in Kopenhagen und Brüssel zuständig ist, und den Schweden Hallvarsson & Hallvarsson. Letztere werden wegen eines bestimmten Mannes gewählt. Sein Name ist Dan Svanell, eines der absoluten Schwergewichte in der schwedischen Lobbybranche.

Wie im Fall des früheren Ministerpräsidenten Göran Persson, der die Lobbyarbeit für den Nord-Stream-Aktionär E.ON macht, hat auch Svanell langjährige Verbindungen zu den Sozialdemokraten und war persönlicher Presseberater für nicht weniger als sieben sozialdemokratische Minister, unter anderem Außenministerin Anna Lindh, die auf tragische Weise bei einem Messerangriff im Kaufhaus Nordiska Kompaniet im September 2003 ums Leben kam, und Pär Nuder, der in Göran Perssons Regierung von 2004 bis 2006 Finanzminister war.

Doch Nord Stream gibt sich nicht mit bedeutenden Sozialdemokraten zufrieden, sondern geht auch mit Kontakten in der obersten

Reihe der bürgerlichen Parteien Schwedens auf Kuschelkurs. Zuerst lockt man die liberale Tora Leifland Holmström aus ihrer Stellung als politische Beraterin für Landwirtschaftsminister Eskil Erlandsson, später wird die frühere Staatssekretärin des konservativen Ministerpräsidenten Fredrik Reinfeldt, Ulrica Schenström, angeworben, um mit Dan Svanell zusammenzuarbeiten. Bei Nord Stream werden sie intern gerne Frau Rechts und Herr Links genannt. Damit hat man sich Zugang sowohl zur Regierung als auch zur Opposition verschafft und nutzt sie unter anderem beim schwedischen Politikfest Almedalsveckan (Almedalen-Woche) in Visby auf Gotland, wo alles, was an politischen Entscheidungsträgern und Meinungsmachern auf den Beinen ist, im Laufe der Woche vorbeischaut.

Doch es gibt noch einen anderen Grund, warum Nord Stream im gotländischen Almedal mit Tourbus, Seminar und Infotreffen so massiv auftritt.

Die geplante russische Gasleitung führt dicht an Gotland vorbei in einem Seegebiet, wo man sowohl auf die Brutgebiete der Eiderenten als auch auf ein erhöhtes Risiko aufgrund versenkter Kriegsmunition auf einem sowieso schon verunreinigten Meeresboden Rücksicht nehmen muss. Da auch unter den Gotländern eine gewisse Skepsis dem Projekt gegenüber besteht und ein Teil der Behörden und Institutionen der Insel im Antragsverfahren anhörungsberechtigt sind, bringt Nord Stream einen großen Geldsack mit, damit man sich vor Ort Unterstützung für das Projekt kaufen kann.

In Schweden wird der Antrag von Nord Stream vom Industrieministerium behandelt. Daher holt das Ministerium die Stellungnahme einer langen Reihe von Instanzen ein, unter anderem auf Gotland. Eine davon ist die Universität der Insel, Högskolan på Gotland, die in ihrer Antwort an das Ministerium schreibt, dass die Gasleitung Auswirkungen auf die sowieso schon sauerstoffarme

Meeresumwelt haben kann, wenn bei den Grabungsarbeiten Umweltgifte, Schwermetalle und Phosphat freigesetzt werden. Professor Kjell Larsson, der für die Stellungnahme verantwortliche Experte, weist darauf hin, dass auch die Platzierung der Leitung ein Problem ist, da sie dicht an den Natura-2000-Gebieten Hoburgs Bank und Norra Midsjöbank liegt, die wichtige Überwinterungsgebiete für langschwänzige Enten sind. Der Professor und die Universität sähen die Leitung gerne weiter weg von der Küste Gotlands, weil sie fürchten, dass sie den Schiffsverkehr dichter unter Land drängt und die empfindlichen Naturschutzgebiete durch das Öl der Schiffe beeinträchtigt werden könnten.

Professor Larsson ist ein Spezialist in Meeresökologie und hat eine besondere Vorliebe für das Studium der Eisente, einer langschwänzigen Entenart. Mehr als 50 Prozent des europäischen Bestandes überwintern auf den Sandbänken vor Gotland. Seit Langem träumt er davon, sich Vollzeit auf ein Studium der spannenden Entenart konzentrieren zu können, doch bislang fehlten die Forschungsmittel dazu. Ein paar Monate nach der kritischen Stellungnahme bekommt er jedoch unerwartet die Gelegenheit, sich seinen Ententraum zu verwirklichen.

Mit einer Spende von 870 000 Euro bietet Nord Stream an, die Erforschung der langschwänzigen Enten und ihrer Überwinterungsplätze in der Ostsee zu finanzieren. Die Firma stellt sich vor, dass diese Studie in Regie der Universität von Gotland durchgeführt und vom Spezialisten Professor Kjell Larsson geleitet wird, erklären Repräsentanten des Konsortiums bei einem Treffen mit der Universität. Da sowohl die Universitätsleitung als auch Larsson der Meinung sind, dass dies eine richtig gute Idee ist, nehmen sie das Angebot von Nord Stream und die 870 000 Euro an.

Das investigative Programm Kalla Fakta des schwedischen Fernsehsenders TV4 sieht sich die Sache genauer an und fragt Kjell Larsson, ob er nicht vermutet, dass das viele Geld von Nord Stream deshalb gespendet wird, weil die Gesellschaft einem Spezialisten und seinem kritischen Bericht gerne den Mund verschließen will, und nicht, weil sich die Firma plötzlich sehr für seltene Seevögel interessiert. Doch diesem Gedankengang kann Larsson nicht folgen.

»Nein, das glaube ich nicht«, sagt er den Journalisten. »Ich habe auch in anderen Zusammenhängen darüber gesprochen, wie wichtig die Bewahrung von Hoburgs Bank ist, und es gibt viele, die wissen, dass ich das auch noch später gesagt habe.«

Doch andere erkennen, wie bedenklich diese Spende ist. Der Ornithologe Måns Hjenquist, mit dem Kalla Fakta ebenfalls spricht, äußert sich kritisch: »Das ist unglaubwürdig. Die Universität ist Teil des Anhörungsprozesses und soll zum Projekt Stellung nehmen. Wenn man Geld von jemandem annimmt, wächst das Risiko, dass man das sagt, was der Sponsor hören will.«

Doch sowohl Nord Stream als auch die Universität behaupten, es gäbe da keinen Zusammenhang. Das Forschungsprojekt, auf dessen Webseite sowohl das Logo der Universität als auch das von Nord Stream prangen, wird unter der Überschrift »Interaktion zwischen Meeresboden, Seevögeln und Menschen in der Ostsee im Wandel« lanciert, und in der Projektbeschreibung kann man lesen, dass das Studium der langschwänzigen Enten primär von Nord Stream aufgrund einer Absprache mit der Universität Gotland finanziert wird, einzig wissenschaftliche Ziele verfolge und nichts mit der Gasleitung zu tun habe.

Professor Larsson und seine Enten sind nicht die Einzigen auf Gotland, die durch die Mittel von Nord Stream reicher werden. Die Lobbyfirma Hallvarsson & Hallvarsson ist in den Jahren 2007, 2008 und 2009 in Almedal präsent. Dan Svanell und sein Kollege Kaj Sandart, der früher Analysechef im Industrieministerium und Geschäftsführer der Energiegesellschaft Svensk Energiförsörjning war, sind im Dienste von Nord Stream schwer beschäftigt.

Die beiden hochkarätigen Lobbyisten erzählen den schwedischen Medien bereitwillig, dass sie nach Gotland gekommen sind, um die Menschen über das Nord-Stream-Projekt zu informieren, damit die Medien »ein korrektes Bild davon wiedergeben können«.

»Wir möchten die Fakten über das Projekt liefern. Es gibt sehr viele Informationen, die wir durch Ausstellungen, Seminare und Netzwerksmeetings bekannt machen wollen«, sagt Sandart dem Nachrichtenmagazin *Focus*. Doch über seine politische Lobbyarbeit und darüber, welchen Politikern er die Zeichnungen mit dem korrekten Bild des Nord-Stream-Projekts vorstellen möchte, sagt er nichts. »Dazu gebe ich keinen Kommentar ab«, heißt es. »Doch diejenigen, mit denen wir uns treffen, sind interessiert und froh, dass wir hier sind.«

Nord Stream ist es nicht gewohnt, dass die Gotländer sich über ihre Anwesenheit freuen. Sowohl in der Bevölkerung als auch unter den lokalen Politikern herrscht große Beunruhigung wegen der Konsequenzen des Projekts für ihre Insel. In den Medien und im Gemeinderatssaal läuft eine Debatte um die Berechtigung des Projekts. Die einheimischen Vertreter der Zentrumspartei sind besonders hartnäckig. In einer Chronik vom August 2006 sucht Parteimitglied Lars Thomsson Unterstützung für einen Vorschlag, dass Gotland dafür sorgt, die Gasleitung lieber über Land anstatt am Grund der Ostsee zu verlegen, und in einem Radiointerview aus demselben Jahr äußert sich seine Parteikollegin Eva Nypelius ebenfalls äußerst kritisch zu Nord Stream. Doch einen Monat später ändert sich in der Kritik und in der Einstellung der Zentrumspartei etwas.

Nord Stream sucht nach einem Hafen, in dem sie die Rohre für die Gasleitung verladen können, und findet ihn in Slite auf Gotland. In der jetzigen Form eignet er sich nicht für diese Aufgabe, doch für Nord Stream ist das kein Problem. Sie bieten an, 9,7 Millionen Euro in die Renovierung und den Ausbau des Hafens zu investieren und die Hafengebühren im Voraus zu zahlen.

Ein solches Angebot können die Lokalpolitiker auf Gotland schlecht ablehnen, und mit 58 zu 13 Stimmen wird der Vorschlag im Gemeinderat angenommen. Und da Nord Stream überdies noch verspricht, 345 000 Euro für die archäologischen Untersuchungen des Museums Gotland in der Ostsee zu spenden, stimmen sowohl Lars Thomsson als auch Eva Nypelius gegen ihren eigenen früheren Vorschlag, dass die Kommune öffentlich gegen das Gasprojekt protestiert.

Doch diese Entscheidung wird harsch kritisiert. Rolf K. Nilsson, der für die Partei der Moderaten im Reichstag sitzt und zugleich Chefredakteur der gotländischen Zeitung *Allehanda* ist, hat keinen Zweifel daran, wie er über das Geld von Nord Stream für Gotland denken soll. Es hätte nichts mit Menschenfreundlichkeit zu tun, sondern solle ausschließlich Politiker und Bevölkerung beeinflussen.

»Im Lauf der Diskussion wurde von Bestechung gesprochen, doch wenn man jemanden besticht, erwartet man eine Gegenleistung, und so dumm sind sie nicht. Doch es ist offenkundig, dass mit diesem Geld Entscheidungsträger und Bevölkerung der Insel beeinflusst werden sollen«, sagt er zur Zeitung *Svenska Dagbladet.*

Nach Meinung von Kjell Skalberg von der Zentrumspartei, Vorstand für den Technikausschuss, übertreibt Nilsson maßlos. Es gehe hier weder um Bestechung noch um Korruption, sondern lediglich um einen Vorschuss für die Hafenausgaben, damit die Kommune die Renovierungsarbeiten finanzieren kann.

»Das hat nichts mit der Gasleitung zu tun«, erklärt er derselben Zeitung.

Dieser Argumentation kann Rolf K. Nilsson nicht folgen. Er findet diese Einstellung naiv und meint: »Hafen und Gasleitung kann man nicht voneinander trennen. Sie hängen zusammen wie siamesische Zwillinge.«

Da man diesen Verdacht auch in der Abteilung für Korruptionsbekämpfung in Stockholm hegt, leitet Staatsanwältin Malin Palmgren im Februar 2009 eine Untersuchung der Verhältnisse auf Gotland ein, um herauszufinden, ob es einen Grund gibt, wegen Korruption und Bestechung gegen eine oder mehrere Personen Anklage zu erheben. Bereits zwei Jahre zuvor hat ein Bürger von Gotland Nord Stream wegen Bestechung und die Universität wegen Korruption angezeigt, aber damals wurde der Fall wegen Mangel an Beweisen geschlossen. Doch nach den Enthüllungen durch TV4 können jetzt neue Beweise vorgelegt werden, daher leitet Palmgren die Voruntersuchungen ein.

Nach gründlichen Nachforschungen kann die Anklägerin der Abteilung für Korruptionsbekämpfung nicht feststellen, dass einzelne Personen von den Geldern von Nord Stream persönlich profitiert haben, und schließt den Fall.

Obwohl Nord Stream 10,8 Millionen Euro aufgewendet hat, um den Entscheidungsprozess auf Gotland zu beeinflussen, kann sie es weder dem Unternehmen noch der Gemeinde Gotland nachweisen. Um wegen Bestechung verurteilt zu werden, muss nach schwedischem Gesetz nachgewiesen werden, dass sich Einzelpersonen zum eigenen Gewinn haben bestechen lassen. Da dies auf Gotland nicht der Fall ist, wird die Sache hinfällig, denn nach schwedischem Recht ist es nicht möglich, eine ganze Gemeinde zu bestechen.

Doch hätte man Nord Stream durchaus auf die Schliche kommen können. Das räumt der schwedische Chefberater von Nord Stream, Lars O. Grönstedt, in einem Interview mit der Zeitung *Svenska Dagbladet* am 10. März 2017 ein. Grönstedt, früherer Geschäftsleiter der Handelsbank, wird interviewt, weil man etwas zu enge Kontakte zwischen Nord Stream und einem sozialdemokratischen Politiker in Karlshamn vermutet, die bestanden, bevor die Gemeinde die Zustimmung dazu gab, Karlshamn für das Nord-

Stream-2-Projekt zu nutzen, das von Gotland und dem Hafen in Slite abgelehnt wurde.

»Die Art und Weise, wie man versuchte, in der Bevölkerung um Sympathien zu werben, war schwedischen Verhältnissen nicht angemessen«, sagt Grönstedt zu den Zuschüssen zu Entenforschung, Hafenerweiterung und archäologischen Untersuchungen.

Und auf die Frage, ob man das seiner Meinung nach als Bestechung auffassen kann, antwortet er: »Ja, und ich finde, das war nicht korrekt.«

Doch vor der Genehmigung des ersten Teils des Projekts beschäftigte sich Nord Stream nicht mit Bedenken wie denen von Grönstedt. Als in der Nacht auf den 13. Februar 2010 das Frachtschiff Unimar am Apotekskai im Hafen von Slite mit der ersten Ladung der insgesamt 58 000 betonverkleideten Gasleitungen anlegt, die am Grund der Ostsee verlegt werden sollen, um Vyborg an der finnisch-russischen Grenze mit Lubmin in der Nähe von Greifswald zu verbinden, kann Nord Stream auf jahrelange Lobbyarbeit zurückblicken, bei der allein in Schweden mehr als 24 Millionen Euro für Lobbyisten und ihre Arbeit, Behörden und Bevölkerung zu beeinflussen, aufgewendet wurden. Es war harte Arbeit, und alle haben sich bemüht, die Genehmigung zu erreichen – selbst die oberste Spitze der Firma. Gerhard Schröder, Vorsitzender des Gesellschafterausschusses, hat vertrauliche Gespräche mit führenden Politikern und Diplomaten geführt, und der Geschäftsführer Matthias Warnig war drei Jahre hintereinander in Almedal zu Gast, wo er 2007 einen Vertrag schloss, der zeigt, wie eng sein Kontakt zu Putin und wie wichtig das Nord-Stream-Projekt für Putin und den Kreml ist.

Warnig ist mit Dan Svanell von Hallvarsson & Hallvarsson zum Politikfestival gekommen. Im Laufe der Woche stellt Svanell ihn dem früheren sozialdemokratischen Industrieminister Björn Rosengren vor. Wie so viele andere frühere Politiker hat sich auch

Rosengren der Lobbyarbeit zugewandt, und als er Warnig trifft, ist er gerade als Lobbyist beim Kinnevik-Konzern als Berater für die Inhaberin Christina Stenbeck tätig.

Die Firma hat großes Interesse an der Waldwirtschaft und an Medien und besitzt unter anderem das Medienimperium Modern Times Group, die Fernsehsender in 22 Ländern betreiben, darunter TV3 und Viasat in Dänemark, den Gratiszeitungskonzern Metro International und das Telekommunikationsunternehmen Tele2.

Für Kinnevik und besonders Tele2 ist Russland ein attraktiver Markt, doch es ist auch schwierig, ein solches Unternehmen ohne Verbindungen zur höchsten Ebene zu führen. Daher ist Christina Stenbeck daran interessiert, die Führungsspitze im Kreml zu treffen, und fragt Rosengren, ob er vielleicht ein paar Kontakte nutzen kann, um ein Treffen zwischen ihr und Präsident Medwedew zu arrangieren. Am liebsten würde sie den eigentlichen Herrscher des Landes, Wladimir Putin, treffen, glaubt aber, dass es einfacher sein würde, mit seinem Vertreter im Präsidentenpalast in Kontakt zu kommen.

Björn Rosengren erzählt der Kinnevik-Besitzerin, dass der Versuch wohl aussichtslos ist. Ein Treffen mit Putin oder Medwedew ist nichts für einfache Wirtschaftsvertreter, es sei denn, man heißt Rex Tillerson und ist Chef von Exxon oder steht mit ihm auf einer Stufe. Kein schwedischer Topchef wurde bis jetzt von Medwedew oder Putin eingeladen. Trotzdem versucht Rosengren, seine Kontakte in der bürgerlichen Regierung zu nutzen. Doch weder Ministerpräsident Fredrik Reinfeldt noch das Außenministerium kann ein Treffen mit einem der beiden Topleute der russischen Politik arrangieren. Daher meldet er Christina Stenbeck, dass der Plan geplatzt ist.

Doch das Treffen mit Matthias Warnig in Almedal gibt ihm wieder Hoffnung zu einem neuen Versuch.

Als früherer Industrieminister und mit einem guten Netzwerk im Ministerium und der aktuellen bürgerlichen Regierung ist Björn Rosengren für Matthias Warnig äußerst interessant, der sich nach Tipps und Tricks umsieht, wie man am besten eine Genehmigung in Schweden einholt.

Darüber weiß der frühere Industrieminister eine ganze Menge, und da er nach seinem Rückzug aus der Politik davon lebt, derartige Informationen an Kunden und Klienten mit dem entsprechenden finanziellen Rückhalt zu verkaufen, stimmt er zu, Warnig und Nord Stream zu helfen. Als Warnig sich nach dem Preis für diesen Dienst erkundigt, antwortet Rosengren: »Sie können ein Treffen mit Putin arrangieren.«

Björn Rosengren rechnet nicht damit, dass sein Vorschlag angenommen wird, wie er in seiner Autobiografie »Mitt i steget« erzählt, doch nach einiger Zeit erhält er die überraschende Mitteilung, dass Putin ihn und Christina Stenbeck gern in seinem Sommerhaus, einer Datscha im Kurort Sotschi am Schwarzen Meer, empfangen würde.

Als die beiden Schweden zusammen mit der Geschäftsführerin des Kinnevik-Konzerns, Mia Brunell Livfors, auf dem Flughafen Sotschi ankommen, werden sie von einem Dolmetscher, zwei Mercedes-Limousinen und einer Motorradeskorte erwartet. Bei der Ankunft in Putins Datscha erleben sie eine Überraschung.

»Bei dem Wort Datscha denkt man an ein Holzhäuschen, Honigwabenarchitektur und eine Sauna«, schreibt Rosengren in seinen Memoiren. »Doch das war etwas völlig anderes. Es war schlicht ein Schloss im neogotischen italienischen Stil. Überall Stein und Marmor und innen war alles vergoldet.«

Die schwedische Delegation wird von Putins Kabinettschef empfangen, der sie ins Billardzimmer bringt, wo man ihnen Tee, Kaffee und Kuchen serviert. Alles wirkt nagelneu, es gibt keine

Patina, die Wände sind frisch gestrichen, und auch der große Billardtisch sieht neu und unbenutzt aus.

Nach kurzer Wartezeit und der Möglichkeit, sich etwas frisch zu machen, bekommen die Gäste Bescheid, dass Putin sie jetzt empfangen kann, was er in Kakihosen und einem Strickpullover mit Ralph-Lauren-Logo tut.

»Matthias hat gesagt, dass Sie mich gerne treffen würden, und ich heiße Sie herzlich willkommen«, sagt er und erzählt von seinen Plänen für die kommenden Olympischen Winterspiele, die unter den subtropischen Verhältnissen von Sotschi stattfinden sollen.

»Das wird teuer«, meint er lächelnd und fügt hinzu, dass die Ausgaben für die Spiele wohl das Doppelte von dem betragen werden, was ursprünglich budgetiert wurde.

Nach dem Treffen denkt Rosengren über das Erlebte nach. Im Laufe seines politischen Lebens hat er viele charismatische Staatsoberhäupter und Regierungschefs getroffen: Nelson Mandela, Bill Clinton, Tony Blair, Gerhard Schröder und den Österreicher Bruno Kreisky, die alle eine undefinierbare Fähigkeit hatten, die Aufmerksamkeit aller zu erregen, doch Putin ist anders. »Er war völlig ohne Charme, hatte praktisch keine Ausstrahlung, nichts!«, konstatiert Rosengren.

In Dänemark braucht man kein so großes Heer an Lobbyisten und PR-Leuten wie in Schweden. Die Regierung steht dem Projekt positiv gegenüber und tut alles, um es aus der öffentlichen Debatte und dem Blickfeld der Opposition herauszuhalten. Und als die Ingenieurfirma Rambøll, die bezahlt wird, um die Voruntersuchungen durchzuführen und eine unabhängige und unparteiische Umweltverträglichkeitsprüfung zu erstellen, auch noch angestellt wird, um den Kontakt zu den dänischen Behörden herzustellen, lebt Nord Stream in Dänemark in seiner eigenen kleinen beschützten Welt, ohne dass sich von außen jemand einmischt. Aufgrund der mangelnden Öffentlichkeit hält sich der Widerstand gegen das Projekt in Grenzen, und Nord Stream hat keine große Lust, zu viele Informationen dazu herauszugeben. Die Beteiligung der Firma an öffentlichen Veranstaltungen beschränkt sich 2007 und 2008 daher nur auf eine einzige: eine Anhörung auf Bornholm. In Finnland wurden im gleichen Zeitraum fünf Anhörungen abgehalten, und in Schweden gab es über das massive Auftreten der Firma in der Almedalsveckan drei öffentliche Anhörungen und eine offene Regierungsdebatte.

Doch auch wenn man in Dänemark nicht viel über Nord Stream spricht, erreichen die Berichte aus Schweden über mögliche Unregelmäßigkeiten das dänische Parlament und dessen sozialdemokratisches Mitglied Jeppe Kofod. Als Politiker im Parlament hat er, nachdem er auf Bornholm gewählt wurde, den Entscheidungsprozess um Nord Stream genau verfolgt und stellt im Auftrag des außenpolitischen Ausschusses des Parlaments am 26. Oktober 2009 in einem Brief an die Ministerin für Klima und Umweltschutz folgende Frage: »Es gab Gerüchte, dass Nord Stream und die entsprechende Gesellschaft South Stream frühere Spitzenpolitiker und Beamte bezahlt oder ihnen Toppositionen angeboten haben, um sicherzustellen, dass sie ihnen helfen, Genehmigungen oder Ähnliches zu erhalten. Möchte die Ministerin im Hinblick darauf vielleicht erklären, welche Form von Kontakt es zwischen der dänischen Regierung und der dänischen Wirtschaft auf der einen und den russischen Behörden und Nord Stream auf der anderen Seite gegeben hat?«

Als Antwort schreibt die Ministerin für Klima und Umweltschutz Connie Hedegaard am 20. November 2009: »Mir ist nicht bekannt, dass Nord Stream irgendjemandem in Dänemark Geld oder eine Position angeboten hat, damit er bei der Erhaltung der Genehmigung hilft. Mir ist bekannt, dass Spitzenpolitiker anderer Länder zugegeben haben, mit Nord Stream zusammenzuarbeiten … Die dänischen Behörden trafen sich mehrmals mit der Nord Stream AG, um die dänischen Forderungen für eine Gasleitung in dänischem Seegebiet zu besprechen ...

Der Ministerpräsident führte am 16. September ein Telefongespräch mit dem russischen Präsidenten Putin, wo er ihn über den Stand des Genehmigungsverfahrens informierte. Auch bei dem Treffen mit Putin in Moskau am 2. November 2009 wurde über Nord Stream gesprochen. Vor diesen Gesprächen gab es wie üblich Kontakte mit der russischen Botschaft.«

Wenn Connie Hedegaard schreibt, es hätte einige Treffen zwischen den dänischen Behörden und Repräsentanten von Nord Stream gegeben, in denen die dänischen Forderungen für die Rohrverlegung besprochen wurden, vergisst sie zu erzählen, dass Nord Stream bei allen Treffen Druck ausübt, damit der Antrag schnell genehmigt wird. Sie erwähnt auch nicht, dass Nord Stream seit 2006 bei allen Treffen zwischen dänischen Spitzenpolitikern und russischen Vertretern auf der Tagesordnung stand, so zum Beispiel bei den vielen Treffen, die ihr politischer Mentor, Außenminister Per Stig Møller, mit russischen Ministern und Diplomaten hatte, und auch bei dem, das sie selbst mit Gazproms Topchef Alexei Miller im Vorfeld von COP15 hatte.

In der dänischen Regierung ist man sich darüber im Klaren, dass die russische Energiepolitik in großem Maße von den Wirtschaftsinteressen des staatlichen Energiekonzerns Gazprom gesteuert wird, daher steht ein Treffen mit Alexei Miller auf der Wunschliste der Umweltministerin Connie Hedegaard und ihrer Vertreter vor dem UN-Klimagipfel in Kopenhagen 2009 ganz oben. Doch Miller, dessen Jahreseinkommen sich auf 25 Millionen Euro beläuft, ist ein viel beschäftigter Mann, und bis zum Tag, bevor die dänische Ministerin im Juni 2009 zu einem zweitägigen Besuch in Russland aufbricht, hat sie keine Ahnung, ob er Zeit oder Lust hat, sie zu sehen. Dies geht aus der E-Mail-Korrespondenz zwischen den Beamten des Außen- und des Klima- und Umweltministeriums hervor.

Mehrere Wochen lang drängen Angestellte der dänischen Botschaft in Moskau und im Außenministerium auf eine Antwort bei Personen und Kontakten in der Umgebung des Gazprom-Direktors, doch erst um 15:30 Uhr am Tag vor Connie Hedegaards Ankunft in Moskau kann Steven Foster von der Handelsabteilung der Botschaft ihrem Stab melden, dass das Treffen mit Miller stattfinden wird.

Die Ministerin und der Direktor kommen am zweiten Tag ihres Besuches im Hauptsitz von Gazprom in Moskau zusammen. Im Referat des Treffens steht, dass sich Hedegaard und Miller unter anderem über den CO_2-Ausstoß unterhalten haben und dass Gazprom gerne einen globalen Preis für CO_2 unterstützen will.

Eine solche Aussage ist Wasser auf den Mühlen der dänischen Delegation. Beim kommenden Klimagipfel wird eine CO_2-Steuer absolute Toppriorität haben, was gut für das Klima und die dänische Wirtschaft ist. Die Steuer kann sich auf den globalen Ausstoß von Treibhausgasen beziehen und wird die Exportmöglichkeiten für viele dänische Wirtschaftszweige stärken, die daran arbeiten, bessere Klima- und Energietechnologie zu entwickeln und zu produzieren.

Doch die Freude über Millers positive Aussage hält nicht lange an. Einen Monat später treffen sich die größten Industrieländer der Welt im italienischen L'Aquila zum G8-Gipfeltreffen, wo ebenfalls ein gemeinsamer Preis für den CO_2-Ausstoß auf der Agenda steht. Doch das russische Verhandlungsteam, das vom früheren Gazprom-Vorstand und jetzigen Ministerpräsidenten Dmitri Medwedew geleitet wird, findet das Ziel, den CO_2-Ausstoß bis 2050 um 80 Prozent zu reduzieren, völlig unrealistisch. »Für uns sind 80 Prozent inakzeptabel und wahrscheinlich nicht zu erreichen. Wir werden das Wirtschaftswachstum nicht einer CO_2-Verringerung opfern«, sagt der Ratgeber und Sprecher des Ministerpräsidenten, Arkadi Dworkowitsch, nach dem Gipfeltreffen.

Die steigenden CO_2-Werte sind auch nicht Millers höchste Priorität, als er eine Pressemitteilung mit dem Ergebnis des Treffens mit Connie Hedegaard herausgibt: »Es wurden die Möglichkeiten für eine Ausweitung der Zusammenarbeit von Gazprom und dänischen Energiegesellschaften besprochen, darunter Gas- und Energieeinsparungen, und es wurde betont, dass es ein bedeutendes Potenzial für die Durchführung gemeinsamer Projekte gibt. Beide Parteien bekundeten, dass eine baldmögliche Etablierung der Nord-Stream-Leitung, die unter anderem die Gasversorgung der dänischen DONG Energy sichert, dazu beitragen wird, die Energieversorgung in Europa zu sichern.« Auch die Bedeutung der Zusammenarbeit von DONG Energy und Gazprom wird hervorgehoben, und die getroffenen Vereinbarungen werden beschrieben.

Jeppe Kofod und dem Europaausschuss schreibt Connie Hedegaard auch nichts davon, dass Rambøll die Aufgabe hat, eine unparteiische Umweltverträglichkeitsprüfung zu liefern, den Bericht ausarbeitet, außerdem den Kontakt zwischen den dänischen Behörden herstellt und für die Erstellung des Antragsmaterials für Nord Stream verantwortlich ist. Über die Arbeit für Nord Stream hinaus betreut Rambøll auch noch weitere Projekte für Gazprom.

Als Rambøll den Vertrag mit Nord Stream unterschreibt, ist die Firma auch an Plänen zum Bau eines neuen Firmensitzes für Gazprom beteiligt – ein 396 m hoher Wolkenkratzer in Sankt Petersburg. Auch im Stockmann-Feld in der Barentssee, wo man nach Erdöl und Gas sucht, arbeitet die Firma mit Gazprom zusammen und dem Geschäftsführer Flemming Bligaard Pedersen zufolge auch noch bei anderen Projekten in Russland.

»Russland ist wie Klondike, doch die Infrastruktur, die man braucht, um dieses Potenzial zu nutzen, ist nicht vorhanden. Daher bestehen viele Möglichkeiten für spannende Ingenieursaufgaben«, sagt er gegenüber der Zeitschrift *Ingeniøren* im März 2007.

Nach der gelungenen Zusammenarbeit mit Nord Stream nehmen Rambølls russische Ambitionen weiter Fahrt auf. Anfang 2010 bekommt die Firma den Auftrag als Hauptdesigner für den Flughafen Polkovo in der Nähe von Sankt Petersburg. Zum Konsortium gehört unter anderem die staatliche russische Investitionsbank VTB, in deren Vorstand Matthias Warnig von Nord Stream sitzt. Rambøll ist auch beim Staatsbesuch der Königin in Russland dabei, wo die Firma bei einer Zeremonie, bei der sowohl Ministerpräsident Medwedew als auch Königin Margrethe anwesend sind, einen großen Beratervertrag in Verbindung mit dem Ausbau des Gewerbegebietes Skolkowo bei Moskau unterschreibt – einem Gebiet, wo man ein russisches Gegenstück zu Silicon Valley in Kalifornien plant und die Gazprom Tochtergesellschaft Gazprom Neft ihr Entwicklungszentrum haben soll.

Bei der dänischen Ingenieurfirma, die auf Gazproms Webseite als »Schlüsselpartner« bezeichnet wird, ist man sich vollständig darüber im Klaren, dass man sich in ein politisches Spiel einmischt, wenn man einen Vertrag mit dem russischen Energiekonzern abschließt. Das liest man zum Beispiel in einem Artikel in der Zeitschrift *Ingeniøren,* wo Elmer Mortensen, Rambølls Konzerndirektor für HR und Entwicklung, im März 2011 über die Anforderungen spricht, welche die Firma an Leute stellt, die internationale Projektleiter bei Rambøll werden wollen. »Rambølls Projektleiter müssen sich im politischen Fahrwasser bewegen können. Zum Beispiel, wenn der Kunde die russische Gazprom ist und das Projekt die politisch umstrittene Gasleitung Nord Stream.«

Ein weiterer wichtiger Schlüsselpartner für Russland und Nord Stream ist das Bundesland Mecklenburg-Vorpommern. Abgesehen davon, dass dort die Pipeline von Nord Stream ankommt, nämlich in Lubmin bei Greifswald, war das Land in der früheren DDR auch bestens mit Russland und vor allem mit Putins Lieblingsstadt Sankt Petersburg befreundet. Der Bau der Landestation und der

Pipeline hat in der Region Arbeitsplätze geschaffen, und das ist nicht der einzige Vorteil, den Mecklenburg-Vorpommern von seiner Gastfreundlichkeit gegenüber Nord Stream hat. Das freundliche Verständnis für das Projekt danken die Russen mit wirtschaftlicher Zusammenarbeit und Sponsorenunterstützung für alles Mögliche: von Frauenvolleyball über Segelschulen für Kinder bis zur Finanzierung des jährlichen Russlandtages, einer Handelsmesse, bei der russische Betriebe vor allem aus Sankt Petersburg auf mögliche Kooperationspartner in Mecklenburg-Vorpommern treffen können. Dieses Arrangement, das 2014 zum ersten Mal stattfand, wird gemeinsam von der Schweriner Staatskanzlei, der Industrie- und Handelskammer und dem Ostinstitut Wismar ausgerichtet. Abgesehen von der Vermittlerrolle zwischen russischen und einheimischen Betrieben, hat sich die Messe auch als der Ort ausgezeichnet, wo führende SPD-Mitglieder Russland ihre vorbehaltlose Unterstützung zusichern können. Gerhard Schröder als Hauptredner bei der ersten Veranstaltung 2014 gibt zu, stolz zu sein, ein »Russlandversteher« zu sein, und beklagt, dass die Medien diesen Begriff zu »einer Art Kampfbegriff, der diejenigen diskreditieren soll, die in der Debatte differenzieren wollen«, gemacht haben. Er spricht auch für die Aufhebung der kürzlich eingeführten Sanktionen gegen Russland wegen dessen Aktionen in der Ukraine und auf der Krim. Das Gleiche tut der damalige Bundeswirtschaftsminister Sigmar Gabriel, als er zwei Jahre später der prominenteste Redner der Veranstaltung ist.

In seiner Rede von 2014 spricht Gerhard Schröder besonders herzlich von der wirtschaftlichen Zusammenarbeit mit Russland und gibt Beispiele dafür, was das unter anderem für Mecklenburg-Vorpommern bedeutet hat.

»Neben der politischen Verflechtung spielt die wirtschaftliche Verflechtung eine besondere Rolle. Blickt man auf die vergangenen Jahrzehnte zurück, so sind die Wirtschaftsbeziehungen zwischen

Deutschland und Russland kontinuierlich enger und erfolgreicher geworden. Das trifft auf die Unternehmen sowohl im Westen wie im Osten unseres Landes zu … Es gibt kaum ein Land, in dem der deutsche Mittelstand so stark vertreten ist wie in Russland. Über 6 000 deutsche Unternehmen sind dort präsent, und zwar flächendeckend von Kaliningrad bis Wladiwostok.«

Eine Kooperation im Schiffsbau zwischen russischen Investoren und dem deutschen Bundesland hat er besonders gut beobachtet, im Guten wie im Schlechten. 2002 initiierte er ein Spiel, an dem ein extravaganter norwegischer Milliardär, sein späterer Arbeitgeber Nord Stream und möglicherweise auch die russische Mafia beteiligt waren.

Das norwegische Aker-Konglomerat, gegründet von dem jungen Selfmade-Milliardär Kjell Inge Røkke, kaufte 1998 einen Mehrheitsanteil an der MTW-Werft in Wismar, die nach einer Fusion mit der Warnow-Werft in Rostock-Warnemünde ab 2002 unter dem Namen Aker Ostsee weitergeführt wird. Røkkes Unternehmen besitzt bereits Werften in Rumänien, Finnland, der Ukraine, Norwegen, Frankreich und Brasilien und beschäftigt insgesamt über 16 000 Mitarbeiter. In Deutschland geht es um 2300 Arbeitsplätze, doch zu Beginn des neuen Jahrtausends ziehen dunkle Wolken über der deutschen Werftindustrie auf. Die Konkurrenz – vor allem aus Südkorea – ist groß, und bei den beiden Werften in Mecklenburg-Vorpommern fürchtet man entweder Schließungen oder Massenentlassungen. Diese Befürchtung teilt auch Gerhard Schröder. Daher fliegt er im Herbst 2002 nach Norwegen, um sich mit dem Werftbesitzer zu treffen. Nach einem Treffen in Røkkes Büro auf Aker Brygge und einem Abendessen im Hotel Continental in Oslo, das bis in die frühen Morgenstunden dauert, treten die beiden Männer lächelnd vor die Presse, und der deutsche Kanzler schwärmt in den höchsten Tönen, dass Kjell Inge Røkke der interessanteste Geschäftsmann sei, den er je getroffen habe.

»Er ist ein ganz besonderer Mensch, für den ich großen Respekt hege«, sagt Schröder. »Er hat viel erreicht. Er hat sich hochgearbeitet und wurde nicht mit dem goldenen Löffel im Mund geboren. Er hat Intelligenz und Entschlossenheit gezeigt.« Doch hundertprozentig kann er nicht garantieren, dass das Treffen mit dem norwegischen Geschäftsmann, der als 16-Jähriger als Fischer begann und mit diesem Hintergrund und klugen Investitionen noch vor Erreichen des 40. Lebensjahres Milliardär geworden war, die deutschen Werften wirklich gerettet hat.

»Aber über die Perspektiven für die Schiffsindustrie sind wir uns einig. Wir werden weiterhin eng zusammenarbeiten und auch die Gewerkschaften und die deutschen Behörden mit einbeziehen«, verkündet Schröder.

Am Tag darauf wird publik, dass es sich bei den Perspektiven, über die sie sich einig sind, zunächst einmal um die Bestellung von vier Containerschiffen für die deutsche Reederei Hamburg Süd handelt. Die Schiffe sollen 2003 und 2004 in der Warnow-Werft in Rostock-Warnemünde gebaut werden, und der Vertrag im Wert von 130 Millionen Dollar sichert mehr als 1000 Arbeitsplätze in der Werft. Dieser Vertrag wird der Beginn eines für beide Parteien profitablen Paarlaufs. Kjell Inge Røkke, der früher als »Gossenjunge der Wirtschaft« bezeichnet wurde, wird durch die lobenden Worte des deutschen Kanzlers in die Elitedivision der europäischen Industrie gehoben, und Schröder kann mit dem Vertrag aus Oslo zeigen, dass er der Mann ist, der in Krisenzeiten deutsche Arbeitsplätze sichern kann.

Das kann er im Wahlkampf von 2005 sehr gut brauchen. In diesen greift Røkke aktiv ein, als er am 22. August, knapp einen Monat vor der Wahl, zu einer groß angelegten Pressekonferenz bei Aker Ostsee in Wismar einlädt.

»Ich hoffe, Gerhard Schröder gewinnt die Wahl in Deutschland«, sagt er zu mehr als 60 Journalisten. »Ich kenne ihn und weiß, wofür er steht. Schröder persönlich hat dieser Werft und der Schiffsbauindustrie geholfen.«

Die 1300 Werftarbeiter haben extra freibekommen, damit sie Schröders Wahlrede hören können, in der er Kjell Inge Røkke dafür lobt, dass er in einer von Arbeitslosigkeit geplagten Region in Arbeitsplätze investiert hat, und verspricht, selbst den Kampf um mehr Arbeitsplätze im östlichen Teil Deutschlands weiterzuführen.

»Wir haben noch ein gutes Stück Weg vor uns, aber die Aussichten sind gut«, erklärt er.

Als Schröder zwei Monate später, am 25. November, Norwegen zum letzten Mal als deutscher Bundeskanzler besucht, hat er keine Zeit für ein Treffen mit Kjell Inge Røkke, doch er ist nicht vergessen, und da der Norweger an diesem Tag 47 Jahre alt wird, greift der scheidende Kanzler zum Telefon und gratuliert seinem Freund.

Vier Jahre später, im Herbst 2009, gibt es wieder ein Fest bei Kjell Inge Røkke. Das Werftabenteuer in Deutschland, das massive Regierungsunterstützung erhielt, ging gut. So gut, dass man das Resultat in Geld verwandeln kann. Das tut Røkke im März und verkauft seine Werftaktien für 249 Millionen Euro an die staatlich russische Investitionsfirma FLC. Direktor der russischen Firma ist Andrei Burlakow. Er ist Russe, aber in der ehemaligen DDR aufgewachsen und hat in den Jahren nach dem Zusammenbruch des sowjetischen Systems eine lange Reihe von Unternehmen gegründet. Mit großen Plänen für die Werft und entsprechend großen Gesten wendet er sich wieder seiner alten Heimat zu.

»Wir fürchten, dass wir zu wenige Mitarbeiter haben«, sagt er und berichtet von seinen guten Verbindungen zur Regierungsspitze in Russland. Diese Verbindungen sollen dafür sorgen, dass die Auftragsbücher der beiden deutschen Werften gefüllt werden. Einer seiner Kontaktleute im Kreml heiße Igor Jussufow, erklärt er. Er ist der ehemalige Energieminister, sitzt im Vorstand der Energiegesellschaft Gazprom und ist Kommissar mit speziellen Aufgaben für den russischen Präsidenten Dmitri Medwedew. Burlakow bezeichnet ihn als seinen Freund, Kameraden und persönlichen Ratgeber und berichtet weiterhin, ihr Verhältnis sei so eng, das Jussufows Sohn Vitali, Chef des Büros von Nord Stream in Moskau, ihn Onkel Andrei nennt. Sowohl Vater als auch Sohn sind nützliche Freunde. Die Familie gehört zum engsten Kreis um Wladimir Putin, und es ist Vitali, der das Protokoll schreibt, wenn sich Gazprom-Chef Alexei Miller und Gerhard Schröder über Nord Stream unterhalten.

Doch es läuft nicht ganz so, wie der Unternehmensguru Burlakow seiner neuen Gemeinde in Mecklenburg-Vorpommern predigt.

Ein Jahr nachdem FLC und Burlakow die Werften von Røkke gekauft haben, wird die Firma am 5. Juni 2010 für insolvent erklärt und setzt alle Zahlungen aus. Als der Insolvenzverwalter Marc Odebrecht die wirtschaftlichen Verhältnisse und die Auftragslage durchgeht, kann er den Werftarbeitern auf einer Betriebsversammlung am 19. Juni mitteilen: »Nach einer intensiven Prüfung der Unternehmenssituation stellt sich die Lage wesentlich schlechter dar als bislang bekannt. Zum gegenwärtigen Zeitpunkt ist keines der laufenden Schiffbauprojekte sicher finanziert. Lieferanten haben rund 90 Millionen Euro an offenen Forderungen gegenüber dem Unternehmen. Ein sicherer Auftrag hat einen Gegenstand, einen Vertrag, eine Finanzierung und sorgt unmittelbar für Beschäftigung. Wir haben heute eine Werft ohne sichere Aufträge und ohne liquide Mittel.«

Doch zwei Monate später kann er eine gute Neuigkeit verkünden. Man hat einen neuen Käufer für die Werft gefunden.

Es ist Onkel Andreis Neffe Vitali Jussufow. Woher der junge Mann, der bis zur Übernahme der Werften in Mecklenburg-Vorpommern mit Matthias Warnig und Gerhard Schröder bei Nord

Stream arbeitete, die 40,5 Millionen Euro hat, die er für das Unternehmen bezahlt, das nach der Übernahme in WadanYards umgetauft wird, ist nicht bekannt; ebenso wenig, woher Andrei Burlakow seinen Kauf finanzierte.

Drei Jahre nach Burlakows Kauf behauptet ein Aktionär von FLC, der Oligarch Alexander Lebedew, gegenüber dem mittlerweile verstorbenen Journalisten Jürgen Roth, dass es bei der ganzen Angelegenheit darum ging, Geld zu waschen.

Das ist noch nicht das Ende dieses realen Krimis. Wie im Roman kommt es auch hier zu einem Mord. Am 29. September 2011 um 17:20 Uhr betritt ein Mann mit Vollbart und heller Schirmmütze das Restaurant Khutorok am Leningrad Prospekt 3, wo Andrei Burlakow mit seiner Lebensgefährtin Anna Etkina zu Abend isst. Er geht auf das Paar zu, zieht seine Pistole und schießt. Zwei Kugeln treffen Burlakow in den Kopf und zwei in die Brust. Eine halbe Stunde später stirbt er im Krankenhaus, in das man ihn gebracht hat. Auch Anna Etkina wird getroffen, überlebt aber trotz schwerer Verletzungen.

Als die Zeitung *The Moscow Times* vier Tage später über das Attentat berichtet, wird auch die Theorie aufgestellt, dass die beiden Werften in Deutschland als Geldwäscheanlagen für gestohlenes Geld benutzt wurden. »Es war kein seriöser Unternehmenskauf. Kein russischer Unternehmer, der seine fünf Sinne beisammenhat, würde ohne staatliche Unterstützung eine Schiffswerft kaufen. Es sieht mehr nach dem Versuch aus, Geld zu waschen, als nach einer wirklichen Betriebsübernahme. Es ist ziemlich klar, dass jemand versucht hat, die Spuren der verschwundenen Staatsgelder zu verwischen«, sagt Alexei Bezborodow, ein Unternehmensanalyst bei der Nachrichtenagentur *InfraNews* zur Zeitung.

Dasselbe meint auch Klaus-Peter Schmidt-Degeulle vom Vorstand der nordostdeutschen Werft, der frühere Berater von Finanzminister Hans Eichel, zum RedaktionsNetzwerk Deutschland

(RND): »Wir wussten, dass die Pleite inszeniert war. Aber die genauen Mechanismen, die kannten wir nicht.«

Schmidt-Degeulle ist außerdem der Meinung, dass Burlakow nicht auf eigene Faust gehandelt hat. Der spätere Besitzer Vitali Jussufow, sein Vater und ihr Netzwerk waren die ganze Zeit im Hintergrund aktiv. Diese Theorie untermauert er mit einer Begebenheit, die er mit Igor Jussufow erlebt hat. Schmidt-Degeulle bekam eines Tages Besuch vom Gazprom-Chef in seinem Berliner Büro und wurde informiert: »Das war unser Geld. Und er sollte für uns arbeiten. Jetzt holen wir es uns zurück.«

Diese Aussage passt zu dem, was der Journalist Roman Sheynow ein paar Tage vor Burlakows Tod erlebte. Im Oktober 2011 sprach er mit Jürgen Roth in Kiew über ein Treffen mit Burlakow: »Er wollte mit mir über die Wadan-Werft sprechen, den Deal, der zwischen ihm und Jussufow zustande gekommen sei. Er behauptete mir gegenüber, dass damals die Familie Jussufow aufgrund der deutschen Gesetze die Werft nicht sofort übernehmen konnte und ihn deshalb als Strohmann eingesetzt habe.«

Dass an dem Handel wohl etwas faul ist, erkennt man auch in der Landesregierung von Mecklenburg-Vorpommern, als der spanische Generalstaatsanwalt José Grinda Gonzáles sich mit Informationen darüber an sie wendet. Gonzáles leitete schon seit Längerem die Untersuchungen zur russischen Mafia in Spanien. Dabei wurden auch die Telefongespräche der verdächtigen Russen intensiv abgehört. Gegenüber der Staatsanwaltschaft in Schwerin berichtet er, dass es in diesen Gesprächen nicht nur um kriminelle Aktivitäten in Spanien und Russland ging. Es war auch die Rede von einer großen Geldwäscheaktion in Mecklenburg-Vorpommern. Im Gegensatz zu dem, was öffentlich über den Handel bekannt ist, erzählt der spanische Staatsanwalt, dass der Preis von 249 Millionen Euro nicht in vollem Umfang bezahlt wurde. Nicht einmal die Hälfte, behauptet er. Der größte Teil des Geldes wurde zusammen mit einem von Deutschland staatlich garantierten Kredit über 60 Millionen Euro über Konten der Werft und einer zu diesem Zweck gegründeten Luxemburger Gesellschaft von FLC-West weiter auf Konten auf Zypern und den Britischen Jungferninseln geschickt.

Diese Informationen haben zur Folge, dass die Staatsanwaltschaft in Schwerin im Oktober 2010 eine ähnliche Untersuchung der angeblichen Geldwäsche anordnet. Das bestätigt ein Sprecher der Staatsanwaltschaft 2017 gegenüber RND.

Die Nachforschungen betreffen auch Andrei Burlakows Partner Nail Maluti, doch obwohl er zugibt, dass es beim Kauf zu illegalen finanziellen Transaktionen gekommen ist, kommt es nie zu einer Anklage. Am 22. Oktober 2012 werden die Untersuchungen eingestellt mit der Begründung: »Mangels weiterer Erfolg versprechender Ermittlungsansätze« und dem Hinweis auf die fehlende Kooperationsbereitschaft der russischen Behörden.

Im März 2016 verkaufte Vitali Jussufow die Werften weiter an die Hongkonger Abteilung des malaysischen Konglomerats Genting-Group. Preis: 230,6 Millionen Euro.

Wenn sich Manuela Schwesig von der SPD, die Ministerpräsidentin von Mecklenburg-Vorpommern, mit ihren politischen Verbindungsleuten in Russland trifft – entweder während des Russlandtages in dem Bundesland oder bei einer der regelmäßigen Einladungen nach Russland –, geht es auch häufig um Schiffsbau. Als sie im September 2017 die Schiffsbaumesse Neva in Sankt Petersburg besucht, berichtet sie bei ihrer Rückkehr, die Reise sei »richtig und wichtig« gewesen und »sehr erfolgreich«. »Mecklenburg-Vorpommerns maritime Wirtschaft kann auf Aufträge aus Russland hoffen: Im russischen Schiffsbau stecke ein großes Potenzial für Firmen aus Mecklenburg-Vorpommern«, erzählt sie.

Doch man setzt nicht nur auf die maritime Wirtschaft. Als Parteigenossin von Gerhard Schröder, Sigmar Gabriel, ihrem Vorgänger Erwin Sellering und vielen anderen berühmten Sozialdemokraten ist sie stets bereit, über eine stärkere wirtschaftliche Kooperation zwischen Russland und Deutschland zu sprechen. Daher ist es auch ganz natürlich, dass sie als Hauptrednerin gewählt wird, als das Deutsch-Russische Forum am 1. November 2018 sein 25-jähriges Jubiläum im Atrium des Hotels »Baltschuk« Kempinski in Moskau feiert. Der Event wurde von den russischen Filialen von Siemens und Volkswagen mitfinanziert und sucht aufgrund der Verlängerung der Sanktionen gegen Russland nach einer neuen Weltordnung.

»Architektur einer neuen Weltordnung: Die Rolle Deutschlands, Russlands und der EU« ist der Arbeitstitel des drei Tage langen deutsch-russischen Tête-à-Tête. Diesen Titel ändert der SPD-Russland-Koordinator Dirk Wiese ein klein wenig, als er vor dem Beginn des Treffens ein Selfie von sich und Manuela Schwesig twittert und schreibt: »Guten Morgen aus Moskau! Auftakt der Potsdamer Begegnung mit Manuela Schwesig zum Thema ›Neustart in der Strategischen Modernisierungspartnerschaft? Die Rolle Deutschlands, Russlands und der EU‹. Packen wir's an!«

7. KAPITEL

ERST KOMMT DAS FRESSEN, DANN …

Die Mohrenstraße in Berlin ist zwölf Meter breit, aber zwischen der von dem alten küchengrünen Framo-Transporter des DDR-Museums, der auf der Seite des Gendarmenmarkts parkt, repräsentierten Vergangenheit und der Realität von heute auf der anderen Seite, wo ein steter Strom von schwarzen Mercedes-Limousinen kurz vor dem Hotel Hilton hält, liegen Welten. Aus den Autos eilen hauptsächlich Männer in dunklen Anzügen und ein paar in ähnlichen Farben gekleidete Frauen. Sie alle streben zu dem roten Teppich vor dem Eingang des Berlin Capital Club, der im Hotel eigene Räume hat und über ein Restaurant, einen Rauchsalon, eine Bar und vier private Salons verfügt.

Zu diesem exklusiven Club hat nicht jeder Zutritt. Man muss Mitglied sein, und um das zu werden, braucht man die Empfehlung eines oder mehrerer Clubmitglieder. Doch wenn man erst akzeptiert ist, bekommt man für sein Geld auch etwas geboten, verspricht die Webseite des Clubs.

»Noch nie war es so wichtig wie heute, persönliche Netzwerke aufzubauen«, steht dort, und eine Galerie prominenter Deutscher unterstützt die Behauptung, dass man, wenn man die wichtigsten Leute aus Wirtschaft und Politik treffen will, im Capital Club genau richtig ist. Frank Walter Steinmeier, Gerhard Schröder, Horst

Köhler, Berlins früherer Bürgermeister Klaus Wowereit, BMW-Chef Hans-Reiner Schröder und Udo Lindenberg, alle haben sie sich bei einer oder mehreren Gelegenheiten für die Homepage des Clubs fotografieren lassen, wenn sie gegenüber des schönsten Platzes in Berlin persönliche oder politische Kontakte pflegten. Kontaktpflege steht auch an diesem grauen Oktobertag für die dunkel gekleideten Damen und Herren auf dem Programm, die in den Club strömen, wo Ulrich Lissek, Pressesprecher bei Nord Stream, sie willkommen heißt.

Lissek ist nicht nur das Gesicht des Pipeline-Unternehmens nach außen, sondern auch für die Kontakte zu Behörden und Regierungen in den vom Gasprojekt am Grund der Ostsee betroffenen Ländern verantwortlich. Als gelernter Journalist, der sein Wissen über die Medien früher für so unterschiedliche Unternehmen wie die Deutsche Telekom und den Lebensmittelriesen REWE einsetzte, soll er jetzt Abgeordnete und Minister in Dänemark, Schweden, Finnland und Deutschland davon überzeugen, dass es vernünftig ist, die Pläne von Nord Stream zu unterstützen und somit Wladimir Putin in Moskau die Verantwortung für einen Großteil der Energieversorgung in Europa zu geben.

Er ist es auch, der überprüfbare und gute Antworten liefern soll, wenn das Projekt auf Schwierigkeiten stößt und eventuell verzögert wird und wenn Inhaber und Investoren eine Erklärung verlangen. Und genau das erwartet die heutige Delegation von Mitgliedern des russischen Parlaments und ausgewählte Kollegen aus dem Deutschen Bundestag. So glatt und schmerzfrei die Verhandlungen mit Dänemark 2009 auch verliefen, als das Land das erste war, das dem Projekt seine Zustimmung gab, so schwierig und problematisch ist es dieses Mal. Das Einweihungsdatum für Nord Stream 2 ist in Gefahr, im schlimmsten Fall wird es nie stattfinden.

Und nicht nur die Dänen bereiten Lissek, Nord Stream und Russland Probleme. Im Weißen Haus in der Pennsylvania-Avenue in Washington ist Präsident Trump mehr als bereit, das Gasprojekt aufzuhalten. Noch am Tag vor dem Treffen im Berliner Capital Club schlägt der amerikanische Vizeaußenminister, verantwortlich für Europa und Asien, Aaron Wess Mitchell, zu und fordert die EU-Länder auf, den weiteren Ausbau von Nord Stream zu verhindern.

Bei einem Treffen im Thinktank Atlantic Council in der amerikanischen Hauptstadt sagt er, Russland bediene sich einer manipulativen Energietaktik, Korruption und Propaganda, um die europäische Gemeinschaft zu schwächen und das Verhältnis des westlichen Europa zu den USA zu unterminieren. Das könnte Folgen für die Zusammenarbeit in der NATO haben. »Es ist völlig inakzeptabel, dass die Westeuropäer sich weiter von der Energie aus Russland abhängig machen, gegen das sie die USA verteidigen sollen.«

Einen Monat später versichert Gordon Soundland, der EU-Botschafter der USA, dass sein Land bereit ist, weitere Waffen im Kampf gegen die russische Gasleitung einzusetzen. »Wir haben noch nicht alle Instrumente eingesetzt, die das Projekt ernsthaft untergraben oder stoppen könnten«, äußert er gegenüber der Deutschen Presse-Agentur.

Doch es braucht schon mehr als amerikanische Drohungen und dänische Bedenken, um den Bau der Gasleitung aufzuhalten. Der oberste Chef von Gazprom und enge Verbündete von Putin, Alexei Miller, hat keine Angst vor den Worten der Amerikaner. Egal, mit was die Amerikaner und ihre Alliierten kommen, sie können vergessen, dass die Russen und Gazprom, der Mutterkonzern von Nord Stream, ihren Traum von weiteren Gaspipelines in der Ostsee aufgeben.

»Sie sehen doch selbst: 200 Kilometer haben wir bereits gebaut. Und die übrigen werden wir auch fertigstellen«, sagt er in einem Interview mit der russischen Zeitung *Kommersant*. Dieselbe frohe

Botschaft kann Ulrich Lissek im Capital Club in Berlin verkünden, wo die erste PowerPoint-Präsentation des Tages zeigt, dass Nord Stream »committed«, »reliable« und »safe« ist – engagiert, zuverlässig und sicher.

»Wir sind im Zeitplan. Wir haben mit dem Bau begonnen, und alle notwendigen Schritte sind unternommen«, sagt er und berichtet, dass vier von fünf Genehmigungen erteilt sind und dass er erwarte, dass das Projekt planmäßig und ohne Verzögerungen realisiert wird.

Als er drei Wochen später als Gastredner am dänischen Institut für Internationale Studien auftritt, das zu einem Hearing über Nord Stream in Kopenhagen einlädt, klingt er etwas anders. Im Gegensatz zum Treffen in Berlin, wo man mit Champagner in langstieligen Gläsern begrüßt wurde, müssen sich die über 200 Zuhörer hier mit Kaffee und Tee aus Plastikbechern begnügen, die sie sich selbst holen können. Während die Gäste im Auditorium Platz nehmen, sind in der ersten Reihe, wo Nord Stream und deren dänische Lobbyisten alle Plätze belegt haben, diskrete, aber heftige Diskussionen im Gange. Ein kleines Nicken zu Personen im Saal und geflüsterte Worte in Lisseks Ohren sollen den Sprecher über möglicherweise unbequeme Fragesteller informieren. Leute, auf die er besonders achten muss.

Vielleicht deshalb beginnt er als erster Sprecher auf dem Podium damit, von eigenen Ferienerlebnissen in dem kleinen Land zu berichten, und anders als in Berlin gibt er zu, dass nicht alles nach Plan verläuft. Wenn Dänemark die neue Route im internationalen Fahrwasser nördlich von Bornholm oder die bevorzugte Route in dänischem Hoheitsgewässer südlich der Insel nicht bald genehmigt, wird es kritisch. Es liegen bereits Leitungen in deutschem und in russischem Fahrwasser, und jetzt muss entschieden werden, ob man die Pipelines aus Deutschland mit der südlichen oder nördlichen Route verbinden soll.

Doch diese Entscheidung lässt noch auf sich warten. Dänemark hat es nicht eilig. Das Land hofft, dass die EU die Verantwortung übernimmt und mit den Russen verhandelt und dass sich Russland und die Ukraine an den Verhandlungstisch setzen und ein Abkommen darüber treffen, dass die Ukraine auch weiterhin ein Transitland für den Transport von Erdgas aus Russland nach Europa bleibt. Bevor das nicht geschieht, wird die dänische Regierung ihre Zustimmung nicht geben. Deshalb hat Nord Stream einen Plan B geschmiedet und um die Erlaubnis gebeten, die Route durch das internationale Fahrwasser Bornholms Gatt zwischen Schweden und Dänemark nördlich von Bornholm legen zu können.

Im Gegensatz zur südlichen Route kann Dänemark den Russen hier nicht verbieten, ihre Leitungen zu verlegen, es sei denn, man kann nachweisen, dass sie negative Auswirkungen auf die empfindliche Ökologie der Ostsee haben werden oder den Schiffsverkehr behindern. Genau das wurde konstatiert, als Nord Stream bei der Planung der ersten Pipeline die Möglichkeiten für eine nördliche Routenführung untersuchte. In Nord Streams eigenem Statusbericht vom November 2008 steht unter anderem:

»Die Ostsee ist eines der am stärksten befahrenen Fahrwasser der Welt. Jedes Jahr passieren etwa 65 000 Schiffe das Bornholms Gatt. Daher wurde 2006 ein Verkehrstrennungsgebiet im Fahrwasser eingeführt. Schwedische und dänische Schifffahrtsbehörden haben Bedenken in Bezug auf die Pipeline im Fahrwasser zwischen Schweden und Bornholm angemeldet, da die Bauarbeiten eine Gefahr für den Schiffsverkehr darstellen und der Schiffsverkehr seinerseits Schäden an der Gasleitung hervorrufen könnte (durch Anker oder Kollision). Die dänischen Behörden haben daher gemäß ALARP-Prinzipien (einem internationalen Regelwerk zur Vermeidung von Unglücken und Umweltkatastrophen in Verbindung mit unter anderem Öl- und Gasaktivitäten) nahegelegt, die

Möglichkeiten für eine weniger risikoreiche Route südlich von Bornholm zu untersuchen.«

Die Erfahrungen zeigen, dass es Grund zur Besorgnis gibt. Jedes Jahr kommt es zu Leitungsbrüchen durch den Schiffsverkehr, unter anderem bei den Kabeln, die Bornholm mit Strom aus Schweden versorgen. Allein 2018 war die Insel schon zweimal ohne Strom, weil Schiffe die Leitungen beschädigt hatten. Derartige Schäden an einer Gasleitung würden nicht nur einen zeitweiligen Versorgungsstopp bedeuten, sondern auch ein Risiko für den Schiffsverkehr und die Umwelt darstellen. Im Bericht von Nord Stream von 2008 kann man lesen, dass das nicht die einzige Umweltbedrohung ist.

»Das Vorkommen harten Gesteins am nördlichen Ende von Bornholm, wo der kristalline Fels einen unterirdischen Grat zur Davidsbank bildet, was die Wassertiefe im Korridor an dieser Stelle verringert, macht es notwendig, dass die Pipeline in den Meeresboden eingegraben wird. Aufgewirbelte Sedimente könnten sich auf die Davidsbank auswirken, die ein Natura-2000-Gebiet ist.«

Bei dem Treffen in Kopenhagen versichert Lissek den Zuhörern, dass Nord Stream ansehnliche Summen investiert hat, um sicherzustellen, dass die nördliche Route im Gegensatz zu 2008 weder den Schiffsverkehr in der engen Passage noch den Vogel- oder Fischbestand im Fahrwasser zwischen Schonen und Bornholm beeinträchtigen wird. Dieselbe Schlussfolgerung steht in der von Rambøll für Nord Stream erstellten Umweltstudie, die sechs Tage später bei einer öffentlichen Anhörung in Rønne auf Bornholm vorgelegt wird.

»Daraus folgt, dass Nord Stream 2 das Projekt im Fahrwasser bauen und betreiben kann, ohne dass es zu wesentlichen Störungen der Umwelt oder des Schiffsverkehrs kommt. Vielleicht werden einige Meeressäugetiere verscheucht, während andere neugierig werden und näher kommen. Doch das würde nur über einen kurzen Zeitraum geschehen«, sagt Rambølls Projektleiter Jacob

Skou im Hotel- und Konferenzzentrum Green Solution House – einem Ort, dessen Grundlage Tragfähigkeit und erneuerbare Energien bilden der seine Räumlichkeiten an diesem Tag jedoch Nord Stream zur Verfügung stellt, deren Mutterkonzern Gazprom den dritten Platz auf der Liste der Unternehmen mit dem größten CO_2-Ausstoß der Welt hat.

Doch auch wenn die nördliche Route möglich erscheint, würden sowohl Nord Stream als auch die Regierung in Berlin es vorziehen, die neue Pipeline parallel zur bereits bestehenden Leitung südlich von Bornholm anzulegen. Dasselbe will auch der externe Investor des Projekts, die deutsche Wintershall, wie die Vizepräsidentin Margarita Hoffmann der dänischen Zeitung *Politiken* erzählt. Ihre Firma hat eine Milliarde Euro in das Projekt investiert, daher reist sie nach Bornholm, um sich die Schlacht aus nächster Nähe anzusehen, denn sie fürchtet um ihre Investitionen und ist besorgt wegen der dänischen Haltung gegenüber Nord Stream.

»Für uns ist es ein Geschäft, und wir würden es vorziehen, wenn das so wenig politisch wie möglich verläuft«, erklärt sie der Zeitung. Über die diplomatischen Wendungen in der dänischen Stellungnahme äußert sie sich vorsichtig und drückt ihre Hoffnung aus, dass die Dänen die südliche Route genehmigen. »Es gäbe gute Gründe für eine Anerkennung des ursprünglichen Antrags, die Pipeline entlang der bereits existierenden Leitung durch das dänische Hoheitsgewässer zu führen. Wir haben mit dieser Route bereits Erfahrung, und unser Antrag wird von vielen Fakten untermauert. Die ursprüngliche Route wäre wesentlich weniger kompliziert als die nördlich von Bornholm.«

Ein halbes Jahr zuvor war ihr Vorstandsmitglied Thilo Wieland in der gleichen Angelegenheit unterwegs, doch im Gegensatz zu Margarita Hoffmann, die auf politischen Katzenpfötchen schleicht, trampelt er mit einer Chronik im Internetmedium *Altinget* direkt in den politischen Entscheidungsprozess und verlangt von der dänischen Regierung, zu handeln und die südliche Route zu genehmigen. Er will, dass Minister und Behörden das Projekt schleunigst vorantreiben und Nord Stream und den Investoren des Projekts nicht das Leben schwer machen.

»Die Unternehmen sind dafür verantwortlich, Nord Stream 2 finanziell zu unterstützen. Und Verantwortung der Politiker ist es nicht, ihnen dabei Steine in den Weg zu legen, sondern gemeinsam die künftige Energieversorgung Europas zu stärken«, schreibt er.

Des Weiteren unterstreicht er, dass sich der Westen keine Sorgen um einen möglichen Gaslieferstopp nach Polen oder in die Ukraine machen müsse. Die beiden Länder könnten sehr gut allein klarkommen. Polen könne seinen Erdgasbedarf heute schon zu 90 Prozent aus dem Westen decken, und die Ukraine wird seit Ende 2015 vollständig mit Gas aus dem Westen beliefert. Dabei lässt er jedoch die ökonomischen Konsequenzen außer Acht, die für das Land entstehen, wenn die Russen die Ukraine nicht mehr als Transitland für russisches Gas nutzen.

Angela Merkel, die in ihrer Regierungszeit früher Bedenken wegen des massiven deutschen Engagements im Nord-Stream-Projekt hatte und die, ohne es zu verhehlen, das große Vertrauen in Putin und seine Methoden, russische Interessen zu vertreten, nicht unterstützen kann, stellt sich 2018 jedoch ganz hinter das Projekt und die Wünsche der großen deutschen Unternehmen, mit am Tisch in Putins Russland zu sitzen. Doch im Gegensatz zu Thilo Wieland und anderen deutschen Wirtschaftsgrößen will sie die Ukraine nicht gleich einem guten Verhältnis zu Putin opfern. Bei einem Treffen der beiden auf Schloss Meseberg in Brandenburg am 18. August 2018 erklärt sie, dass Deutschland Nord Stream weiter unterstützt und dass sie es als ein rein kommerzielles Projekt betrachtet, meint aber im gleichen Atemzug: »Aus meiner Sicht muss die Ukraine auch, wenn es Nord Stream 2 gibt, eine Rolle im Gastransit nach Europa spielen.«

Im Berliner Capital Club gibt es keine große Unterstützung für Angela Merkels Forderung, Rücksicht auf die Ukraine nach dem eventuellen Bau von Nord Stream 2 zu nehmen. Besonders nicht von dem Mann, der die russische Delegation nach Deutschland eingeladen hat und die Initiative zu dem Treffen mit Lissek und seinen Leuten von Nord Stream ergriffen hat. Er heißt Robby Schlund, ist Bundestagsabgeordneter der Alternative für Deutschland und einer der stärksten Fürsprecher von Nord Stream, Russland und Putin. Er nimmt deshalb gerne Einladungen aus Russland an und ist regelmäßig bei Arrangements zugegen, von denen sich andere deutsche und westliche Politiker weit entfernt halten. Gemeinsam mit seinen Parteigenossen Ulrich Oehme, Waldemar Herdt und Stefan Keuter nahm er im April 2018 am Jalta-Wirtschaftsforum auf der von den Russen annektierten Halbinsel Krim teil und berichtet auf seiner Webseite über seine Teilnahme an Wladimir Putins Prestigeprojekt, dem jährlichen Internationalen Wirtschaftsforum Sankt Petersburg:

»Zwei Tage lang führte ich intensive Gespräche und nahm an verschiedenen Diskussionen teil, bei denen unter anderem auch der französische Präsident Emmanuel Macron, Premierminister Shinzō Abe aus Japan und als Gastgeber der russische Präsident Wladimir Putin sprachen. Die Alternative für Deutschland übernimmt Verantwortung.

Leider waren nur wenige deutsche Politiker vor Ort, um an diesem wichtigen Forum teilzunehmen und unser Land zu vertreten. Ich nahm die Gelegenheit wahr und konnte wichtige Themen wie die Beilegung des Konfliktes zwischen Russland und der Ukraine, das wichtige Sicherheitskonzept der zentraleuropäischen Energieversorgung durch das Projekt ›Nord Stream 2‹ sowie die künftige Zusammenarbeit zwischen deutschen und russischen Parlamentariern intensiv besprechen«, schreibt er über seine Erlebnisse in Putins Heimatstadt.

Im Bundestag sitzt Robby Schlund, von Beruf Arzt und mit einer Russin verheiratet, im Ausschuss für Gesundheit, doch in den sozialen Medien, auf denen er unter anderem mit einem eigenen YouTube-Kanal äußerst aktiv ist, muss die Gesundheit darum kämpfen, sich gegen Beiträge über Russland und das deutsch-russische Verhältnis zu behaupten. Auf Facebook teilt er häufig Artikel aus dem russischen Propagandamedium *Sputnik News,* die dem Besuch der russischen Delegation in Deutschland und dem Berliner Capital Club große Aufmerksamkeit widmen. So liest man zum Beispiel in einem Artikel, dass der Leiter der russischen Delegation Pawel Sawalny mit dem Empfang in Berlin sehr zufrieden ist. Sawalny ist stellvertretender Vorsitzender der von Putin kontrollierten Partei Vereinigtes Russland in der Duma, früherer Generaldirektor von Gazprom Transgas Yugorsk, derzeitiger Präsident der Russian Gas Society und Vorsitzender des Energieausschusses der Duma.

»Im Unterschied zum Europaparlament, wo wir nicht zugegen sind, oder der Parlamentarischen Versammlung des Europarates, wo wir unserer Stimme beraubt wurden und wo eine Reihe unserer Abgeordneten nicht anwesend ist und an der Arbeit dieser Organisation nicht teilnehmen kann, sprechen sich fast alle Fraktionen im Bundestag trotz einer recht harten Position Deutschlands bei einzelnen Fragen geopolitischen Charakters für den Dialog mit Russland aus«, wird er in dem Artikel zitiert, in dem auch Dr. Schlund seine Zufriedenheit mit dem dreitägigen Besuch ausdrückt: »Fazit ist, dass die deutsch-russische Parlamentariergruppe ein gutes Instrument ist, um Vertrauen zu bilden, den Dialog zu fördern, Gesprächsbedarf ist da. Gerade da sollten wir ansetzen. Im Juni versuchen wir, einen Gegenbesuch zu machen.«

In anderen Artikeln äußert Robby Schlund, dass Russland mit hundertprozentiger Unterstützung der AfD rechnen kann. Nord Stream und Russland zeigten sich der Partei gegenüber großzügig.

Als die damalige Parteivorsitzende der AfD, Frauke Petry, und ihr Mann Marcus Pretzell, der im Europaparlament sitzt, sowie Julian Falk, Vorsitzender des Satzungsausschusses der Partei, im Februar 2017 von einem Treffen mit einigen Putin-treuen Parlamentsmitgliedern und dem Sprecher der Duma, Wjatscheslaw Wolodin, aus Moskau zurückkommen, nehmen sie keinen der vielen Linienflüge, die täglich zwischen Moskau-Scheremetjewo und Berlin verkehren, sondern fahren zum Flughafen Vnukowo, wo ein Privatjet Marke Embracer Legacy 440 darauf wartet, sie nach Berlin-Schönefeld zu bringen. Preis: 25 450 Euro, bezahlt von den russischen Gastgebern.

Die Alternative für Deutschland hat Nord Stream und Russland zwar volle Loyalität zugesichert, was die Russen mit Aufmerksamkeit, Einladungen zu Konferenzen mit hochrangigen russischen Entscheidungsträgern und möglicherweise Unterstützung im Wahlkampf von den Internetanhängern des Kreml, die sich an die 3,5 Millionen Menschen mit russischem Hintergrund in Deutschland wandten und somit an den ärmsten Teil, der für seine Skepsis und Kritik gegenüber Flüchtlingen und Migranten bekannt ist, dennoch bevorzugen der Kreml und Putin die SPD. Niemand leistet bessere Lobbyarbeit für russische Standpunkte in Deutschland und der EU als die Sozialdemokraten, und niemand tut das besser als der Kreis um den früheren Bundeskanzler Gerhard Schröder. »Ich stehe dazu, dass ich Russland, seine Menschen und seine politische Führung verstehen will. Ich schäme mich dafür nicht, im Gegenteil: Ich bin stolz darauf«, sagt er während seiner Teilnahme am sogenannten Russlandtag in Rostock-Warnemünde im Oktober 2014.

In Mecklenburg-Vorpommern, auf dessen Grund und Boden in Lubmin die Nord-Stream-Leitung an Land kommt, sieht man in einer derartigen Aussage nichts Zweifelhaftes. Ganz im Gegenteil. Mehrere Hundert einheimische Unternehmen haben geschäftliche

Verbindungen mit Russland, daher teilen die meisten der 600 anwesenden Unternehmer aus Deutschland und Russland die Einstellung des früheren Kanzlers, wenn er sagt, dass die Sanktionen gegen die Russen und russische Unternehmen im Zuge der Annektierung der Krimhalbinsel und dem Krieg in der Ostukraine, die bislang 10 000 Menschen das Leben gekostet und zwei Millionen andere in die Flucht getrieben haben, ein Problem sind. Es sei ein Problem, das die deutsche und die russische Wirtschaft viel Geld koste. So, wie die USA und die EU ihre Russland-Politik betreiben, sei naiv, wettert er: »Es ist eine Illusion zu glauben, dass Russland international isoliert ist oder zu isolieren sei.« Auf die wenigen kritischen Fragen unter anderem nach der Korruption an der Spitze der russischen Gesellschaft geht er nicht ein.

Eine ebenso klare Aussage über die »schädlichen« Sanktionen liefert Gerhard Schröders Parteigenosse Matthias Platzeck einen Monat später. Er war 2002 bis 2013 Ministerpräsident von Brandenburg und Parteivorsitzender der SPD von November 2005 bis April 2006, als er aus Krankheitsgründen zurücktreten musste, und vielleicht der Russland-Versteher unter den Russland-Verstehern. Er ist Vorsitzender der mächtigen Organisation Deutsch-Russisches Forum. Daher überrascht es nicht, dass er im November 2014 in einem Interview verlangte: »Die Annexion der Krim muss nachträglich völkerrechtlich geklärt werden, sodass sie für alle hinnehmbar ist.« Auch den Krieg in der Ostukraine muss man im Westen akzeptieren, und die Ukraine muss einsehen, dass das Gebiet verloren ist. »Es ist momentan kaum vorstellbar, dass Donezk und Luhansk nach allem, was passiert ist, einfach wieder in den ukrainischen Staatsverband zurückkehren.«

Platzecks versöhnlicher Standpunkt im Hinblick auf die Ostukraine wird von Sigmar Gabriel, Deutschlands ehemaligem Außenminister und Vizekanzler in Angela Merkels dritter Regierungsperiode von 2013 bis 2018, geteilt.

Gabriel gehört dem innersten Kreis um Schröder an und spricht sich sowohl in seiner Zeit als Minister als auch danach für eine Erleichterung der Sanktionen gegen Russland aus. Gleichzeitig setzt er sich tapfer für die Genehmigung des Nord-Stream-2-Projekts ein. So tapfer, dass er dadurch in seiner Zeit als Außenminister der Koalitionsregierung Probleme mit der CDU/CSU-Fraktion bekommt. Besonders kritisiert wird er, als herauskommt, dass er im Juni 2017 mit Wladimir Putin und Gerhard Schröder in Sankt Petersburg zu Abend gegessen hat. Dieses Essen wird kontrovers betrachtet, da Schröder ein paar Monate später seine Stellung als Aufsichtsratsvorsitzender des russischen Ölgiganten Rosneft antritt. Diese Stellung bringt ihn endgültig in den innersten Kreis um Putin und damit auch mit Personen in Verbindung, die in den Panama- und Paradise-Papers erscheinen und auf der Sanktionsliste mit Personen stehen, die bei der Annektierung der Krimhalbinsel und dem Krieg in der Ostukraine ihre Finger mit im Spiel hatten.

Mit einem Mehrheitsanteil von 50 Prozent des Aktienkapitals kontrolliert der Kreml Rosneft, eines der größten Unternehmen der Welt. Geleitet wird es von Putins engem Vertrauten Igor Setschin. Mit Schröder im Aufsichtsrat wird die Gesellschaft es leichter haben, auf dem europäischen und besonders auf dem deutschen Energiemarkt Fuß zu fassen. Dieser Plan entstand 2010, als Rosneft Besitzanteile an deutschen Raffinerien kaufte. Als der frühere Bundeskanzler am 29. September 2017 zum Aufsichtsratsvorsitzenden des Unternehmens ernannt wird, erhöhen sich diese Investitionen noch, sodass die Russen insgesamt zwölf Prozent der gesamten deutschen Raffineriekapazität besitzen. Dieser Anteil soll weiter steigen, und im Jahresbericht von 2017 steht unter anderem:

»Die Gesellschaft wird ihre Präsenz auf dem europäischen Markt verstärken. Ausgangspunkt hierzu ist die Ölverarbeitung in den Raffinerien in Deutschland.« Im russischen Fachmedium für die Öl- und Gasindustrie *Neftegas.ru* wird festgestellt, dass Gerhard Schröder die russische Offensive auf Deutschland leiten soll.

»Dank der Bemühungen von G. Schröder wurden bereits große Abkommen getroffen und wichtige Projekte zwischen Russland und Deutschland realisiert. Schröder unterstützte besonders mehrere Energieprojekte, und dank seiner Teilnahme konnte das Projekt zum Bau der wichtigen Gaspipeline Nord Stream realisiert werden.«

Doch wie gut kennt die deutsche Regierung die russischen Pläne, und wurden diese sowie das Stellenangebot von Rosneft an den Ex-Kanzler bei diesem Mittagessen in der privaten Residenz Putins in Sankt Petersburg besprochen?

Darauf hätte der Unions-Außenpolitiker Jürgen Hardt von der CDU gerne eine Antwort und schreibt deshalb einen Brief an Außenminister Gabriel mit der Bitte um Erklärung. In diesem Brief, in dessen Besitz die *Bild am Sonntag* gekommen ist, steht: »Um jeden Zweifel an einer Verquickung von persönlichen Geschäftsinteressen von Bundeskanzler a.D. Schröder und Ihren Amtspflichten auszuschließen, hielte ich es für wichtig, dass wir Außenpolitiker über den genauen Inhalt dieses Treffens informiert werden.« Hardt unterstreicht, dass er besonders daran interessiert ist, zu wissen, »ob die Neubesetzung des Aufsichtsrats von Rosneft seinerseits Thema des Treffen in Sankt Petersburg war« und wann Gabriel zum ersten Mal von dem Vorschlag gehört habe, dass Schröder »für eine wichtige Position im russischen Staatskonzern vorgesehen ist«.

Auf diese Fragen antwortet Sigmar Gabriel nicht direkt, sondern sagt in einem Kommentar zu dem Brief: »Die CDU findet es super, wenn Gerhard Schröder einen guten Kontakt zu Herrn Putin hat, um gefangene deutsche Offiziere aus den Händen russischer Separatisten zu befreien. Und wenn er Kontakte zu einem russischen Unternehmen pflegt, bei dem er aufgefordert wird, in den Aufsichtsrat zu gehen, dann ist das ein Weltuntergang.«

Die Sache mit den deutschen Offizieren, die Sigmar Gabriel in seiner Antwort an Jürgen Hardt anspricht, ist selbst kontrovers. Als Gerhard Schröder sich an seinem 70. Geburtstag in Sankt Petersburg feiern lässt, wobei Wladimir Putin Ehrengast ist, wird er dafür kritisiert, dass er mit dem russischen Präsidenten feiert, während gleichzeitig eine Gruppe internationaler OSZE-Beobachter unter deutscher Leitung von prorussischen Kräften in der besetzten Ukraine als Geiseln gehalten wird. Doch Schröder selbst behauptet, dass er und sein gutes Verhältnis zu Putin dazu beigetragen haben, dass die Geiseln nach sechs Tagen Gefangenschaft freigelassen werden. Diese Erklärung erfolgt, obwohl Russland und Putin hartnäckig leugnen, irgendetwas mit dem Kampf der Separatisten für die Loslösung der selbst ernannten Republiken Donezk und Luhansk von der Ukraine zu tun zu haben. Seitdem haben Geheimdienste wie die der USA behauptet, Russland versorge die Aufrührer nicht nur mit Waffen und Panzern, sondern auch mit Soldaten, die mit ihnen gemeinsam gegen das ukrainische Heer kämpfen.

Nicht nur wenn Kritik gegen Gerhard Schröder, Russland oder Nord Stream laut wird, streckt Sigmar Gabriel eine helfende Hand aus. Sowohl als Minister für Wirtschaft und Energie als auch als Außenminister öffnet er gerne die Türen des Regierungsbüros in Berlin, wenn Gerhard Schröder und seine russischen Arbeitgeber von Nord Stream und Gazprom um Einlass bitten. Zwischen Januar 2015 und Oktober 2017 bekommen deutsche Minister, Abgeordnete und Botschafter über 60-mal Besuch von Personen mit Verbindungen zu Nord Stream, wie aus einer Antwort des damaligen Staatssekretärs Rainer Baake vom 12. Dezember 2017 hervorgeht, nachdem drei Mitglieder der Partei Die Linke um Einsicht in Anzahl und Umfang der Treffen zwischen Regierungsmitgliedern und Nord Stream gebeten haben. Die Übersicht zeigt, dass das eine ganze Menge ist. Nicht weniger als 19 Mal lädt Sigmar Gabriel ins

Energie- oder Außenministerium ein. Zehnmal davon schaut Wladimir Putins enger Verbündeter und persönlicher Freund, der Nord-Stream-Geschäftsführer Matthias Warnig, herein, sechsmal muss der oberste Chef von Gazprom, Alexei Miller, mit Gabriel sprechen.

Am 7. Juli 2015 empfängt Gabriel den Gazprom-Chef. »Im Verlauf des Treffens wurden Aspekte der Gewährleistung sicherer Lieferungen von russischem Gas nach Europa und Umsetzung des Projekts Nord Stream 2 besprochen«, steht in der Pressemitteilung, die Gazprom am nächsten Tag herausgibt. Eine Woche später wird die Firma Nord Stream 2 im Handelsregister der Stadt Zug in der steuerfreundlichen Schweiz registriert, dort, wo auch die große Schwester Nord Stream sitzt. Am 4. September unterschreiben Gazprom und BASF, E.ON, die österreichische OMV und Shell auf dem Östlichen Wirtschaftsforum in Wladiwostok am japanischen Meer und weit weg von der Ostsee einen Kooperationsvertrag für das Gasprojekt.

Kurze Zeit nachdem Sigmar Gabriel das Ministerium für Wirtschaft und Energie verlässt und die Schlüssel seiner Parteigenossin Brigitte Zypries überreicht, klopft ihr ehemaliger Chef Gerhard Schröder an ihre Tür. Zypries war 2002 bis 2005 Justizministerin in seiner letzten Regierungsperiode. Jetzt will der frühere Regierungschef die gemeinsame Vergangenheit nutzen, um die neu ernannte Energieministerin seinen Arbeitspartnern vorzustellen. Beim Treffen in ihrem Büro ist auch Gazprom-Chef Alexei Miller dabei. Tags darauf gibt Gazprom eine Pressemitteilung heraus.

Unter der Überschrift: »In Berlin fand ein Arbeitstreffen zwischen dem Vorstandsvorsitzenden der PAO Gazprom, Alexei Miller, und der Bundesministerin für Wirtschaft und Energie, Brigitte Zypries, statt« steht im Text: »Alexei Miller und Brigitte Zypries diskutierten über Routen für russische Gaslieferungen nach Europa. Besonderes Augenmerk galt dem Projekt Nord Stream 2.

Transitfreie Gaslieferungen durch die Ostsee sind bei den Verbrauchern sehr gefragt. So war die in Betrieb befindliche Gaspipeline Nord Stream im Januar 2017 maximal ausgelastet, wobei deren Kapazität erheblich überschritten wurde. Die Gaspipeline Nord Stream 2 wird es ermöglichen, Exportmengen von russischem Gas an den europäischen Markt durch die Ostsee zu verdoppeln. Das ist besonders wichtig angesichts der zunehmenden Nachfrage nach Gas und der eigenen rückläufigen Förderungen in Europa. Es wurde hervorgehoben, dass dies ein kommerzielles Projekt ist, dessen Vorteile vor allem in Zuverlässigkeit, Technologiegerechtigkeit, wirtschaftlicher Effizienz und Umweltfreundlichkeit bestehen.« Dort sprach man also über den Vorteil, den es bringt, wenn über Nord Stream 2 transitfreies Gas durch die Ostsee geliefert wird anstatt durch die gebührenpflichtige Route über die Ukraine.

Ein weiterer häufiger Gast in den Büros der Minister in Berlin ist der Deutsche Rainer Seele, Chef der staatlichen österreichischen Energiegesellschaft OMV mit über 33 000 Angestellten und einem jährlichen Umsatz von 20 Milliarden Euro. Seele hat an der Universität Göttingen Chemie studiert, ist auch Vorsitzender der deutsch-russischen Handelskammer AHK und bekannt nicht nur für seine kometenhafte Karriere in der Gasindustrie, im Laufe derer er als Angestellter des Nord Stream Partners Wintershall zu einem der engsten Kooperationspartner von Gazprom im Westen machte, sondern auch für seine engen Verbindungen nach Russland. Im April 2017 wurde er beispielsweise nach Moskau eingeladen und von Putin im Kreml empfangen. Bei dem Treffen, an dem auch Alexei Miller von Gazprom teilnahm, erklärte Putin: »Österreich ist ein wichtiger Gaskunde für Russland und ein wichtiges Land für den Transit von russischem Gas. Insgesamt werden jährlich 30 Milliarden Kubikmeter Gas durch Österreich geleitet, der größte Teil davon durch Ihr Unternehmen. Österreich ist ein wichtiger

Gas-Knotenpunkt geworden, und wir sind bereit, diese Zusammenarbeit auszuweiten.«

Das ist Österreichs norddeutscher Energieboss ebenfalls. Als er 2015 seine Stellung antrat, war eine seiner ersten Amtshandlungen, Gerhard Schröder nach Österreich einzuladen, um mit ihm über Gasprojekte und Nord Stream zu reden. Das österreichische *Industriemagazin* bezeichnet Schröder als einen nützlichen Mann, wenn man Geschäfte mit Russland machen will.

»Schließlich ist der einstige Spitzenpolitiker heute so etwas wie der oberste Interessenvertreter des staatlichen russischen Gasmonopolisten Gazprom – und damit auch der Interessen Russlands«, steht in einem Artikel, in dem in Verbindung mit dem Treffen vor allem über Nord Stream berichtet wird. »Bei seinem Auftritt betonte Schröder, eine neue Gaspipeline von Russland durch die Ostsee unter Beteiligung der OMV werde nicht etwa die Abhängigkeit Europas von Moskau erhöhen, sondern vor allem die Versorgungssicherheit.«

Wie Putin, Schröder und viele Fürsprecher der Pipeline meint auch Seele, das Projekt sei rein kommerziell und auf keinen Fall politisch. Dennoch hält er es für nötig, 2015 dreimal Sigmar Gabriel in seinem Büro aufzusuchen, um über die geplante Erweiterung der Gasleitung zu sprechen.

Bei einem dieser Treffen, am 7. Juni, bei dem auch Gazprom-Chef Miller zugegen ist, wird auch das empfindliche Thema Ukraine als Transitland für Gas angesprochen. Im Augenblick werden jährlich 93 Milliarden Kubikmeter russisches Gas durch die Pipelines in der Ukraine geleitet. Das bringt dem Land jedes Jahr drei Milliarden Dollar ein und ist ein wesentlicher Beitrag zur Volkswirtschaft. Doch weder Gazprom noch die Regierung im Kreml wollen garantieren, dass die Transporte durch die Ukraine aufrechterhalten werden, wenn das Nord-Stream-2-Projekt realisiert wird.

Als Angela Merkel bei ihrem Treffen mit Putin auf Schloss Meseberg verlangte, dass die Ukraine weiter eine Rolle als Transitland spielen solle, verkündete Miller in einem offiziellen Statement, es sei zu erwarten, dass die jetzigen 93 Milliarden Kubikmeter künftig auf 10 bis 15 Milliarden reduziert werden würden und dass ein Abkommen über die geringere Menge hauptsächlich davon abhänge, ob sich die Ukraine willig zeige, mit Gazprom auf eine zufriedenstellende Art und Weise zusammenzuarbeiten. Das heißt im Klartext, wenn die Ukrainer nicht spuren, gibt es gar keinen Vertrag. Diese Einstellung unterstützt Rainer Seele in einem Interview mit der russischen Nachrichtenagentur *Tass* am 24. Juli 2018.

»Wenn wir ganz offen sind, wollen die Ukrainer nur nicht ihre Einnahmen verlieren und versuchen daher, europäische Politiker in ihrem Kampf um den Erhalt der Transitgebühren zu instrumentalisieren. Natürlich will die Ukraine, dass Gazprom weiterhin ihre Pipelinekapazitäten nutzt«, erklärt er. Gegner von Nord Stream kritisierten das Projekt nur, weil sie Konkurrenz fürchteten. Die USA, weil deren Flüssiggas LNG preismäßig nicht mit dem russischen Erdgas konkurrieren könne, und die Ukraine, weil die derzeitigen Transitgebühren ebenfalls nicht konkurrenzfähig seien. Doch Europas Verbraucher und die europäische Wirtschaft bräuchten wettbewerbsfähige Preise für Erdgas.

Seele berichtet auch über seine gute und enge Zusammenarbeit mit Alexei Miller. Nicht nur bei seinem Job als Chef der österreichischen Energiegesellschaft kommt Rainer Seele mit der Elite in Deutschland und Russland in Kontakt, auch der Vorstandsposten bei der AHK gewährt ihm Zugang zu markanten und häufig auch umstrittenen Personen, zu Personen, die gerne Geschenke machen – auch ökonomischer Art. Dazu zählt zum Beispiel der russisch-ukrainische Milliardär Viktor Vekselberg, ein Mitglied des Präsidialrates der Handelskammer.

Dem Wirtschaftsmagazin *Forbes* nach ist Vekselberg 12,2 Mil-li-arden Dollar wert und hat als Inhaber des Konzerns Renova Group Interessen unter anderem an Aluminiumproduktion, Öl, Energie, Kommunikation und weiteren Unternehmensbereichen in Russland, der Schweiz, Südafrika und den USA. Die Verbindungen nach Amerika und besonders zu Präsident Trump verschaffen ihm im Mai 2018 internationale Medienaufmerksamkeit, als Michael Avenatti, der Anwalt der Pornodarstellerin Stormy Daniels, ihn in einen Fall um das Sexualleben des amerikanischen Präsidenten einbezieht.

Stormy Daniels, die mit bürgerlichem Namen Stephanie Clifford heißt, behauptet, sie hätte 2006 und 2007 eine sexuelle Beziehung mit Trump gehabt und hätte 2016 130 000 US-Dollar erhalten, damit sie über die Affäre schweigt. Der Rechtsanwalt der vollbusigen Frau ist der Meinung, dass Viktor Vekselberg und sein Cousin Andrew Intrater in diesem Fall den Weihnachtsmann spielten. Angeblich sei das Geld Donald Trumps damaligem persönlichem Anwalt Michael Cohen von der Firma Columbus Nova überwiesen worden, deren Direktor Vekselbergs Cousin ist und die enge Beziehungen zur Vekselberggruppe hat.

Viktor Vekselberg selbst streitet jede Verbindung mit der Firma und der Pornodarstellerin ab. Doch dem *Wall Street Journal* nach gibt es eine Verbindung. Die Investitionsgesellschaft Columbus Nova verwaltet die von den Sanktionen betroffenen Investitionen Viktor Vekselbergs in amerikanischen Unternehmen, Immobilien und anderen Geschäftszweigen. Der Zeitschrift gegenüber äußert die Firma, Vekselberg habe keine leitende Position in der Firma, dass jedoch der größte Teil der Investitionen von einer Milliarde Dollar von ihm stammten. Dass Columbus Novas und Vekselbergs Unternehmen Renova Group miteinander verwandt sind, zeigt sich auch darin, dass die Firma bei den amerikanischen Behörden als Renova US Management LLC eingetragen ist.

Früher bemühte sich die Firma nicht, ihre Verbindungen zu Vekselberg zu verschleiern. Bis zum Frühjahr 2018 stand auf der Homepage von Columbus Nova, dass Cousin Intrater eine herausragende Position in der Renova Group einnimmt. Diese Information ist jetzt verschwunden, doch in einer verborgenen Kopie der Seite auf Wayback Machine – einem digitalen Archiv mit über 279 Milliarden aktueller und alter Webseiten – steht: »Mr. Intrater ist seit Januar 2000 CEO von Columbus Nova, der US-Investment-Firma für die Renova-Group, eine multinationale Holdinggesellschaft mit Sitz in Zürich.«

In seinem damals frei zugänglichen Lebenslauf kann man lesen: »Er ist früherer Direktor und derzeitiges Vorstandsmitglied der Renova Group, einem führenden Unternehmen der Energie-, Grundstoff- und Bergbauindustrie.«

In Österreich ist Rainer Seele bei Weitem nicht der einzige Fürsprecher für die Zusammenarbeit mit Russland und die Erweiterung von Nord Stream. Wie schon in Deutschland, so hat man auch in dem Alpenland quer durch die Parteien hindurch Annäherung durch Handel mit Russland praktiziert. Trotzdem weckt es das internationale Interesse, als Wladimir Putin vor seinem Treffen mit Angela Merkel am 18. August 2018 an der Hochzeit der österreichischen Außenministerin Karin Kneissl im Dorf Gamlitz teilnimmt. Die 53-jährige Kneissl, die von der rechtsorientierten regierungsbildenden Freiheitspartei zur Außenministerin ernannt wurde, gehört selbst nicht der Partei an. Dafür gehört sie während des österreichischen Vorsitzes im EU-Rat in der zweiten Hälfte des Jahres 2018 zu dem Ausschuss, der die Sanktionen, die die EU wegen der Annektierung der Krim und der offensichtlichen Unterstützung der prorussischen Rebellen in der Ostukraine gegen Russland verhängt hat, durchsetzen soll. Vielleicht bringt Putin ihr deshalb einen Strauß aus gelben und weißen Blumen, ein Gemälde, eine antike Ölpresse und einen russischen Samowar. Außerdem begleitet ihn ein 50 Mann starker Kosakenchor, der nicht nur Volkslieder singt, sondern der blonden Braut auch Udo Jürgens' alten Hit »Siebzehn Jahr, blondes Haar« darbringt.

Die rot gekleideten Kosaken sind nicht die Einzigen, die an diesem Nachmittag mit ihren Deutschkenntnissen brillieren. Nach einem Walzer mit der Braut im Dirndl, die sich nach dem Tanz tief vor ihm verbeugt, hält Putin eine Rede in vollendetem Deutsch:

»Es ist mir eine große Freude, wieder einmal das gastfreundliche Österreich zu besuchen. Was mich aber besonders erfreut, ist der Anlass, zu dem wir uns alle hier in der malerischen Steiermark, dem grünen Herzen Österreichs, versammelt haben. Ich meine natürlich die Hochzeitsfeier von Karin Kneissl und Wolfgang Meilinger ... In Russland pflegt man dem Brautpaar Rat und Liebe zu wünschen, das tue ich gern und wünsche Ihnen viel, viel Glück und Gesundheit für Ihre gemeinsame Zukunft. Somit schlage ich vor, unsere Gläser auf Ihr wundervolles Leben zu zweit zu erheben«, sagt er, kurz bevor er mit einem anderen prominenten Hochzeitsgast, dem jungen österreichischen Kanzler Sebastian Kurz, das Fest verlässt. Auf dem Weg zu seiner Limousine nimmt er sich noch die Zeit, einen Gruß auf die Kühlerhaube des cremefarbenen VW-Käfer zu schreiben, den das Paar von anderen Gästen als Hochzeitsgeschenk bekommen hat. Mit rotem Stift schreibt er: »Dem Brautpaar Wolfgang und Karin«. Darunter setzt er sein Autogramm und rahmt das Ganze mit einem Herz.

Nach der Hochzeit werden sowohl Putin als auch Karin Kneissl für den Besuch kritisiert. So sagt zum Beispiel Othmar Karas, Delegationsleiter von Kanzler Kurz' österreichischer Volkspartei im Europaparlament, in einem Interview mit der Zeitschriftr *Falter*, dass sich »leider alle Befürchtungen bewahrheitet hätten, dass der russische Präsident diese private Feier für seine strategischen Interessen instrumentalisiert. Ein solches persönliches Fest so zu inszenieren und missbrauchen zu lassen, dafür fehlt mir jedes Verständnis.« Er betont, dieser Besuch hätte Österreich und der EU seiner Meinung nach geschadet. »Den Schaden für Österreich muss jetzt die Bundesregierung beheben. Die Verlängerung der EU-Sanktionen gegen Russland werden die Nagelprobe sein.«

Doch vier Tage nach der Hochzeit weist Putin alle Vorwürfe zurück und erklärt auf einer Pressekonferenz während des Besuchs des finnischen Präsidenten Sauli Niinistö in Sotschi: »Das war eine rein private Reise.«

Doch er gibt zu, dass bei der idyllischen Hochzeit nicht nur über Liebe, sondern auch über Politik geredet wurde.

»Trotz der Feier haben wir es geschafft, mit der Außenministerin und dem österreichischen Kanzler zu sprechen. Österreich spielt eine sehr positive Rolle, nicht nur in unseren bilateralen Beziehungen, sondern auch bei der Herstellung eines Dialogs zwischen Russland und der EU«, sagt er über Österreich und seine Teilnahme an der Hochzeit der österreichischen Außenministerin.

Knapp zwei Monate später kommt das gute Verhältnis von Russland zu Österreich und seiner Außenministerin auf den Prüfstand, als die österreichischen Behörden einen gerade pensionierten Oberst des österreichischen Militärs verhaften und wegen des Verdachts vernehmen, dass er seit 1992 für Russland in Österreich spioniert habe. Auf einer Pressekonferenz am 9. November erklärt Kanzler Kurz, dass Österreich von einem ausländischen Geheimdienst auf die Tatsache aufmerksam gemacht worden sei und dass man im Laufe der vergangenen zwei Wochen den Mann vernommen und technische Beweise, zum Beispiel in Form eines Laptops, beschlagnahmt hätte.

Der 70-jährige frühere Oberst, der bis zum September Dienst im Kontrollzentrum des österreichischen Heeres in Salzburg tat, das den österreichischen Luftraum überwacht und gegebenenfalls eingreift, wenn er durch Flugzeuge ausländischer Mächte verletzt werden sollte, soll der Anklage nach über einen Führungsoffizier namens »Juri« Informationen über seine Arbeit und die militärische Einrichtung an den russischen Geheimdienst GRU weitergegeben haben. Für diese Dienste konnte er seinen Offizierslohn mit einem russischen Bonus von 300 000 Euro verbessern.

Englischen Medien nach war es der britische Geheimdienst, der die Kollegen in Österreich darauf aufmerksam machte, dass einer ihrer Offiziere mit dem GRU flirtet. Letzteren hatte man einen Monat in Holland zuvor auf frischer Tat ertappt, als sich vier seiner Agenten in die Organisation für das Verbot chemischer Waffen (OPCW) einzuhacken versuchten. Auf der nachfolgenden Pressekonferenz erklärt die holländische Verteidigungsministerin Ank Bijleveld-Schouten, dass die russischen Agenten unter anderem versucht hätten, Zugriff auf Dateien zum Abschuss des Passagierflugzeuges MH17 über der östlichen Ukraine 2014 sowie Informationen über den Giftangriff gegen den früheren russischen Spion Sergei Skripal und seine Tochter im März 2018 im englischen Salisbury zu erhalten. Man vermutete, dass hinter diesem Anschlag der GRU und Russland steckten, woraufhin viele Länder damit antworteten, dass sie eine Reihe russischer Diplomaten des Landes verwiesen.

Als eines von wenigen Ländern schloss sich Österreich diesen Maßnahmen nicht an. Anstatt russische Diplomaten auszuweisen, rollte man Wladimir Putin den roten Teppich aus, als er am 5. Juni mit vollen militärischen Ehren von Kanzler Sebastian Kurz und Präsident Alexander van der Bellen empfangen wurde. Die 13-jährige Alma Deutscher, die im Alter von sechs Jahren ihre erste Klaviersonate komponierte, spielt Variationen zum russischen Lied »Moskauer Nächte« mit Elementen des Wienerwalzers. »Ich wollte etwas Besonderes für Präsident Putin komponieren, aber dafür hatte ich nicht genug Zeit«, erklärt das Wunderkind. Es sei erst drei Tage vor dem Präsidentenbesuch von Sebastian Kurz eingeladen worden.

Die anderen Arrangements scheinen jedoch weit im Voraus geplant worden zu sein. Vor dem Konzert mit Alma Deutscher haben Gazprom-Chef Alexei Miller und OMV-Direktor Rainer Seele einen neuen Gasvertrag unterschrieben, der den ursprünglichen, bis 2028 laufenden Vertrag bis 2040 verlängert. Die Unterschriftszeremonie wird von Sebastian Kurz und Wladimir Putin beobachtet. Auf der anschließenden Pressekonferenz weist Putin darauf hin, dass die Zusammenarbeit zwischen Österreich und Russland beim Gas schon seit 50 Jahren existiert.

»In diesen Jahren versorgte unsere Seite Österreich zuverlässig und stabil. Durch die Unterzeichnung des Vertrags ist die Kooperation wieder gesichert.« Gleichzeitig unterstreicht Putin, dass die österreichische Regierung bestätigt hat, dass sie der Nord-Stream-2-Erweiterung weiter positiv gegenüberstehe und dass es sich dabei um ein »privatwirtschaftliches Projekt« handle.

In einer offiziellen Pressemeldung von OMV zu dem Vertrag wird Alexei Miller zitiert: »Die heute unterzeichnete Vereinbarung ist ein weiterer Beweis für den wachsenden Gasimportbedarf in Österreich ebenso wie generell in Europa – einen Bedarf, den Gazprom bereit ist zu decken. Mit der Umsetzung des Bauprojekts für die Nord-Stream-2-Pipeline werden wir Gaslieferungen zugunsten der Verbraucher noch zuverlässiger machen.«

Nach der Enthüllung der Spionageaffäre wird der herzliche Ton zwischen den beiden Ländern formeller. Der russische Botschafter in Österreich wird ins Außenministerium einbestellt, und Außenministerin Kneissl und Kanzler Kurz sagen eine geplante Russlandreise ab. Und noch während Russlands Außenminister bedauert, dass Österreich eine »Megafon-Diplomatie« einsetzte, indem sie den Fall öffentlich machte, anstatt persönlich über die Probleme zu sprechen, zeigt sich, dass die Affäre mit dem 70-jährigen Offizier nicht der einzige Fall von Österreichern im russischen Spionagedienst ist. Im österreichischen Geheimdienst, dem Bundesamt für

Verfassungsschutz und Terrorismusbekämpfung (BVT), untersuchte man seit November 2017 intern einen Fall gegen den früheren Mitarbeiter O.

O. wird verdächtigt, ein russischer Spion zu sein, doch die Untersuchung wurde geheim gehalten. Erst als die Rechercheplattform *Addendum* in der Sache zu graben beginnt, kommt sie im September 2018 ans Licht. Es zeigt sich, dass auch hier ein ausländischer, gut meinender Geheimdienst die Österreicher darauf aufmerksam gemacht hat, dass sie einen Maulwurf in einer Position angestellt hatten, wo er Zugang zu vertraulichen und geheimen Informationen hatte. Später bestätigt Michaela Kardeis, die Generaldirektorin für die öffentliche Sicherheit im Innenministerium, die Geschichte von *Addendum.* Es sei eine anhängige Sache gegen einen früheren Mitarbeiter des BVT. Aufgrund dessen hat sich der österreichische Geheimdienst vorläufig von der Zusammenarbeit mit dem sogenannten Berner Club, einer Arbeitsgruppe aus den Chefs der Geheimdienste der 28 EU-Länder sowie Norwegens und der Schweiz, zurückgezogen, berichtet sie.

Sowohl in der Literatur, im Film als auch in der Realität bilden das neutrale Österreich und besonders seine Hauptstadt Wien ein Zentrum für Spionage und Verbrechen. Graham Greenes unvergesslicher Thriller »Der dritte Mann«, verfilmt mit Orson Welles in der Hauptrolle und mit der berühmten Zithermusik von Anton Karas als Ohrwurm, spielt in der österreichischen Hauptstadt. Und auch für den größten Austausch von Spionen seit dem Kalten Krieg am 9. Juli 2010 wurde Wien gewählt.

Um 11:15 Uhr landet ein Regierungsflugzeug vom Typ Jakowlew Jak-42 auf dem internationalen Flughafen Schwechat 18 Kilometer südlich der Wiener Innenstadt. Kurz darauf leistet eine Boeing 762-200 der amerikanischen Vision Airlines der russischen Maschine auf der sommerlich warmen Landebahn Gesellschaft. Im Flieger aus New York-LaGuardia sitzen zehn russische Spione, im anderen vier Personen, die in Russland für den Westen spioniert haben. In den nächsten Stunden soll auf dem Flughafengebiet, das für diesen Tag zum »internationalen Niemandsland« erklärt wurde, weil keiner der Passagiere offiziell in Österreich einchecken will, ein Tauschhandel stattfinden. Die Personen werden österreichischen Boden nicht einmal betreten, sondern die Flugzeuge über eine überdachte Gangway wechseln, die zu diesem Zweck zwischen den beiden Maschinen eingerichtet wurde. Sie stellt so etwas wie die 2010-Version der Glienicker Brücke in Berlin dar, des während des Kalten Krieges bevorzugten Austauschorts.

Die zehn Personen im amerikanischen Flugzeug sind sogenannte »Illegale« oder »Schläfer«. Wie in der Netflix-Serie »The Americans« handelt es sich um russische Staatsbürger mit Undercover-Missionen in den USA. Unter falschem Namen und mit falschem Pass führten sie ein Doppelleben und gaben sich als normale amerikanische Bürger aus, während sie entweder aktive russische Spione waren oder darauf warteten, es zu werden, weshalb man sie als »Schläfer« bezeichnet.

Unter den russischen Agenten befindet sich auch die 28-jährige Anna Chapman. Die hübsche Rothaarige war bis 14 Tage vor dem Austausch in Wien als Spionin aktiv. Mit ihrem blendenden Aussehen und ihrem Charme flirtete sie sich in die amerikanische Spitze und verführte den ein oder anderen dazu, ihr Geheimnisse anzuvertrauen. Auf der Liste ihrer vermutlichen Opfer befindet sich auch ein Mitglied aus Präsident Obamas Regierung.

Eine Zeit lang sitzt Anna Chapman jeden Mittwoch in einem Buchladen oder einem Café in New York und klappt ihren PC auf. Über eine geschlossene Verbindung von PC zu PC schickt sie die erhaltenen Informationen an eine Kontaktperson des russischen Dienstes für Außenaufklärung SWR, der die verschlüsselten Mitteilungen in einem Auto in unmittelbarer Nähe des Cafés oder Buchladens empfängt.

Doch im Sommer 2010 ist Schluss damit.

Das FBI hat die Aktivitäten von der Seitenlinie aus verfolgt und schlägt am 27. Juni zu, wobei Anna Chapman und neun weitere Personen aus ihrem Spionagering verhaftet werden. Diese zehn Menschen sitzen jetzt in dem amerikanischen Flugzeug und warten darauf, heim zu Mütterchen Russland zu kommen. Sechs von ihnen haben als Paare zusammengelebt und Kinder bekommen, von denen sich einige heute noch in den USA aufhalten.

Als Anna Chapman nach Russland zurückkehrt, wird sie als Heldin empfangen. Die Regierungspartei Einiges Russland macht sie zur führenden Gestalt ihrer Jugendorganisation Molodaja Gwardija, der Jungen Garde. Sie hat ihre eigene Fernsehsendung und präsentiert sich im russischen Männermagazin *Maxim* als Bond-Girl mit Pistole und in sexy Unterwäsche. Sie ist heute Multimillionärin, hat eine eigene Modefirma und über 262 000 Follower auf Instagram.

Die Personen im russischen Flugzeug sind nicht ganz so schillernd. Dafür stammen drei von ihnen aus dem russischen Geheimdienst und sind zu langen Haftstrafen verurteilt, weil sie die Seiten gewechselt haben.

Einer von ihnen war Oberst beim militärischen Geheimdienst GRU. Doch mit dieser Arbeit allein war er nicht zufrieden, sondern ließ sich auch beim MI6, dem britischen Gegenstück zum GRU, auf die Gehaltsliste setzen. Als sein Doppelagentendasein enttarnt wird, wird er 2006 des Hochverrats angeklagt und in einem geheimen Rechtsverfahren zu 13 Jahren Gefängnis verurteilt. Sein Name ist Sergei Skripal, der Mann, der zusammen mit seiner Tochter Julia am Sonntag, den 4. März 2018 Opfer eines Nervengiftanschlages in Salisbury wird.

Doch Wien ist nicht nur die Hauptstadt der Spione. In den letzten Jahren war sie eine der wenigen westlichen Hauptstädte, in denen der Kreml und Putin Gehör fanden. Aufgrund der langen

Zusammenarbeit mit Russland ist Österreich natürlich auch ein Zentrum für Institutionen und Unternehmen, die damit zusammenhängen. Unterstützung finden sie auch bei einigen ehemaligen Spitzenpolitikern, angeführt von Altkanzler Alfred Gusenbauer von der SPÖ, einem der Aktivsten von ihnen. So etwas macht sich bezahlt.

Seine unzähligen Beraterrollen, Vorstandsposten und Investitionen bringen der Firma Gusenbauer Projektentwicklung & Beteiligung GmbH im Jahr 2017 Einnahmen in Millionenhöhe.

Der frühere Kanzler, der sich gegen die Sanktionen gegen Russland ausgesprochen hat, zog aufgrund seiner Geschäftsmethoden und -verbindungen schon des Öfteren ungewünschte Aufmerksamkeit auf sich. 2015 berichtete der *Spiegel,* dass er als Vorstandsvorsitzender der Consulting-Firma Independent International Advisory Council IIAC zusammen mit dem Wiener Anwalt Gabriel Lansky versuchte, frühere europäische Spitzenpolitiker, darunter auch Ex-Kanzler Gerhard Schröder, als Lobbyisten für den Diktator Nursultan Nasarbajew aus Kasachstan anzuwerben.

Der Diktator, der sich selbst als »Führer der Nation« bezeichnet, regiert das Land seit seiner Unabhängigkeitserklärung von der Sowjetunion 1991 und hat alle Macht auf sich und seine Familie zusammengezogen. Daher kontrolliert er die hohen Einnahmen aus den reichen Öl- und Gasvorkommen des Landes. 2010 wollte er einen Teil dieses Geldes in eine PR-Kampagne investieren, um international ein besseres Image zu erhalten. Diesen Plan hat Gabriel Lansky ausgearbeitet, und Nursultan Nasarbajew sagt anscheinend »mächtig gewaltig« dazu, als er ihn präsentiert bekommt. Auch Gerhard Schröder scheint angetan. Zumindest anfangs. Ungeachtet der Tatsache, dass der Diktator sein Land und dessen Opposition mit eiserner Hand regiert und generell Schwierigkeiten hat, sich an die Menschenrechte zu halten, sagt Schröder »Ja« zu einem Treffen mit dem alternden Diktator in

Kasachstans Hauptstadt Astana, um über eine mögliche Zusammenarbeit zu sprechen, für die er gut bezahlt werden soll. Dies geht aus einer E-Mail-Korrespondenz hervor, die an die Öffentlichkeit gelangte. In einer E-Mail vom 2. November steht, dass Schröder als Berater bei IIAC jährlich 300 000 Euro erhalten soll und dass dieses Geld, das aus einem Staatsfonds in Kasachstan kommt, einen Umweg über Lanskys Kanzlei Lansky, Ganzger + partner (LPG) in Wien nehmen soll, bevor es auf ein von Schröder zu benennendes Konto überwiesen wird.

»LGP shall hold this pre-paid amount in trust for the Principal, and pay this pre-paid amount of the GS fee to a pre-designated account of Gerhard Schröder«, heißt es in der E-Mail.

Am 12. November schickt Schröders Büro im Deutschen Bundestag eine E-Mail an LPG.

»Könnten Sie uns bis Montag ein offizielles Einladungsschreiben für die Reise nach Kasachstan (Astana) zukommen lassen, da wir dieses zur Beantragung der Visa benötigen?«

Eine Juristin aus Lanskys Kanzlei antwortet umgehend:

»Selbstverständlich können wir das gerne machen, nur üblicherweise bestellen wir den kasachischen Konsul zum Flughafen in Astana und machen das Visum gleich in Kasachstan, um die Teilnehmer nicht mit dieser Formalität zu strapazieren. Da wir gegebenenfalls mit dem Privatjet nach Astana fliegen, schließen sich die sonst üblichen (sic!) Fragen der Fluglinien nach einem Visa aus.«

Gerhard Schröder leugnet, sowohl eine Rolle als Berater bei IIAC eingenommen als auch Geld aus Kasachstan erhalten zu haben, auch nicht über einen Umweg über Lansky, Ganzger + partner in Wien. Er räumt jedoch ein, an zwei Treffen mit den Kasachen teilgenommen zu haben, einem in Kasachstan und einem in Wien. Als sich das österreichische Nachrichtenmagazin *Profil* an Schröders Hamburger Anwalt Michael Nesselhauf wendet, um weitere

Informationen zu erhalten, antwortet dieser: »Gerhard Schröder hat kein Honorar erhalten.«

Eine E-Mail vom 2. Februar 2011 deutet jedoch in eine andere Richtung. Um 23:10 Uhr schickt eine Mitarbeiterin von LGP eine Nachricht an die Buchhaltung: »Für Schroeder: bitte eine hn (Honorarnote, Anm.) von uns … für das letzte quartal 2010 und das erste quartal 2011 + sein flugticket aber ohne namen zu nennen.«

Zehn Minuten später kommt die Antwort: »Dr. Schröder haben wir – ohne ihn namentlich zu nennen – in unserer Honorarnote erfasst, auch die Barauslagen für das Ticket.«

Ob die Aussage stimmt, dass Schröder, wie er selbst sagt, kein Mitglied von IIAC war, kann ebenfalls bezweifelt werden. In einer längeren E-Mail-Korrespondenz über die fehlende Bezahlung eines Flugtickets für Schröder, aus der *Profil* Teile veröffentlicht hat, geht hervor, dass Schröder wohl doch zum Dunstkreit von IIAC gehörte.

Alfred Gusenbauer (Gusi) und Gabriel Lansky (Gabi) haben eine lange gemeinsame Vergangenheit, und auch ihre Zugehörigkeit zur sozialdemokratischen Partei SPÖ reicht weit zurück. Lansky war dreimal Kandidat bei der Nationalratswahl und 2006 Chef für Alfred Gusenbauers Wahlkampf, der dazu führte, dass Gusenbauer sich nach monatelangen Verhandlungen im Januar 2007 an die Spitze einer sozialdemokratisch-konservativen Koalitionsregierung stellen konnte.

Doch als Bundeskanzler ist Gusenbauer kein Erfolg. Er macht sich sowohl in der eigenen Partei als auch in der Bevölkerung unbeliebt und wird bei einer eilig einberufenen Sitzung im Juni 2008 als Parteivorsitzender abgelöst, bleibt aber Kanzler, bis im Dezember der neue Vorsitzende und frühere Verkehrsminister Werner Faymann seinen Posten übernimmt.

13 Tage, bevor Gusenbauer die Politik verlässt, hat er seine Zukunft geordnet und lässt die Firma Gusenbauer Projektentwicklung & Beteiligung GmbH eintragen.

Sein Nachfolger Faymann hat sich vom wirtschaftlichen Erfolg und der Beratertätigkeit seines Vorgängers möglicherweise inspirieren lassen. Nach acht Jahren als Kanzler gründet er zusammen mit seinem früheren Pressesprecher, dem Kommunikationschef der SPÖ Matthias Euler-Rolle, die Firma 4 PRO. Auf der Homepage der Gesellschaft der beiden kann man lesen: »4 PRO unterstützt, berät und begleitet Unternehmen in der Konzeption, Planung und Durchführung von Projekten. Durch langjährige Erfahrung in den Bereichen Politik, Kommunikation und Immobilien sowie Expertise auf internationaler Ebene kann 4 PRO in einem breiten Spektrum Beratungsdienstleistungen anbieten.«

Der neu gegründeten Firma geht es ziemlich gut. Die gemeinsame Holdinggesellschaft erzielt einen Überschuss von 195 000 Euro, und die Betreibergesellschaft, eine Kommanditgesellschaft, macht einen Gewinn von 668 807 Euro im ersten Wirtschaftsjahr.

Der Erfolg brachte die beiden Partner offenbar dazu, über eine Erweiterung nachzudenken und sich nach neuen Unternehmensmöglichkeiten und Partnerschaften in und außerhalb Österreichs umzusehen, wie aus zwei Dokumenten beim Handelsregister in Berlin hervorgeht.

In einem Neuantrag vom 20.6.2018 ist Matthias Euler-Rolle als Geschäftsführer der neu gegründeten Gesellschaft VIB – International Strategy Group Beteiligungs GmbH eingetragen. Ein ähnliches Dokument zeigt, dass er einen halben Monat später auch Gesellschafter in der ebenfalls neugegründeten VIB – International Strategy Group GmbH & Co. KG. ist.

Beide Gesellschaften haben eine Adresse in einem ehrwürdigen Bürogebäude in der Behrenstraße 73 in Berlin-Mitte. In der Wohnung darüber hat früher Gerhard Schröder gewohnt, und das ist kein Zufall. Ganz im Gegenteil. Es gibt eine eindeutige Verbindung.

Das Büro im Stockwerk unter der früheren Wohnung des deutschen Ex-Kanzlers gehört einem guten Bekannten Schröders. Sein Name ist Heino Wiese. Von seinem Büro aus betreibt er die Beraterfirma Wiese Consult, die sich mit Verhältnissen »an der Schnittstelle zwischen Wirtschaft und Politik – vor allem deutsch-russischen Geschäftsbeziehungen« beschäftigt, wie er dem *Tagesspiegel* gegenüber erklärt.

In seiner Heimatstadt Hannover nimmt er seine Rolle als Honorarkonsul von Russland wahr. Der vielbeschäftigte Mann, der Russland weit über hundert Mal besucht hat und Mitglied der Wahlkampfleitung für Gerhard Schröder und Sigmar Gabriel war, hat in seinem Kalender offenbar auch noch Platz für neue Abenteuer.

Aus den Dokumenten des Handelsregisters geht hervor, dass der Berater, der auch einen Ehrendoktortitel der Universität Sankt Petersburg hat und sich selbst als »Lobbyist für Russland« bezeichnet, nicht nur die Adresse der beiden neuen Firmen des Österreichers Euler-Rolle stellt, sondern auch Miteigentümer ist. Das ist auch Euler-Rolles ehemaliger Chef und jetziger Partner bei 4 PRO, Werner Faymann.

Und das sind nicht die einzigen politischen Verbindungen.

Steuerberater Lutz Lehmann, der mit einem Anwalt in einem Gemeinschaftsbüro in Berlin-Kaulsdorf zusammenarbeitet, war Geschäftspartner des früheren Außenministers und Vizekanzlers Sigmar Gabriel in der nicht mehr existenten Beraterfirma CoNeS. Diese Zusammenarbeit führte 2005 zu einer Strafanzeige gegen Gabriel wegen der Annahme eines Honorars von insgesamt 130 000 Euro, das der VW-Konzern für Beratertätigkeit in den Jahren 2003 und 2004 an CoNeS gezahlt hatte. Die Staatsanwaltschaft Braunschweig entschied, kein Strafverfahren gegen Gabriel einzuleiten, da sein Beraterjob beim VW-Konzern zwar politisch umstritten, aber rechtlich sauber war.

Gabriel hatte nach der Wahl, die er und die SPD verloren, den Posten als Ministerpräsident von Niedersachsen aufgeben müssen und überlegt, ob er die Politik zugunsten einer anderen Karriere an den Nagel hängen sollte.

Es blieb nicht bei den Überlegungen.

Gemeinsam mit seinem alten Schulkameraden aus Goslar, Lutz Lehmann, machte er den Sprung in die Privatwirtschaft, blieb aber SPD-Fraktionschef im Landtag.

Die beiden Jugendfreunde haben große Träume von einer internationalen Consulting-Gesellschaft mit Sitz in Berlin und Brüssel, als sie im Oktober 2003 CoNeS als GbR beim Gewerbeamt eintragen lassen. Schon am 1. November gelingt es der kleinen Freizeitfirma in Halle an der Saale, die in den zugänglichen Registern weder mit Telefonnummer noch E-Mail-Adresse verzeichnet ist, einen Vertrag zur Beratung über »Europäische Industriepolitik« mit VW in Wolfsburg abzuschließen, wie Lutz Lehmann im Februar 2005 dem *Focus* erzählt.

Dem Magazin zufolge gibt es aber einen ganz anderen Grund, die Firma zu gründen. Sie soll das Beraterhonorar des Autoherstellers verschleiern, das Gabriel der Öffentlichkeit nicht bekannt machen möchte. Diese Geschichte wird, eine Woche nachdem Gabriel am 22. November 2005 als Umweltminister in Angela Merkels erster Regierung beginnt, öffentlich bekannt.

Laut *Focus* soll sich Sigmar Gabriel nach der verlorenen Landtagswahl im Februar 2003 mit der Bitte um einen Job an seinen Parteigenossen Peter Hartz gewandt haben, der bei VW Personalchef ist. Hartz ist bekannt für seine enge Zusammenarbeit mit Gerhard Schröder beim Reformpaket Agenda 2010 im Jahr 2003. Die Reformen dieser Agenda wurden dafür gelobt, dass sie die deutsche Wirtschaft wiederaufbauten, aber auch kritisiert, sie hätten einen Arbeitsmarkt mit Stundenlöhnen von teilweise nur sieben Euro geschaffen und somit auch die sogenannten »Working Poor«. Das

Paket beruhte auf Empfehlungen der Kommission für moderne Dienstleistungen am Arbeitsmarkt. In dieser Kommission saßen 15 Personen aus Wirtschaft, Gewerkschaften, Politik und Forschung unter der Leitung des VW-Personalchefs Peter Hartz, weshalb dieses Paket auch Hartz-Reform genannt wird.

Allerdings geht es um ein anderes Lohnniveau als in den Reformpaketen, als sich Sigmar Gabriel an Peter Hartz wendet und der ihn weiterempfiehlt, bis sein oberster Chef Bernd Pischetsrieder den Daumen für eine Vollzeitstelle des Politikers nach unten hält. Er möchte vermeiden, sich ähnliche Kritik einzuhandeln wie sein Vorgänger Ferdinand Piëch, der Österreichs ehemaligem sozialdemokratischem Kanzler Viktor Klima einen Direktorenposten der VW-Werke in Argentinien mit einem Jahresgehalt von fünf Millionen Euro anbot.

Für Sigmar Gabriel soll es daher eine andere, etwas diskretere Lösung geben. Sie besteht dem *Focus* zufolge darin, dass Gabriel als Berater mit eigener Firma beauftragt wird. Im Oktober 2003 gründen Gabriel und Lehmann ihre Firma, und gleichzeitig unterschreibt Hartz einen Beratervertrag mit ihnen, der am 1. November in Kraft tritt und in dem es zum Beispiel um Lobbyarbeit für die Firma in Brüssel geht, wo Gabriel die Interessen des Konzerns gegenüber der EU vertritt, der gerne neue Regeln für die Automobilbranche einführen möchte, was etwa Sicherheit, Wettbewerb und Umwelt angeht. Auch Partner Lehmann bestätigt, dass Sigmar Gabriel die treibende Kraft der Firma sei.

»Gabriel machte den Löwenanteil der Arbeit bei VW«, sagt er und erzählt, dass bei der Eintragung die Anteile mit 75 Prozent für Gabriel und 25 Prozent für ihn selbst verteilt wurden. Als Gabriel Minister wird, ist deshalb Schluss mit dem gemeinsamen Unternehmen, da Lehmann es nicht allein betreiben kann.

»Was sollte ich denn mit VW? Das Projekt, mit Gabriel ein Beratungsunternehmen aufzumachen, war ohne ihn zu Ende«, sagt er 2015 dem *Focus*. Doch der Traum von einem gemeinsamen Geschäft im Consultingbereich besteht offenbar bis 2018 weiter. Aus den Gründungsunterlagen von VIB – International Strategy Group kann man entnehmen, dass sich zu Lutz Lehmann nicht nur der frühere österreichische Kanzler Werner Faymann, sondern auch noch der Russen-Lobbyist Heino Wiese und Kommunikationsexperte Matthias Euler-Rolle gesellen. Lehmanns alter Partner und Schulkamerad Sigmar Gabriel ist mit 22 Prozent auch an dem Projekt beteiligt, vorläufig als »stiller Teilhaber«. Der frühere Minister, der heute Bundestagsabgeordneter der SPD ist, kann seinem guten Freund und früheren Chef Gerhard Schröder dafür danken, dass er nicht vor 2019 in der Firma aktiv sein kann. Nicht zuletzt aufgrund von Schröders schnellem Wechsel vom Kanzleramt zu Nordstream 2005 beschloss man 2013 neue Regeln für den Wechsel von Ministern und Staatssekretären in die Privatwirtschaft. Sigmar Gabriel muss sich in einer 18-monatigen Cool-off-Periode nach seinem letzten Tag als Außenminister gedulden, bis er am 14. September 2019 offiziell als Berater und Lobbyist auftreten darf. Und zu genau diesem Zeitpunkt teilte er mit, wolle er in den Verwaltungsrat des neuen deutsch-französischen Zugherstellers Siemens Allstrom einziehen.

8. KAPITEL

EIN GANZ (UN)GEWÖHNLICHES GESCHÄFT

Der Schnee fällt in dicken, trockenen Flocken, und es ist bitterkalt in Moskau. Am 20. Dezember 1999 sind mehrere Hundert Nachrichtendienstler, Agenten und Spione aus der Kälte ins Hauptquartier des FSB, des nationalen russischen Geheimdienstes am Lubjankaplatz, gekommen, um Anekdoten aus ihrem Leben als Geheimagenten auszutauschen und die Gründung des KGB-Vorläufers Tscheka vor 82 Jahren zu feiern.

In dem großen Saal wird gedämpfte klassische Musik und Champagner geboten, doch Gespräche, Gläserklirren und auch Musik verstummen, als ein kleiner Mann eintrifft, um eine Rede zu halten. Der Mann heißt Wladimir Putin. Er ist der ehemalige Chef des KGB-Nachfolgers FSB und wurde vor ein paar Monaten zum Ministerpräsidenten von Russland ernannt.

»Liebe Kameraden«, beginnt er. »Ich freue mich, Ihnen sagen zu können, dass die FSB-Agenten, die ich undercover in die Regierung geschickt habe, den ersten Teil ihrer Mission erfüllt haben. Ich werde den Einsatz von Ihnen und dieser Gruppe nicht vergessen.«

Ein Offizier, der an diesem Abend anwesend war, erzählt viele Jahre später der Zeitung *The Moscow Times*, dass sich jeder im Saal darüber klar war, worauf Putin hinwies, und dass es keinen Zweifel gab, was der zweite Teil der Mission war.

»Wir wussten, dass es für ihn darum ging, Präsident zu werden und die höchsten Regierungsposten mit früheren KGB-Kollegen zu besetzen.«

Als Putin seine Rede beendet mit den Worten: »So etwas wie ehemalige Agenten gibt es nicht«, heben alle FSB-Leute ihr Glas und stoßen auf eine neue Ära des Geheimdienstes an, dessen Beliebtheit beim Volk geringer ist als die Temperatur draußen.

Und Putin hält sein Versprechen. Elf Tage später legt Boris Jelzin sein Amt nieder, und Putin wird fungierender Präsident; drei Monate später gewinnt er die Präsidentenwahl, und als 2008 seine erste Amtsperiode endet, haben 78 Prozent des Führungspersonals im öffentlichen Dienst Verbindungen entweder zum KGB oder zum FSB.

Doch nicht nur im öffentlichen Sektor haben frühere Spione und Agenten ihre Geheimdiensterfahrung gegen einflussreiche und korrupte Spitzenpositionen eingetauscht. Auch in der Privatwirtschaft und besonders in den großen staatlichen Firmen sitzen auf den einflussreichsten Posten hauptsächlich Silowiki, »starke Menschen«, wie man die ehemaligen KGB- und FSB-Leute im Volksmund nennt. Hier arbeiten sie zusammen mit einer anderen Putin-treuen Gruppe von Männern mit Bindungen zu der Zeit, als Putin dem Büro für ausländische Kontakte in Sankt Petersburg vorstand.

In der Hierarchie von Gazprom zeigt sich das ganz deutlich. Dort feuert Putin ein Jahr nach seiner Wahl zum Präsidenten den Vorstandsvorsitzenden Rem Wjachirew und ersetzt ihn durch Alexei Miller, der in seinem Vizebürgermeisterbüro in Sankt Petersburg sein Assistent war.

Mit der Ernennung von Miller hat Putin einen Prozess in Gang gesetzt, der ihm und seinen Alliierten aus Sankt Petersburg und dem KGB die volle Kontrolle über den Kampf um die Energie sichert.

Eine der Schlüsselfiguren in Putins Gazprom-Netzwerk ist der Bankier Andrei Akimow. Während des Kalten Krieges schlich er als KGB-Spion in den Straßen von Wien und Zürich herum, heute sitzt er als oberster Chef der Bank der Gesellschaft, Gazprom Bank, hinter doppelt schusssicheren Türen im Hauptsitz der Bank am Ufer der Moskwa gegenüber den Regierungsbüros des Kreml. Von hier aus leitet er nicht nur Russlands drittgrößte Bank, sondern auch den engsten Kreis um Putin. Er hat Kontakte zu allen im Netzwerk und taucht auf, wenn es zu Konflikten oder Unstimmigkeiten kommt. Und wenn er sich einmischt, hört man ihm zu.

»Alle diese Menschen akzeptieren seine Vermittlung, auch wenn sie sich wenig um die Gegenseite kümmern«, erzählt der Vorstandsvorsitzende der Moskauer Abteilung der Schweizer USB-Bank Rair Simonjan dem Finanznachrichtendienst Bloomberg im Oktober 2014.

Simonjan kennt Akimow seit Langem und sagt, dass dieser selbst für einen Bankier sehr, sehr geheimnisvoll sei. Weiter sagt er, Akimows Gazprom Bank sei eine sehr russische Bank, die Geschäfte macht, die Ausländer nur schwer verstehen oder durchschauen können.

Eines der Geschäfte, das ein westlicher Gedankengang nur schwer verstehen könnte, ist die brutale Übernahme der Ölgesellschaft Yukos vom Oligarchen Michail Chodorkowski im Jahr 2006.

Chodorkowski kaufte 1995 45 Prozent der zweitgrößten Ölgesellschaft Russlands, Yukos, und machte den früheren staatlichen Sowjetbetrieb zu einem der fortschrittlichsten Unternehmen im Land. Wachstumsraten von fast 20 Prozent und eine neue westliche Offenheit um die Aktivitäten der Firma verzehnfachen den Wert seiner Aktien, sodass ihn das amerikanische Wirtschaftsmagazin *Forbes* 2002 als reichsten Mann Russlands bezeichnet.

Michail Chodorkowski ist kein beliebter Mann. So wie die anderen Oligarchen des Landes wurde er unter Präsident Jelzin und seiner wilden Privatisierungswelle in den 1990er-Jahren steinreich. Die einfache Bevölkerung, die gleichzeitig immer ärmer wurde, hasst die neureichen Oligarchen, und als Wladimir Putin im Januar 2000 als fungierender Präsident sein Amt antritt, ist es eine seiner ersten Handlungen, ihnen den Stuhl vor die Tür zu stellen. Er fürchtet ihre Macht und ihren Einfluss und glaubt, er selbst und der Staat bekämen nicht genügend von dem Kuchen ab. Daher überlegt er, ob er die privatisierten Betriebe wieder verstaatlichen soll. Das erzählt er ihnen auf einer Sitzung im Februar 2000, bietet ihnen aber auch gleichzeitig eine alternative Lösung. Sie können ihr Vermögen und ihre Investitionen behalten, wenn sie garantieren, dass sie nicht gegen ihn arbeiten und sich aus der Politik heraushalten.

Chodorkowski sind Putin und seine neuen Spielregeln für Oligarchen egal. Als Russlands reichster Mann hat er das Gefühl, er könne übers Wasser gehen, und hat keine Angst davor, zu erzählen, dass sein politischer Weg in dieselbe Richtung gehe wie der Putins. Er lässt verlautbaren, dass er den beiden Putin-kritischen Parteien Yabloko und SPS 100 Millionen Dollar geboten hat, wenn sie sich zusammentun und eine Kampagne gegen Putin führen. Öffentlich erklärt er, dass er überlegt, ob er sich 2008 zur Präsidentenwahl stellen soll.

Doch er wird schnell lernen, dass man sich in Putins Russland nicht so aufführen kann.

Am 25. Oktober 2003 stürmt um fünf Uhr morgens ein Trupp schwer bewaffneter Elitesoldaten sein Privatflugzeug in Russlands drittgrößter Stadt Nowosibirsk. Chodorkowski und einige seiner Mitarbeiter sind auf dem Weg zu den Ölfeldern der Firma im Fernen Osten und machen eine Zwischenlandung, um aufzutanken. Doch anstatt die fernen Bohrinseln zu besuchen, wird Chodorkowski festgehalten und ins Gefängnis geworfen. Die Anklage lautet auf Steuerhinterziehung und Betrug, und als er zehn Jahre später von Putin begnadigt und freigelassen wird, ist er nicht länger Großaktionär von Yukos und Russlands reichster Mann. Seine Firma ist in atomare Teilchen zersplittert, und die attraktivsten Teile davon wurden an einen Personen- und Geschäftskreis um Putin und seine Männer an der Spitze von Gazprom verkauft.

Der größte und attraktivste Teil, Yuganskneftegaz, eine Tochtergesellschaft mit großen Ölreserven und Yukos' größte Produktionseinheit, geht zunächst in einer Staatsauktion an eine unbekannte Firma mit einem merkwürdig geschriebenen Namen: Baikalfinansgrup. Die Firma ist der einzige Bieter in der nicht öffentlich gemachten Auktion und bekommt die attraktive Ölgesellschaft daher für billige zehn Millionen Dollar, die Hälfte des Wertes, auf den die amerikanische Bank JPMorgan Chase & Co. sie geschätzt hat.

Vier Tage später wird die Baikalfinansgrup an die von der Regierung kontrollierte Ölgesellschaft Rosneft verkauft, und im Folgenden zeigt sich, dass die geheimnisvolle Firma von Igor Setschin, einem von Wladimir Putins engsten Vertrauten, gegründet wurde.

Setschin ist ehemaliger KGB-Mann und arbeitet seit 1991 mit Putin zusammen, zuerst im Bürgermeisterbüro in Sankt Petersburg, dann in Moskau, wohin er ihm folgt, als Putin Direktor des Geheimdienstes FSB und später Ministerpräsident und Präsident wird. Heute ist Setschin Vorstandsvorsitzender von Rosneft und bekanntermaßen der Mann in Putins Netzwerk, der dafür zuständig ist, Dienste zu koordinieren und attraktive Posten und wirtschaftliche Unterstützung an Putins Silowiki zu verteilen.

Das tut er auch in der Chodorkowski-Affäre, bei der Matthias Warnig und die Tochtergesellschaft der Dresdner Bank, Dresdner Kleinwort Benson, Ratgeber für die Übernahme sind und Andrei Akimow mit der Gazprom Bank der Finanzier.

In der Gazprom-Hierarchie ist Alexander Medwedew, der Mann, der die Gasverträge mit Kurt Bligaard Pedersen von DONG

Energy aushandelte, die Nummer zwei hinter dem Vorsitzenden Alexei Miller. Medwedew, der nicht mit Dmitri Medwedew verwandt ist, war von 1989 bis 1991 als Direktor bei der sowjetischen Staatsbank Donau Bank AG in Wien und später in der Tochtergesellschaft Inter Trade Consult AG beschäftigt. Diese Posten waren nur eine Tarnung für die eigentliche Arbeit von Medwedew und seinem Kollegen Andrei Akimow als Undercoveragenten für den KGB. Und das sind nicht die einzigen KGB-Verbindungen in der Gazprom-Spitze.

Andrei Akimows Vizedirektor bei der Gazprom Bank, Sergei Iwanow, ist auch ein alter KGB-Mann, ebenso wie der stellvertretende Vorsitzende von Gazprom, Valery Golubev. Er war von 1979 bis 1991 beim KGB und hatte den Rang eines Generals, als der Geheimdienst aufgelöst wurde. Der Chef der Personalabteilung des Energiegiganten, Jewgeni Plyusnin, diente sowohl im KGB als auch im FSB, und Konstantin Tschuitschenko, Chef der juristischen Abteilung von Gazprom und Geschäftsführer der in der Schweiz registrierten Firma RusUkrEnergo, ist ebenfalls ein früherer KGB-Mann, genauso wie eine lange Reihe anderer Angestellter im Hauptquartier von Gazprom in Sankt Petersburg sowie in den Unterabteilungen und Tochtergesellschaften in ganz Europa. Überall im Konzern sitzen Silowiki – Putins »starke Männer« – auf einflussreichen und strategisch wichtigen Posten. Und sie sind bereit, ihre Erfahrung aus KGB-Zeiten einzusetzen, um die Interessen Putins und der Firma zu wahren.

Eine der effektivsten Waffen der Spionagebranche ist Sex. Einen Politiker oder Beamten einer anderen Macht durch eine hübsche junge Frau oder einen jungen Mann in eine Sexfalle zu locken und ihn mithilfe dieser Affäre später zu erpressen, damit er vertrauliche Informationen herausgibt, war schon immer eines der am häufigsten eingesetzten Mittel der Geheimdienste aller Länder. Und das ist auch in Putins Russland noch so, wo man »Honigfallen« aufstellt, wenn man Kritiker oder Konkurrenten auf der heimatlichen politischen Bühne zum Schweigen bringen will.

Als Jelzin noch Präsident und Putin Leiter des FSB war, fing man den mächtigen Generalstaatsanwalt Juri Skuratow in so einer Falle. Er war dabei, Beweise für die verdächtigen Geschäfte des Jelzin-Clans zu sammeln, damit er die Familie vor Gericht bringen konnte. Doch so weit kam es nie. Ein grobkörniges Video in den Abendnachrichten des staatlich kontrollierten Fernsehsenders RTR TV bereitete sowohl den Nachforschungen als auch der Karriere ein Ende. In diesem Video hat Skuratow oder ein Mann, der ihm ähnelt, Sex mit zwei Prostituierten. Die Nachrichten bringen den Beitrag unter der Überschrift »Drei in einem Bett«. Ein paar Tage später wird er in einem anderen Programm desselben Kanals erneut gesendet, und der Moderator Sergei Dorenko warnt, dass Eltern, die ihre Kinder so etwas sehen lassen, möglicherweise Schwierigkeiten haben werden, sie im richtigen patriotischen Geist zu erziehen.

»Das ist schließlich der Generalstaatsanwalt und nicht ein Mick Jagger, der mit nacktem Hintern am Strand herumläuft«, sagt er in einem Kommentar zum Video.

Der Fernsehsender macht keine Angaben, von wem oder woher dieses kompromittierende Video stammt, doch die Internetzeitung *Kasparov.ru* berichtet später, laut Zeugen wurde es von einem Mann abgeliefert, der dem Chef des FSB, Wladimir Putin, sehr ähnlich sah.

Es ist nicht das einzige Mal, dass Putin mit Honigfallen oder diskreditierenden Informationen über die sexuellen Aktivitäten seiner Gegner in Verbindung gebracht wird. Während seiner Zeit als Ministerpräsident und Präsident wurden den Russen und der ganzen Welt mehrere Male ähnliche Fälle von sogenanntem Kompromat geliefert.

2010 werden mehrere Videos der 21-jährigen, als Model arbeitenden Studentin Ekaterina Gerasimowa in den sozialen Medien von Russland verbreitet. Es handelt sich um mit versteckter Kamera aufgenommene Sextapes, auf denen das junge Model, das sich selbst Mumu nennt, in ihrer Wohnung Sex mit einigen Putin-kritischen Prominenten hat. Auf einem der Videos ist der Journalist und Aktivist Ilja Jaschin beim Sex mit Mumu und einer Freundin zu sehen, in einem anderen schnupft der Redakteur der russischen Ausgabe von *Newsweek*, Michail Fischman, Kokain, während Mumu nackt um ihn herumläuft.

In einem der Videos tritt auch der bekannte Satiriker Viktor Schenderowitsch auf, der mit einem schwarzen Tilby-Hut Sex mit dem jungen Model hat. Doch das Video, das am meisten Aufsehen erregt, ist das, auf dem die beiden extremen Rechtsnationalisten Eduard Limonow und Alexander Potkin ein gemeinsames Schäferstündchen mit der jungen Dame haben.

Im April 2016 verliert der liberale Politiker und Putin-Gegner Michail Kassjanow Ehre und Stellung, nachdem eine Sexaffäre bekannt wurde. Der erfahrene russische Politiker war gut drei Jahre Ministerpräsident unter Putin während dessen erster Legislaturperiode, doch im Februar 2004 werden er und seine gesamte Regierung ohne Vorwarnung oder Erklärung in einer Direktsendung des Fernsehens von Putin gefeuert.

Der Rausschmiss wird auch später nicht begründet, und da Kassjanow keine Lust hat, sich aus der russischen Politik zurückzuziehen, macht er allein weiter. Ein Jahr nach dem Rauswurf beruft er eine Pressekonferenz ein und verkündet, er wolle sich als Kandidat für die Präsidentenwahl 2008 zur Verfügung stellen. Dafür muss er die Unterschriften von zwei Millionen Wählern vorweisen. Da er das innerhalb eines Monats schafft, muss er als ernsthafter Konkurrent für Putins eigenen Kandidaten Dmitri Medwedew angesehen werden. Doch die beiden Männer treffen im Wahlkampf nicht aufeinander. Kurz nachdem die Unterschriftenliste beim zentralen Wahlkomitee abgeliefert wird, wird Kassjanows Kandidatur verworfen. 13,36 Prozent der Unterschriften seien ungültig, teilt die Kommission mit. Damit ist der Weg frei für einen komfortablen Wahlsieg von Medwedew.

Kassjanow beschuldigt Putin, die Entscheidung des Wahlkomitees manipuliert zu haben, und nennt die Präsidentenwahl eine Farce. Und seine Kritik endet damit noch nicht. Als Vorsitzender der Organisation Volksdemokratische Union widerspricht er der Putin-Regierung und ihren Methoden bis 2016, als ein Video den 58-jährigen Politiker und Familienvater bei einer heißen Sexaffäre mit seiner 39-jährigen Kampagnenleiterin, der britisch-russischen Bühnenautorin Natalia Pelevine, zeigt. Das 40-minütige Video wird vom Gazprom-eigenen Fernsehsender NTV gezeigt und dokumentiert die Treffen des Paares in einer Wohnung in Moskau. Das Liebesnest wurde über sechs Monate lang mit mehreren versteckten Kameras versehen, sodass die Schlafzimmeraktivitäten aus verschiedenen Blickwinkeln und Ansichten dargestellt werden können. Über die ausführliche Dokumentation des Nahkontaktes im Bett kann NTV auch noch über andere Aktivitäten berichten, in die sie verwickelt sind. Noch ein landesschädlicher Charakter.

Dem Fernsehsender zufolge war Pelevine regelmäßig in den USA, wo sie sich mit ihren »Freunden«, Senator John McCain, Hillary Clinton und dem Bankier Bill Browder, traf. Alle drei sind für ihre Putin-kritische Haltung bekannt und haben die Sanktionen gegen Russland unterstützt, die nach den Enthüllungen um die Hackerangriffe des russischen Geheimdienstes im Präsidentschaftswahlkampf der Demokraten 2016 verhängt wurden.

In dem 13 Seiten langen Bericht über den Angriff stellen FBI und Homeland Security fest, dass die russischen Hacker über zwei Jahre lang aktiv waren. In diesem Bericht ist auch zu lesen, wie sie von verschiedenen Quellen Informationen sammelten und sie den amerikanischen Medien zuspielten, um vor allem das Ansehen der demokratischen Kandidatin für das Präsidentenamt, Hillary Clinton, zu kompromittieren.

Der amerikanische Wahlkampf ist nicht der einzige, den die Russen zu manipulieren versuchen. Infolge englischer Geheimdienstquellen mischten sich die Russen und der FSB auch in den dänischen Wahlkampf 2011 ein.

Kurz vor der Wahl, bei der Helle Thorning-Schmidt und ihre politischen Verbündeten aus den Parteien SF und Radikale Venstre Putins dänischen Freund Lars Løkke Rasmussen zu stürzen drohen und damit seine Nord-Stream-freundliche Regierung ablösen würden, kommen Gerüchte über Thorning-Schmidts Mann, Stephen Kinnock, und dessen Sexualität in Umlauf.

Kinnock, Sohn des früheren englischen Labour-Parteivorsitzenden Sir Neil Kinnock, arbeitet für das World Economic Forum in der Schweiz, wo er auch eine Wohnung hat.

Diese Konstruktion und ein Tipp aus einer anonymen Quelle lassen die Boulevardzeitung *BT* im Juni 2010 eine gründliche Untersuchung der ehe- und steuerlichen Verhältnisse von Kandidatin Helle Thorning-Schmidt und ihrem Mann beginnen. Die Zeitung ist der Meinung, dass das Paar Steuerhinterziehung betreibt und damit spekuliert, dass Kinnock lieber in der steuerfreundlichen Schweiz anstatt in Dänemark Steuern bezahlt, wo er der Zeitung zufolge steuerpflichtig ist. Die umfangreiche Berichterstattung der Zeitung sorgt für Aufmerksamkeit und die Information, dass sich das Paar nur an den Wochenenden sieht, setzt auch noch andere Gerüchte in die Welt als diejenigen über Steuerhinterziehung.

Im September 2011, nur eine Woche vor der Wahl in Dänemark, glaubt das Wochenblatt *Her & Nu* zu wissen, dass sich das Paar scheiden lassen will, und am Tag darauf können sowohl der schwedische *Expressen* als auch die englischen Zeitungen *Daily Mail* und

The Telegraph verkünden, »Lord Kinnocks Sohn sei Opfer sexueller Gerüchte«. Am 14. September, dem Tag vor der Wahl, konfrontiert *Ekstra Bladet* Helle Thorning mit dem Gerücht, ihr Mann sei homosexuell, und am Tag der Wahl, dem 15. September, sind Geschichten über die vermeintliche Homosexualität sowohl in dänischen als auch in englischen Zeitungen zu lesen, darunter im *Evening Standard,* der schreibt: »Kinnocks Schwiegertochter von Schwulengerüchten am Wahltag überrascht«. Am 13. November, zwei Monate nach Helle Thornings knappem Wahlsieg, berichtet die *Daily Mail,* dass der russische Geheimdienst FSB für die Gerüchte verantwortlich sei.

»Die Vorwürfe, die allgemein als ein Versuch, Thornings Wahlkampf zu beeinträchtigen, betrachtet werden, wurden von Lord Kinnock verurteilt, der sie als politisch motivierte Fiktion mit dem Ziel der Diskreditierung seiner Schwiegertochter bezeichnete«, schreibt die Zeitung und verweist auf diplomatische Quellen, die vermuten, dass die Gerüchte von Personen aus dem russischen Geheimdienst in die Welt gesetzt wurden. Diese Quellen begründen ihren Verdacht mit einem vier Jahre zurückliegenden Vorfall in Sankt Petersburg, als Stephen Kinnock dort Direktor des englischen Kulturinstitutes British Council war.

Das Institut, das Filialen in aller Welt hat und unter anderem englischen Sprachunterricht und Informationen über Großbritanniens Kultur und Geschichte anbietet, war 2007 wegen des früheren KGB- und FSB-Agenten Alexander Litwinenko in eine diplomatische Auseinandersetzung zwischen England und Russland verwickelt.

Nachdem Litwinenko den FSB und Putin kritisiert hat, muss er 2000 Russland verlassen. In England bekommt er Asyl und schreibt zwei systemkritische Bücher über Russland und Putins Administration. Da er gleichzeitig sein Wissen über die Rolle des FSB bei den Bomben in den Wohnhäusern im Winter 1999 veröffentlicht und sich von einem spanischen Richter vernehmen lässt, der das Netzwerk in einer russisch-spanischen Mafiaorganisation mit vermuteten Verbindungen zu Putin und dem FSB aufdecken will, wird er sowohl für Putin als auch für den Geheimdienst zum Problem.

Im November 2006 stirbt er im Universitätsklinikum in London an einer Vergiftung mit Polonium 210.

Der britische Geheimdienst MI6 verdächtigt den früheren KGB-Agenten Andrei Lugowoi, für Litwinenkos Tod verantwortlich zu sein und ihm das radioaktive Gift bei einem Treffen im Hotel Millennium am Grosvenor Square in London in den Tee gemischt zu haben. Daher verlangt die britische Regierung, dass Russland Lugowoi der Strafverfolgung in England ausliefert. Putin nennt die Forderung dumm, was Großbritannien mit der Ausweisung von vier russischen Diplomaten beantwortet. Es ist der Beginn einer diplomatischen Krise zwischen den beiden Ländern.

Im Dezember 2006 kulminiert sie, als der Kreml die Schließung des British Council in Sankt Petersburg befiehlt. Die russischen Behörden behaupten, die Briten operierten illegal und handelten den russischen Steuergesetzen zuwider, doch einen Monat später eröffnen die Briten das Büro wieder. Dies bezeichnen die Russen als Provokation, und ein paar Tage später wird Helle Thorning-Schmidts Mann, Stephen Kinnock, verhaftet und wegen Trunkenheit am Steuer angeklagt.

Kinnock war bis spätabends in einem Restaurant und wurde auf dem Nachhauseweg von der russischen Polizei angehalten. Der russische Radiosender »Echo of Moscow« beschreibt den Vorfall und berichtet, eine Polizeistreife hätte bemerkt, dass Kinnock an einer Kreuzung in der Innenstadt von Sankt Petersburg grob gegen die Verkehrsregeln verstoßen hätte. Und damit nicht genug. Als er angehalten wurde, erkennen die Beamten auch noch, dass er stark nach Alkohol riecht. Daher verlangen sie einen Alkoholtest von ihm, doch Kinnock weist auf seinen diplomatischen Status hin und weigert sich, ins Röhrchen zu pusten.

Am Tag darauf sagt ein Sprecher des Kulturinstituts, Kinnock wäre von der Polizei festgehalten und seine Mitarbeiter im British Council seien vom FSB verhört worden. Am selben Tag wird in einem Artikel der Zeitung *Nasha Versia* behauptet, Helle Thorning-Schmidts Mann hätte, als er von der Polizei angehalten wurde, nicht allein im Auto gesessen, sondern sei von einer leicht bekleideten jungen Frau begleitet worden.

Im Kommentarfeld unter der Online-Ausgabe des Artikels äußert ein Mann, der behauptet, Insiderwissen über die Arbeitsmethoden des FSB zu haben, die Vermutung, was weiter geschehen wird: »In ein bis drei Tagen wird aus der jungen, leicht bekleideten Frau wahrscheinlich ein junger Mann mit dem gleichen Beruf werden«, schreibt er und deutet an, dass die Affäre wohl als Versuch, Kinnock zu erpressen, genutzt wird.

Doch die FSB-Agenten können keinen unmittelbaren Druck auf den Mann der sozialdemokratischen Parteivorsitzenden ausüben, denn drei Tage nach dem Zusammenstoß mit der russischen Polizei und dem FSB verlässt er Sankt Petersburg und reist nach Hause zu seiner Familie im angesagten Baugenossenschaftshaus in Østerbro in Kopenhagen. Erst drei Jahre später tauchen die Homo-Gerüchte auf, und in diplomatischen Kreisen in England herrscht kein Zweifel daran, dass sie von Putins FSB-Agenten im dänischen Wahlkampf gestreut werden.

»Der arme Stephen hatte es in Sankt Petersburg schwer«, äußert eine Quelle aus Diplomatenkreisen gegenüber der *Mail on Sunday* zwei Tage vor der Wahl in Dänemark. »Er geriet in eine Undercoveroperation und wurde auf übelste sowjetische Weise eingeschüchtert, und jetzt wird auch noch seine Frau mit dieser Affäre bedrängt. Wir glauben nicht, dass das ein Zufall ist.«

Es war wohl auch kein Zufall, sondern gründlich geplant und vorbereitet, als Putin 2006 und 2007 eine weitere Regierungschefin einschüchtert – Deutschlands Kanzlerin Angela Merkel.

Die Bundeskanzlerin hat keine Aktien im Nord-Stream-Projekt ihres Vorgängers Gerhard Schröder, und als sie 2005 das Kanzleramt übernimmt, muss Wladimir Putin sich auf neue Töne im Dialog zwischen Deutschland und Russland einstellen. Im Gegensatz zu Gerhard Schröder ist Angela Merkel vom starken Mann im Kreml wenig beeindruckt und spricht bei ihrem ersten offiziellen Besuch in Russland im Januar 2006 alle wunden Punkte an, die Schröder in seinen Gesprächen mit Putin normalerweise ausließ.

Auf der Tagesordnung stehen Handel und Energieversorgung, doch die neue deutsche Kanzlerin will auch über den Tschetschenienkonflikt und ein neues Gesetz sprechen, das die Arbeit von regierungsunabhängigen Organisationen in Russland beschränkt, über Menschenrechte und Gazproms regelmäßige Gaslieferstopps in die Ukraine. Und nach dem dreistündigen Treffen im Kreml fährt sie direkt in die Residenz der deutschen Botschaft, wo sie eine Gruppe russischer Menschenrechtsaktivisten erwartet.

Wenn Bundeskanzler Schröder früher zu Besuch bei Putin in Russland war, legte er nach den offiziellen Verhandlungen kein solch »beleidigendes Verhalten« an den Tag, sondern machte Schlittenausflüge in den russischen Winter und nahm zusammen mit Putin und seiner Frau auch an anderen sozialen Veranstaltungen teil.

Doch Angela Merkel spielt anders. Sie steht dem russischen Staatsoberhaupt skeptisch gegenüber. Als Putin 2001, ein paar Wochen nach den Angriffen auf die Zwillingstürme in New York und das amerikanische Verteidigungsministerium im Pentagon, als erster russischer Präsident vor dem Bundestag spricht und zu einer gemeinsamen europäisch-russischen Solidarität mit den USA aufruft, lassen sich die meisten Bundestagsabgeordneten von seiner politischen Aussage und der Rede beeindrucken, die er in fließendem Deutsch hält. Nur nicht Angela Merkel.

»Wir haben es der Stasi zu verdanken, dass er Deutsch kann«, sagt sie zu ihrem Nebenmann. Stasi und die sowjetische Kontrolle von Ostdeutschland sind etwas, was sie persönlich kennt.

Sie wurde in der kleinen Stadt Templin nördlich von Berlin in der ehemaligen DDR geboren und ist ihrer Heimat immer noch eng verbunden, wo sie ein kleines weiß gekalktes Haus in Hohenwalde nahe ihrer Heimatstadt besitzt.

Dieses Haus nutzt sie, wenn sie sich vom politischen Leben in Berlin und Brüssel zurückziehen und sich entspannen will, indem sie im nahen See badet oder Fahrradtouren in der schönen, waldreichen Gegend macht. Doch bei der Fahrradtour am 2. August 1995 ereignet sich etwas, was Putin später nutzen kann, um sie in aller Öffentlichkeit zu demütigen.

Als Angela Merkel durch die Uckermark radelt, trifft sie Bessi. Bessi ist ein kurzhaariger Hühnerhund, eine Rasse, die vor allem zur Jagd eingesetzt wird, was bei Bessi allerdings nicht der Fall ist. Sie ist ein wenig zu gutmütig und hat daher gerade die Jagdhundprüfung nicht bestanden. Doch beim Anblick der fahrradfahrenden Umweltministerin wird sie offenbar vom Teufel geritten. Sie springt Merkel an und beißt ihr ins Knie.

Das Erlebnis hinterlässt einen so tiefen Eindruck bei der deutschen Politikerin, dass sie sich in der Gegenwart von Hunden unwohl fühlt; besonders bei großen Hunden kann sie panische Angst bekommen.

Sie macht diese Phobie nicht publik, doch dem ehemaligen Geheimdienstagenten Putin bleibt der schwache Punkt der deutschen Kanzlerin nicht verborgen. Bei ihrem ersten offiziellen Besuch in Russland ist er so hinterlistig, ihr einen schwarz-weißen Plüschhund mit einer sehr kurzen Leine zu schenken, und ein Jahr später setzt er sein Wissen um die Furcht der Kanzlerin vor Hunden bei einem Treffen in Sotschi bewusst ein.

Als Angela Merkel am 22. Januar an die russische Riviera fliegt, um sich mit Wladimir Putin in seiner exklusiven Datscha zu treffen, ist sie nicht nur Kanzlerin, sondern auch EU-Vorsitzende und G8-Vorsitzende. In ihrem Gespräch kommt sie wie gewohnt auf den Punkt und verlangt in einigen Dingen eine bessere Kommunikation von russischer Seite. Der Gasstreit zwischen Russland und Weißrussland gibt ihr zu denken, denn in diesem Monat haben die Russen sowohl Weißrussland als auch einigen EU-Ländern den Gashahn zugedreht. So etwas darf sich nicht wiederholen, sagt sie bei dem Treffen und verlangt, dass die EU in Zukunft umgehend informiert wird, wenn eine neue kritische Situation zu befürchten ist. Außerdem ist sie unzufrieden damit, dass Russland ein Einfuhrverbot für polnisches Fleisch verhängt hat, dass es Luft-Boden-Raketen an das islamische Regime im Iran liefert und dass es die Unabhängigkeit des Kosovo nicht anerkennen und deshalb möglicherweise aus dem UN-Sicherheitsrat austreten will. Daran muss sich etwas ändern, erklärt sie dem bedrängten Putin. Irgendwann wird ihm das deutsche Bombardement zu viel. Er muss die verbale Überlegenheit der Kanzlerin brechen und weiß auch schon, wie er sie ruhigstellen kann.

Mit einem diskreten Zeichen zu einem seiner Sicherheitsleute gibt er den Befehl, die Tür zum Kaminzimmer, in dem die beiden Staatsoberhäupter sitzen, zu öffnen. Sofort kommt Koni, Wladimir Putins schwarzer Labrador, hereingelaufen und geht schnurstracks auf den deutschen Gast zu.

Angela Merkel erstarrt auf ihrem Stuhl vor dem Kamin, und Putin sieht lächelnd zu, wie der Hund dicht an sie herangeht und neugierig an ihren Händen schnüffelt.

»Nur die Ruhe, sie tut nichts. Sie ist ein guter Hund«, sagt er auf Deutsch zu Merkel, die zu Tode erschrocken ist und den Hund nicht ansieht, um keine Panik zu bekommen. Stattdessen richtet sie den Blick starr auf Putin.

»Und offenbar frisst sie auch keine Journalisten«, sagt sie auf Russisch und deutet auf die anwesenden Pressefotografen.

Dieselben Journalisten fragen sie später nach dem Ereignis, woraufhin sie antwortet: »Ich kann gut verstehen, warum er so etwas macht. Er muss zeigen, dass er ein Mann ist. Das ist aber auch schon alles, was er vorzuweisen hat. Er hat Angst vor seiner eigenen Schwäche und der von Russland. Das Land hat nichts. Keine erfolgreiche Politik, keine erfolgreiche Wirtschaft. Das Einzige, worin Putin und Russland gut sind, ist so etwas.«

EPILOG

VERLOGEN, VERSCHLOSSEN UND VERÖFFENTLICHT

Bei den Recherchen zu meinem Buch »Det koster et kongerige – bag om kongehusets penge og privilegier« (Das kostet ein Königreich – Geld und Privilegien des Königshauses), das 2012 erschien, fiel mir das Nord-Stream-Projekt zum ersten Mal auf. Das ist vielleicht verwunderlich.

Als Journalist lese ich normalerweise mehrere Tageszeitungen und verfolge die Nachrichten in Fernsehen und Radio, doch mir war nicht bewusst, viel über Nord Stream gelesen oder gehört zu haben.

Und es sollte sich zeigen, dass nicht nur ich die Geschichte übersehen habe.

Als ich mich in Zeitungsarchive und Datenbanken vertiefte, fand ich heraus, dass das so umstrittene Projekt, das weit mehr ist als nur eine Gasleitung am Grund der Ostsee, hier in Dänemark nur bei dem früheren Außenminister Uffe Ellemann-Jensen, dem Energiesprecher Per Clausen von der Enhedsliste und dem Sozialdemokraten Jeppe Kofod auf kritischen Widerstand stieß, während es in den Nachbarländern rund um die Ostsee sowohl in den Medien als auch in der Regierung oberste Priorität hatte, die die umwelttechnischen, politischen und sicherheitsmäßigen Intentionen und Konsequenzen offen und sorgfältig untersuchten.

Im Buch über das Königshaus beschrieb ich kurz, wie die Genehmigung des Projekts dazu beitrug, die Türen zum russischen Markt wieder zu öffnen, sodass dänische Unternehmen den russischen Verbrauchern wieder Bier, Fleisch und Steinwolle liefern konnten, und dass die königliche Familie dem Versöhnungsprozess vorstand und daher gezwungen war, sich mit dem dynamischen Duo Wladimir Putin und Dmitri Medwedew aus dem Kreml abzugeben. Doch das war nicht das Einzige, was mein Interesse an der Gas-Affäre weckte.

Als ich begann, Nord Stream etwas genauer in die Karten zu sehen, tauchten Geschichten über die alten Spionkollegen Wladimir Putin und Matthias Warnig und ihre Vergangenheit in der DDR während der 1980er-Jahre auf. Dass die beiden früheren KGB- und Stasi-Agenten 20 Jahre später an einem Projekt beteiligt waren, das Dänemark betraf, und dass sie einander offensichtlich gefolgt waren und seit dem Kalten Krieg eng zusammengearbeitet hatten, klang nach einer guten Geschichte. Daher begann ich, Nachforschungen über die Vergangenheit der beiden Männer, die Aktivitäten von Nord Stream und die Behandlung des Nord-Stream-Projekts seitens der dänischen Regierung anzustellen.

Zu meiner großen Überraschung zeigte es sich, dass es leichter war, Informationen über die dunkle Vergangenheit der beiden Männer im Dienste der Sowjetunion bzw. der DDR zu erhalten, als korrekte Angaben über ihre jetzigen Aktivitäten im Gas-Geschäft. Doch der allerschwierigste Teil war es, Zugang zum Material der dänischen Behörden und der Regierung von Lars Løkke Rasmussen zu bekommen.

Fast alles, was die politischen Überlegungen und den wirklichen Grund dafür betrifft, warum Dänemark dem Projekt als erstes Land seine Zustimmung gab, unterliegt der Geheimhaltungspflicht. Infolge meiner Nachforschungen zu »Det koster et kongerige« und anderen journalistischen Projekten weiß ich, dass die Anfrage um Akteneinsicht bei den dänischen Behörden und Ministerien langwierig sein kann. Beim Buch über das Königshaus blieb eine meiner Anfragen fast ein Jahr im Staatsministerium liegen. Alle sechs Wochen bekam ich eine »automatische« Benachrichtigung, dass das Ministerium aufgrund hoher Auslastung und vieler Bitten um Akteneinsicht leider noch keine Zeit hatte, sich mit meinem Antrag zu beschäftigen. Erst zehn Tage nach Erscheinen meines Buches bekam ich die Akten ausgehändigt. Nicht, dass es viel genutzt hätte. Der größte Teil des Textes war geschwärzt. Die gleiche Geheimniskrämerei erlebte ich in großem Umfang bei den Arbeiten zu diesem Buch. Akten, Notizen und Briefe, die ich beim Amt des Ministerpräsidenten, Außenministerium, Umwelt- und Energieministerium einsehen konnte, wurden mit dem Hinweis auf »Rücksicht auf ausländische Mächte und die eigene Staatssicherheit« mit so vielen Schwärzungen ausgeliefert, dass in vielen Fällen lediglich das Datum lesbar war. Doch die Geschichte der Gasleitung ist zu wichtig, um sie nicht zu erzählen.

Deshalb habe ich versucht, über andere Quellen und durch Vergleich öffentlicher und durchgesickerter Informationen herauszufinden, warum Dänemark so wild darauf war, sich mit Putin und Medwedew gut zu stellen, und warum Handelsinteressen und persönliche wirtschaftliche und politische Ambitionen Vorrang bekamen vor einem offenen Umgang mit dem Projekt sowie seiner Umweltsicherheit und geopolitischen Bedeutung.

Ich glaube, diese Geschichte in meinem Buch erzählen zu können; alle verwendeten Informationen sind dokumentiert und können in Bezug zum Sachverhalt gesetzt werden. Nur dass die Gerüchte um die angebliche Homosexualität von Helle Thorning-Schmidts Mann vom russischen Geheimdienst FSB in die Welt gesetzt und verbreitet wurden, kann ich nicht hundertprozentig dokumentieren. Ich wollte sie trotzdem mit aufnehmen, da es mehr als wahrscheinlich ist, dass Quellen in britischen Diplomatenkreisen zu den richtigen Schlüssen gekommen sind, wenn sie behaupten, dass dies das Werk des russischen Geheimdienstes war. Da der Wahlkampf in den USA 2016 von russischen Hackern angegriffen wurde, die Fake News und »Kompromat« gegen sowohl eigene Bürger als auch ausländische Politiker einsetzten, und da bekannt wurde, dass sich Russland in den Mailserver des dänischen militärischen Geheimdienstes eingehackt hat, ist es nicht abwegig, sich vorzustellen, dass Putin und FSB oder GRU auch 2011 versucht haben, dafür zu sorgen, dass die bürgerliche Regierung, die ihre Bereitschaft zur Zusammenarbeit bei der Genehmigung von Nord Stream bereits bewiesen hatte, in Dänemark an der Macht bleibt. Eine Regierung, die es verstand, die weniger schönen Seiten des russischen Projekts vor der dänischen Bevölkerung geheim zu halten.

Doch nicht nur die dänische Zentraladministration und Lars Løkke Rasmussens ehemalige und jetzige Regierung wollen die Informationen über den Genehmigungsprozess im Jahr 2009 lieber für sich behalten. Nord Stream wäre es auch lieber, wenn die Sache nicht ans Licht kommt.

Über die dänische Kommunikations- und PR-Chefin von Nord Stream, Markela Dedopoulos, die früher beim Thermostathersteller Danfoss arbeitete, in der Öffentlichkeit aber eher aus ihrer Zeit als Nachrichtensprecherin bei TV3 und später für die unglückliche Verwicklung ihres Lebensgefährten Allan Vestergaard in den sogenannten IT-Factory-Skandal – einer der größten Betrugsaffären in Dänemark – bekannt ist, habe ich versucht, ein Interview mit Matthias Warnig zu bekommen. Doch das ließ sich nicht machen.

Auch ein Besuch bei Nord Streams Anlandepunkt im deutschen Lubmin konnte nicht arrangiert werden, und aus den vielen schriftlichen Fragen, die der Presse- und Kommunikationschef von Nord

Stream, Jens D. Müller, eigentlich zu beantworten versprach, der als Nächster mit mir Kontakt aufnahm, wurde nichts.

Daher habe ich unter anderem keine Antwort von Warnig auf die Frage, auf welche Weise sich die Zusammenarbeit mit den dänischen Behörden und der dänischen Regierung beim Genehmigungsprozess 2009 bis 2010, die von Nord Stream, Putin und Medwedew mehrmals gelobt wurde, von ähnlichen Kontakten zu Behörden und Regierungen in Schweden und Finnland unterschied – und was für eine Rolle die beiden Gasliefervertäge von DONG Energy dabei spielten. Von der Rolle der beratenden Ingenieurfirma Rambøll ganz zu schweigen, die für die »unabhängigen« Umweltanalysen verantwortlich war und gleichzeitig bei anderen Projekten eng mit Gazprom zusammenarbeitete. Außerdem geht es um die Bestechung kritischer Stimmen auf Gotland. Auf diese und andere Fragen hätte ich gerne eine Antwort von Nord Stream erhalten, doch die Firmenleitung bleibt stumm.

Insgesamt habe ich Matthias Warnig und Jens D. Müller 18 Fragen gestellt und nur zwei Antworten erhalten: auf die nach dem tatsächlichen Preis der Anlage und auf die nach der Kapazitätsauslastung der bestehenden Leitung. Auf die anderen Fragen antworten sie nicht, obwohl sie glauben, dass ich über einige Dinge nicht die richtigen Informationen besitze.

In einer E-Mail vom 12. Dezember 2016 schreibt Müller: »Ich muss sagen, dass ich mich ein wenig wundere, dass Sie so viele Spekulationen und Missinformationen über unser Projekt zusammengetragen haben. Das extremste Beispiel dafür ist die Behauptung, Nord Stream würde weniger als die Hälfte seiner Kapazität nutzen. Dies haben wir mehrmals korrigiert, doch einige unserer Kritiker brauchen diese falsche Information immer noch als Grundlage für die Behauptung, Nord Stream 2 sei nicht notwendig.«

Ich stellte auch die Frage, warum eine Firma, deren Inhaber ein enger Freund Putins ist, den Vertrag für die Lieferung von Rohren für Nord Stream erhalten hat, und das Quellen aus der Branche zufolge zu einem Dreifachen des normalen Marktpreises. Doch auf diese Frage will Nord Stream auch nicht antworten.

Der Freund, der den lukrativen Deal abschloss, der ihm allein in den Jahren 2008 bis 2012 einen Nettogewinn von 350 Millionen Euro einbrachte, ist Arkadi Rotenberg, Wladimir Putins alter Judokamerad aus Sankt Petersburg. Die beiden Männer sind einander sowohl freundschaftlich als auch geschäftlich eng verbunden, Letzteres sogar so eng, dass die Firma Stroygazmontazh, SGM, die Arkadi Rotenberg 2008 gründet, im Laufe von nur einem Jahr zum größten Bau- und Ingenieursunternehmen Russlands wird, mit einem Überschuss von nicht weniger als 2,5 Milliarden Euro. So ziemlich alle Aufträge der Firma stammen von Gazprom oder Betrieben mit engen Verbindungen zum Energiegiganten und zu Putins engerem Bekanntenkreis. Dabei bleibt es nicht. Ganz im Gegenteil. Als in Sotschi für die teuersten Olympischen Spiele aller Zeiten 2014 eine neue Infrastruktur gebraucht wird, erhält die Firma des Judofreundes die entsprechenden Aufträge dafür. Preis: 6,5 Milliarden Euro. Bis heute reiht sich Auftrag an Auftrag. Wirft man einen Blick auf die Webseite des Unternehmens, erkennt man, dass Stroygazmontatz Pipelines sowohl im europäischen wie auch im asiatischen Teil Russlands baut und nach eigener Aussage auf der Homepage »an fast allen wichtigen Projekten zum Bau von Pipelines beteiligt ist«.

Die Zusammenarbeit beschränkt sich allerdings nicht nur auf die Öl- und Gasindustrie. Als am 15. Mai 2018 ein fröhlicher, in Jeans gekleideter Wladimir Putin aus dem Führerhäuschen eines Lkw springt, den er gerade über die neue Brücke zwischen der Halbinsel Taman im südlichen Russland und Kertsch auf der 2014 annektierten Halbinsel Krim gefahren hat, sagt er: »Früher – noch unter den Zaren – hat man davon geträumt, so eine Brücke zu bauen.«

Doch weder russische Zaren noch die Politbüros der ehemaligen Sowjetunion haben diesen Traum realisiert. Das tun erst Stroygazmontazh und Arkadi Rotenberg auf Wunsch und im Auftrag von Wladimir Putin. Preis: drei Milliarden Euro.

Es mag seltsam erscheinen, dass der Auftrag für ein Brückenbauprojekt dieser Größenordnung an eine Firma geht, die noch nie ein ähnliches Projekt durchgeführt hat und die sich überhaupt noch nie mit Brückenkonstruktion beschäftigt hat. Betrachtet man die vielen Projekte, die das Unternehmen für Gazprom und die Gruppe ehemaliger KGB- und FSB-Leute in dessen Umkreis durchgeführt hat, zeichnet sich ein deutliches Bild ab. Ein Bild von Projekten, die mit Geldern aus staatlichen Gesellschaften finanziert wurden, Geldern, die schließlich auf ausländische Konten auf Zypern, den britischen Jungferninseln und in anderen Steueroasen verschwanden.

Ein internationales Konsortium investigativer Journalisten und Medien, angeführt von der *Süddeutschen Zeitung,* deckte anhand der Panama-Papers – und später der Paradise-Papers – auf, dass sich eine große Anzahl von Unternehmen, Staatsoberhäuptern und reicher Leute der Anwaltskanzlei Fonseca in Panama und Appleby auf Bermuda bedient haben, um Geld aus Korruption, Geldwäsche und Steuerhinterziehung in einer attraktiven Steueroase zu verstecken. Unter den über 13,4 Millionen vertraulichen elektronischen Appleby-Dokumenten, die den beiden *SZ*-Journalisten Frederik Obermaier und Bastian Obermayer 2017 zugespielt werden, befinden sich auch Unterlagen über Arkadi Rotenberg und seinen Bruder Boris. Während die USA und die EU gegen Russland und russische Firmen und Personen, die in den Krieg in der Ukraine und die Annektierung der Krim involviert waren, Sanktionen verhängen, russische Vermögen auf westlichen Konten einfrieren, Einreiseverbote erteilen und ein Verbot gegen die Zusammenarbeit mit schwarzgelisteten Namen verhängen, hilft

Appleby den Rotenberg-Brüdern dabei, sowohl Sanktionen als auch die russischen Steuerbehörden zu umgehen.

Doch Arkadi Rotenberg fasst nicht nur exotische Palmeninseln ins Auge, wenn er Geld im Ausland deponieren will. Am Tag nach der Einweihung der Krim-Brücke enthüllt eine journalistische Zusammenarbeit zwischen dem Südwestfunk und dem *Tagesspiegel*, dass Brückenbauer Rotenberg auch teure und exklusive Immobilien in Deutschland im Blick hat. Angeblich hat er wohl über einen Strohmann, Mikhail Opengeym, seine Firma Mars Propco 1, die Gesellschaft Mozart Holding Company und die in Panama registrierte Briefkastenfirma Dorada Services Company S.A. einen 50-prozentigen Anteil des bekannten Ku'damm-Karrees in Berlin gekauft.

Und das ist nicht Rotenbergs einzige Investition in Deutschland.

Den beiden Medien zufolge hat sich der von den Sanktionen betroffene Russe, der sich den Spitznamen »Putins Geldbörse« gefallen lassen muss, auf die gleiche Art auch in das Stue-Hotel, die ehemalige dänische Gesandtschaft in der Drakestraße in Berlin-Tiergarten, in die Oper in München, den LES1-Bürokomplex in Hamburg und das Sofitel-Hotel in Frankfurt eingekauft.

Arkadi Rotenberg ist nicht der Einzige in Putins näherem Umfeld, der Geschmack an Immobilien in Deutschland gefunden hat. Mit einem Investitionskapital von 7,5 Millionen Euro hat die Firma MW Invest GmbH & Co. KG, gegründet 2006 von Matthias Warnig und seiner russischen Frau Elena, den Immobilienkomplex Bahnhofseck in der Kurstadt Bad Krozingen in Baden-Württemberg gebaut. Warnigs Firma, die ihren Sitz in Burgblick 1 in Staufen im Breisgau hat und nur knapp zwei Stunden vom Hauptquartier von Nord Stream im schweizerischen Zug entfernt ist, ist auch an anderen Bauprojekten beteiligt. In der Tätigkeitsbeschreibung heißt es, Ziel der Gesellschaft sei »Erwerb, Verwaltung, Verwertung und Veräußerung vom Grundstücken und grundstückgleichen Rechten einschließlich ihrer Bebauung im eigenen Namen und für eigene Rechnung. Die Anlage des Vermögens der Gesellschaft, insbesondere in Wertpapieren jeglicher Art, und dessen Verwaltung. Die Erbringung von Beratungsleistungen insbesondere auf dem Gebiet der Investitionsberatungen. Die Vermittlung und Abwicklung von Handelsgeschäften.«

Abgesehen von der deutschen Immobilienfirma und den vielen Direktions- und Vorstandsposten in großen russischen Unternehmen, hat Matthias Warnig auch noch Zeit, einen Überschuss an Zeit und Geld in andere Geschäfte zu investieren. 2017 kaufte er nach den Angaben von *Forbes Russia* einen Aktienposten von 1,8 Prozent an der russischen IT-Firma New Cloud Technologies. Das klingt vielleicht nach nicht viel, aber die knapp zwei Prozent können für den früheren Stasi-Agenten ein äußerst lohnendes Geschäft sein. Offenbar hatte er ein gutes Näschen für die zukünftigen Möglichkeiten des Projekts. Das NCT-Produkt My Office ist in vielerlei Hinsicht mit Outlook und Exchange von Microsoft identisch. Im Lauf des Jahres 2019 sollen über 600 000 Angestellte im öffentlichen Dienst in Moskau ihre Computer vom amerikanischen auf das russische Produkt umstellen. Das hat Wladimir Putin als Reaktion auf die westlichen Sanktionen von 2014 beschlossen.

Ein wenig anrüchig erscheint 2013 Matthias Warnigs Beteiligung an der Übernahme von Russlands drittgrößter Ölgesellschaft, TNK-BP, durch die staatseigene Rosneft. Den Handel könnte man mit dem Zitat von Don Vito Corleone aus dem Film »Der Pate« beschreiben. »Ich mache ihm ein Angebot, das er nicht ablehnen kann.« 28 Milliarden amerikanische Dollar machen der Partnerschaft zwischen BP und dem russischen Konsortium ARR mit den Oligarchen Michail Fridman, Viktor Vekselberg, Len Blavatnik und German Chan ein Ende und bringen die Gesellschaft in den engeren Kreis um Wladimir Putin.

Die Überführung des vielen Geldes findet im März 2013 unter Aufsicht der finanziellen Berater und Rechtsanwälte der beiden Partner in einem Büro des Hauptsitzes der Deutschen Bank in Frankfurt statt. Alle sind froh, die Berater der Verkäufer allerdings erst, als sie einen Screenshot erhalten, der beweist, dass der Tausch zwischen Aktien und Bargeld registriert und das Geld auf den entsprechenden Konten der Verkäufer eingegangen ist. Für die Zweifel an der Rechtschaffenheit der Käufer gibt es auch gute Gründe. Der gigantischen Übernahme ging ein mehrjähriger Krieg voraus, in dem Drohungen und Einschüchterungen als Waffen eingesetzt wurden.

Im März 2008 erklärt das russische Innenministerium, dass man wegen des Verdachts auf Steuerhinterziehung in der Größenordnung von mehr als 23 Millionen Euro überlegt, Untersuchungen gegen TNK-BP einzuleiten. Die Information einer Strafverfolgung der Firma kommt, kurz nachdem 148 ihrer Mitarbeiter kein neues Visum für Russland erhalten haben. Dazu gehörte der CEO der Firma, Robert Dudley, der nach den Aussagen der russischen Integrationsbehörden keinen gültigen Arbeitsvertrag vorweisen kann.

»Wir können Mr. Dudley kein Visum ausstellen, bevor er uns einen gültigen Vertrag vorlegt. Der bisherige Vertrag ist ausgelaufen, und wir haben keinen Beweis dafür, dass er verlängert wurde«, sagt ein Sprecher der Behörden zu *Reuters*. Und das ist nicht der einzige Vorwurf, den man dem Direktor macht. Er läuft überdies Gefahr, wegen einiger minderer Unregelmäßigkeiten, die die Arbeitsaufsicht bei einem Besuch in einer der Arbeitsstätten des Unternehmens feststellt, für bis zu drei Jahre als Geschäftsführer in Russland ausgeschlossen zu werden.

»Die Gesellschaft und ich wurden mit unerwarteten Untersuchungen, Verfahren, Nachforschungen und anderen Behinderungen konfrontiert«, betont Dudley in einer offiziellen Aussage

2008. Vier Jahre später wirft er das Handtuch und willigt ein, die Verhandlungen über den Verkauf des Firmenanteils an TNK-BP einzuleiten. Als Berater für den Verkauf wählt man die in London ansässige Beraterfirma Lambert Energy Advisory. Dass man eine Firma mit nur 17 Angestellten wählt und nicht einen der großen Player wie zum Beispiel Goldman Sachs mit seinen 32 000 Mitarbeitern, erweckt Aufsehen. Doch dafür gibt es vielleicht eine ganz logische Erklärung – und einen beunruhigenden Zufall, was das Personal angeht. Als Vorstandsmitglied von Rosneft sitzt Matthias Warnig auf der einen Seite des Verhandlungstisches, wenn es um die Besprechung von Details mit BP geht. Für dieses Treffen ist er wahrscheinlich sehr gut vorbereitet. Was nicht bekannt ist, ist, dass Matthias Warnig und seine in der Schweiz registrierte Firma Interatis AG zwölf Prozent von Lambert Energy Advisory besitzen. Damit profitiert er sowohl auf der Käufer- als auch auf der Verkäuferseite des Deals mit dem BP-Anteil, dessen Partner ARR mit den vier Oligarchen an dem Kauf zunächst auch interessiert waren. Die vier reichen Russen taten sich daher mit der englischen Investmentbank Rothschild zusammen, um für die notwendige Finanzierung zu sorgen. Es gelang den Oligarchen und der Bank nicht, mit dem Angebot von Rosneft mitzuhalten. Vielleicht hatten sie auch nicht den richtigen Partner, um gegen Putin und die russischen Öl- und Gasinteressen anzugehen. Zum Zeitpunkt der Übernahme war der frühere deutsche Bundeskanzler Gerhard Schröder nicht nur Aufsichtsratsvorsitzender von Nord Stream, sondern auch als Berater für die Rothschild-Bank tätig, besonders für Investitionsberatungen in Osteuropa und Russland. Wie das PR-Material der Bank zeigt, erledigte er diese Aufgabe ausgezeichnet. »Kunden profitieren von unseren hochrangigen politischen Kontakten«, heißt es in einer Firmenpräsentation von 2011. Und wie Matthias Warnig kann auch Gerhard Schröder die Angelegenheit von mehreren Seiten sehen. Vom Januar 2009 an war er knapp drei Jahre lang unabhängiger Verwaltungsrat bei TNK-BP. Dort bekam er wichtige Einblicke in die Verhältnisse der Firma, doch die Position brachte ihn auch auf die Liste der Paradise Papers. TNK-BP war auf den britischen Jungferninseln registriert, und im Oktober 2011 kontaktierte Schröder den veröffentlichten Dokumenten zufolge die Anwaltskanzlei Appleby auf den Bermudas für juristischen Beistand. Appleby lehnte es jedoch ab zu helfen, weil ein Interessenkonflikt mit einem anderen Mandanten bestand. Schröder gab seine Stellung bei TNK-BP am 9. Dezember 2011 auf. Im März 2016 beendet Schröder seine Zusammenarbeit mit der Investitionsbank Rothschild und wird neun Monate später Vorstandsvorsitzender von Rosneft.

Dass in der russischen Wirtschaft vieles im Dunkeln vonstattengeht und nie ans Licht der Öffentlichkeit kommt, macht sich auch beim Nord-Stream-Projekt bemerkbar. So wie die Firmenleitung und ihre Sprecher meine Fragen nach dem Deal mit Arkadi Rotenberg nicht beantworten wollten, so blieben sie mir auch auf die Frage, warum die russischen Behörden keine vollständige Analyse der Auswirkungen der Gasleitung auf die Umwelt im russischen Teil der Ostsee lieferten und warum die russische Öffentlichkeit nicht die Gelegenheit bekam, zu diesem Thema gehört zu werden, die Antwort schuldig. Die einzige Antwort, die ich auf diese und ähnliche Fragen bekam, ist, dass man sie an Nord Stream und nicht an Matthias Warnig stellen sollte, da er nicht länger Geschäftsführer von Nord Stream ist, sondern von Nord Stream 2, deren Firmenkonstruktion nichts mit dem Projekt von 2009 zu tun hat, schreibt Jens D. Müller. Daher ist Warnig nicht der, den man fragen sollte, wenn man etwas über die Umstände wissen will, an denen er 2009 beteiligt oder für die er verantwortlich war.

»Diese Fragen, die besonders Nord Stream angehen, sollten auch von dieser Firma beantwortet werden. Doch Sie werden feststellen, dass Nord Stream ebenso wie Nord Stream 2 keine privaten

Gespräche, Regierungsbeschlüsse oder Gespräche mit anderen Entscheidungsträgern kommentieren wird«, schreibt Jens D. Müller in seiner E-Mail an mich.

Ansonsten sind die Begriffe Offenheit und Transparenz bei Nord Stream und in Jens D. Müllers Presseabteilung hochgeschätzte und viel gebrauchte Worte.

In Dokumenten, öffentlichen Statements und Berichten wird das Nord-Stream-Projekt als vollkommen transparent und offen beschrieben. Nichts wird zurückgehalten. Es gibt keine Mätzchen, keine geheime Agenda. Alles ist offen und zugänglich, kam es immer und immer wieder von Putin, Medwedew, Warnig und allen anderen Topleuten bei Nord Stream und Gazprom. Jens D. Müller gebraucht auch exakt ein Zitat aus dieser Litanei, als er am 5. November 2009 die Pressemeldung herausgibt, dass die schwedische und finnische Regierung Dänemarks Beispiel gefolgt sind und der 1224 Kilometer langen Gasleitung die Baugenehmigung erteilt haben. In der Pressemitteilung zitiert er den schwedischen Senior-Berater von Nord Stream, Lars O. Grönstedt:

»Die schwedische Genehmigung ist das Resultat jahrelanger umfassender Umweltanalysen, guter Zusammenarbeit mit den Behörden sowie Beratungen mit Beteiligten und Experten. Der Dialog war allzeit offen und durchschaubar.«

In derselben Pressemitteilung gibt es auch die Aussage des Geschäftsführers Matthias Warnig: »Es ist ein wichtiger Tag für das Nord-Stream-Projekt. Wir sind sehr froh über die Entscheidungen der schwedischen und finnischen Regierung. Diese beiden Genehmigungen sind ein wichtiger Schritt für das Projekt und die Versorgungssicherheit in Europa.«

Die Bezeichnung »Versorgungssicherheit in Europa« ist ein weiterer häufig verwendeter Begriff in der Kommunikation von Nord Stream. Immer wenn Kritiker behaupteten, dass der Bau der Pipeline politisch bedingt sei und sie als potenzielle Waffe in einem russischen Gaskrieg gegen lästige Nachbarländer eingesetzt werden könne, schlug Nord Stream mit dem Argument zurück, dass die unterseeischen Leitungen ausschließlich dazu da seien, die Energieversorgung von Europa und insbesondere der EU-Länder zu sichern. Genau das tat auch die dänische Regierung unter Lars Løkke Rasmussen 2009, als sie darauf beharrte, dass die dänische Entscheidung keineswegs eine politische war, sondern ausschließlich administrativ und zugunsten der dänischen und europäischen Energiesicherheit fiel.

Diese Aussagen würden die betroffenen Politiker heute gerne wieder zurücknehmen, bekamen sie doch schon 2014, als Russland die Krim annektierte und erneut das Gas einsetzte, um die Ukraine zu bedrohen, einen üblen Beigeschmack. Der damalige außenpolitische Sprecher der Partei Venstre, Søren Pind, verlangte die Unabhängigkeit Europas von russischem Gas. Der *Berlingske Tidende* gegenüber erklärte die ehemalige konservative Außenministerin Lene Espersen, dass die dänische Regierung Russland in den schönen Tagen der dänisch-russischen Love-Story »missverstanden« hätte.

»Wir dachten schlicht anders. Wir glaubten, Russland hätte andere Absichten. Es ging teilweise darum, die Ersten zu sein, die ein gutes Verhältnis zu Russland aufbauten, da es für die dänische Wirtschaft große Bedeutung hatte, aber auch darum, dass wir es für eine Win-win-Situation hielten. Wir glaubten, dass die Welt sich verändert hätte, doch das erwies sich als Trugschluss.«

Die Dokumentation in diesem Buch beweist, dass Dänemark zu den Russen und deren Gasleitung 2009 hätte »Nein« sagen können, doch dass es niemand in der Regierung und in der Wirtschaft wollte. In der Regierung war jeder, wie Lene Espersen bestätigt, darauf aus, die Genehmigung der Gasleitung gegen ein dänisches Exportabenteuer in Russland einzutauschen. Doch die Geschichte hatte kein Happy End. 2014 hat Putin die Krimhalbinsel der neuen russischen Großmacht einverleibt. Der Westen verhängte Sanktionen gegen Russland, woraufhin die Russen im Gegenzug europäische Agrarprodukte boykottierten. Und im Moment wird die Front zwischen dem Westen und Russland von Tag zu Tag kälter. Im Risikobericht des dänischen Militärgeheimdienstes, der am 4. Dezember 2018 veröffentlicht wurde, heißt es:

»Russlands wichtigstes außen- und sicherheitspolitisches Ziel ist es, eine den USA ebenbürtige Großmacht zu werden und im früheren sowjetischen Gebiet Interessen zu vertreten, die Russlands regionale Sicherheit stärken. Russlands bewaffnete Streitkräfte werden weiterhin das wichtigste Mittel des Landes sein, die Rolle als Großmacht zu verteidigen, und mit dem laufenden, starken Streitkräfteaufbau im westlichen Russland wird die militärische Überlegenheit im ehemaligen sowjetischen Gebiet erhöht.«

Ein paar Tage vor der Veröffentlichung des Berichts zeigt sich, dass die Schlussfolgerungen nicht nur Theaterdonner sind. Am 26. November beschießen, entern und beschlagnahmen russische Flottenschiffe drei ukrainische Schiffe in der Straße von Kertsch, der Passage zwischen den Halbinseln Krim und Taman, die das Asowsche mit dem Schwarzen Meer verbindet.

Die Aktion ruft augenblickliche Kritik der Weltgemeinschaft hervor, und mehrere deutsche Politiker und Kommentatoren weisen darauf hin, dass die angemessene Reaktion auf die russischen Aggressionen ein »Nein« zu Nord Stream sein könnte.

»Nord Stream zu stoppen wäre ein sehr deutliches Signal. Die Pipeline quer durch die Ostsee von Petersburg nach Greifswald ist ein Lieblingsprojekt von Wladimir Putin«, schreibt Michael Thumann in seiner *Zeit Online*-Kolumne und in einem Kommentar für *Die Welt* erklärt die Grünen-Bundesvorsitzende Annalena Baerbock: »Nord Stream 2 ist für Herrn Putin ein wirtschaftlich lukratives Prestigeprojekt. Das darf Deutschland nicht unterstützen, während Russland offensichtlich internationales Recht bricht. Sonst sind alle diplomatischen Mittel, mit denen Druck auf Russland ausgeübt wird, wirkungslos.«

Bislang ist Nord Stream von den westlichen Sanktionen nicht sonderlich betroffen. Beim Treffen im Berlin Capitol Club im Oktober 2018 versichert Nord Streams Sprecher Ulrich Lissek, dass weder westliche Sanktionen noch die EU Nord Stream 2 aufhalten können. Gazprom-Chef Alexei Miller äußerte sich im Hinblick auf Dänemarks Zögern bei der Erteilung der Genehmigung für die Gasleitung auf dänischem Meeresboden ähnlich. Nichts kann uns aufhalten, ist die Grundhaltung bei Nord Stream, Gazprom und im Kreml. Bislang hatten sie alle recht.

In Berlin spricht man von Nord Stream immer noch als einem rein geschäftlichen und keineswegs politischen Projekt, obwohl der Personenkreis, der hinter der 1224 Kilometer langen Leitung am Grund der Ostsee steht, derselbe ist, der sich in den amerikanischen und den deutschen Wahlkampf eingemischt, sich in das deutsche Regierungsnetzwerk eingehackt und einen Cyberangriff auf das deutsche Außen- und Verteidigungsministerium durchgeführt hat. Es ist genau der Personenkreis, aus dem einige Mitglieder von den Sanktionen betroffen sind, weil sie direkt oder indirekt am Völkermord in der östlichen Ukraine beteiligt sind oder Bashar al-Assads Giftgasangriffe auf die Zivilbevölkerung in Syrien unterstützten. Es sind die Personen, die mehrmals ihre Bereitschaft signalisiert haben, die Gaslieferungen in die Ukraine einzustellen und die Bevölkerung wochenlang unter der Kälte leiden zu lassen. Mit diesen Leuten arbeitet der ehemalige Bundeskanzler Gerhard Schröder eng zusammen, und ihnen legt die jetzige Bundeskanzlerin durch ihre Unterstützung von Nord Stream 2 die Energiesicherheit von Deutschland und der ganzen EU in die Hände. »Nord Stream ist ein rein kommerzielles Projekt«, behaupten sowohl sie als auch ihr Vorgänger, doch in ganz Europa begegnet man diesen Worten mit immer größerer Skepsis. In der EU arbeitet man mit Hochdruck daran, eine neue Gasdirektive durchzubringen, die der Union mehr Kontrolle über das russische Gas zusichert. Am 5. November 2018 unterschreiben 69 Mitglieder des Europaparlaments und 21 europäische Parteivorsitzende und Parlamentsmitglieder einen offenen Brief an Angela Merkel, in dem sie ihre Bedenken äußern, dass Russland durch den Bau von Nord Stream 2 einen strategischen Einfluss auf die EU bekommt. Der Brief endet mit:

»Frau Bundeskanzlerin, wir bitten Sie, dass Ihre Regierung ihre Einstellung gegenüber dem Nord-Stream-2-Projekt überdenkt. Hören Sie auf, die Arbeit an der Gasdirektive zu blockieren. Unterstützen Sie den von der Europäischen Kommission und dem Europaparlament eingeschlagenen Weg. Lassen Sie den russischen Präsidenten wissen, dass Deutschland zu seinen EU-Partnern und zur Ukraine steht. Wählen Sie den europäischen Weg, nicht ›Germany first‹. Erst kürzlich hat Großbritannien durch seine Erfahrungen mit der Einmischung Russlands erfahren, wie wichtig es ist, dass man sich auf die Solidarität seiner Partner verlassen kann.

Den Nutzen aus Nord-Stream-2 würden der Kreml, Gazprom und eventuell ein paar westliche Unternehmen ziehen. Die ungeheuren politischen Kosten für die Fertigstellung von Nord-Stream-2 würde Deutschland tragen müssen. Ist das im deutschen Interesse? Würde Deutschland seiner Verantwortung Europa gegenüber gerecht werden, wenn es einige wenige Interessen über die gemeinsamen europäischen Interessen stellt? Frau Bundeskanzlerin, Sie wissen, dass die Antwort auf beide Fragen ›Nein‹ lautet.

Durch eine kurzsichtige Entscheidung würde Deutschland das Solidaritätsprinzip der EU untergraben. Auf diesem Prinzip muss jedoch die EU basieren, wenn sie erfolgreich sein will. Ihre Regierung setzt nicht die richtigen Prioritäten, Frau Bundeskanzlerin. Bitte ändern Sie den Kurs!«

QUELLENANGABEN

Im Text sind viele schriftliche Quellen genannt und zitiert (Zeitungen, Telegramme, Berichte etc.) Darüber hinaus wurden auch Dokumentationen durch Akteneinsicht bei dänischen und ausländischen Behörden sowie jede Menge Bücher und Zeitschriften gesammelt. Diese Liste enthält die wichtigsten dieser Quellen.

PROLOG: BÄRIGES IN BERLIN

BZ http://www.bz-berlin.de/artikel-archiv/so-ging-schroeder-mit-putin-austern-essen

Berliner Morgenpost

http://www.morgenpost.de/kolumne/horrmann/article118899272/Wo-Wladimir-Putin-in-Berlin-diniert.html

Interview mit Bea Peters (Redakteurin) und anderen Augenzeugen

Die Bundesbeauftragte für die Unterlagen des Staatssicherheitsdienstes der ehemaligen DDR (BStU)

www.vtb.com/group/management/Warnig

1. KAPITEL: EINE INFORMATIONSPIPELINE

https://pk.gov.pl/wydzialy-zamiejscowe-pk/aktualnosci-z-wydzialow-pzik/akt-oskarzenia-za-branie-udzialu-w-dzialalnosci-rosyjskiego-wywiadu-wojskowego-gru/ Pressemitteilung on ABW, 26.3.2018

Mailinterview mit Stanislaw Zaryn, Pressesprecher, ABW, 12.9. und 5.12. 2018

https://www.gov.uk/government/news/novichok-nerve-agent-use- in-salisbury-uk-government-response

https://www.theguardian.com/uk-news/2018/sep/05/salisbury-poisonings-police-name-and-charge-two-suspects

https://www.bellingcat.com/news/uk-and-europe/2018/10/08/second-skripal-poisoning-suspect-identified-as-dr-alexander-mishkin/

Mailinterview mit Will Englund, 18.–20.9.2018

Soviet-era scientist says he helped create poison in UK spy attack row https://af.reuters.com/article/worldNews/idAFKBN1GW 1EP

https://www.strategic-culture.org/news/2018/03/10/russian-spy-poison-attack-nord-stream-2-bigger-target.html

https://www.fnp.de/politik/putin-verdaechtigte-russen-fall-skripal-sind-harmlos-10362076.html

https://www.rt.com/news/438350-petrov-boshirov-interview-simonyan/

https://www.altinget.dk/energi/artikel/nord-stream-2-investor-russisk-naturgas-holder-europaeerne-varme

http://biznesalert.com/leak-ec-knows-gazprom-abuses-there-will-be-no-consequences/

2. KAPITEL: SCHWARZGELD UND GEHEIMAGENTEN

Gevorkyan, Nataliya u.a.: »First Person«, Hutchinson, London, 2000

Gessen, Masha: »Putin – The man without a face«, Riverhead Books 2012

Igor Schadchan: Putin Dokumentarfilm, 1991

Myers, Steven Lee: »Putin – der neue Zar: Seine Politik – sein Russland«, Zürich 2016

Pietsch, Irene: »Heikle Freundschaften«, Molden Verlag, Wien 2001

Dawisha, Karen, »Putins Kleptocracy«, Simon & Schuster Paperbacks 2015

Die Bundesbeauftragte für die Unterlagen des Staatssicherheitsdienstes der ehemaligen DDR (BStU)

Usoltsev, Vladimir: »Sosluzhivets Neizvestniye Stranitsi Zhizni Prezidenta«, Eksmo 2004

3. KAPITEL: MINISTERPRÄSIDENTEN ZU VERKAUFEN

Schöllgen, Gregor: »Gerhard Schröder – die Biographie«, DVA 2015

Schröder, Gerhard: »Investments into the future«, ISEAS Publishing 2003

Nord Stream: Pressemeldungen, Organisationsdiagramme und Informationsbriefe

Kornelius, Stefan: »Die Kanzlerin und ihre Welt«, Campe Verlag 2013

Persson, Göran: »Min väg, mina val«, Albert Bonniers Förlag, Stockholm 2008

Ulveman, Michael/Lauritzen, Thomas: »I spidsen for Europa«, People's Press, Kopenhagen 2003

Die Bundesbeauftragte für die Unterlagen des Staatssicherheitsdienstes der ehemaligen DDR (BStU)

Botschaftstelegramme amerikanischer Diplomaten an das amerikanische Außenministerium, veröffentlicht von WikiLeaks

Rat der Europäischen Union: Referate zu den Sanktionen gegen Russland, russische Firmen und russische Staatsbürger

»Udenrigs«, Zeitschrift der Udenrigspolitiske Selskab, Kopenhagen 2014

Veröffentlichtes Dokument des Bundesrechnungshofes, datiert vom 18.9.2018

4. KAPITEL: DERR TSCHETSCHENISCHE SCHAUSPIELER

Akteneinsicht in Korrespondenz und Akten zu Nord Stream beim dänischen Staatsministerium

Politkowskaja, Anna: »In Putins Russland«, DuMont Verlag, Köln 2005

Litwinenko, Alexander/Felshtinsky, Yuri: »Eiszeit im Kreml«, Hoffmann und Campe Verlag, Hamburg 2007

Jeltsin, Boris: »Mitternachtstagebuch – Meine Jahre im Kreml«, Propyläen Verlag, Berlin 2000

Washington Post
http://www.washingtonpost.com/wp-srv/inatl/daily/sept99/yeltsin8.htm

The Guardian
https://www.theguardian.com/world/2000/jan/28/russia.iantraynor

Chicago Tribune
http://articles.chicagotribune.com/2000-01-28/news/0001280153_1_boris-yeltsin-mabetex-yeltsin-family

Myers, Steven Lee: »Putin – der neue Zar: Seine Politik – sein Russland«, Zürich 2016

Dyrekilde, Birgitte/Teschl, Michael: »Jan Bonde Nielsen – Afsløret«, Lindhardt og Ringhof, Kopenhagen 2016

Russia – Mining and Mineral Handbook, International Business Publications, verbesserte Neuauflage, 2015

Gevorkyan, Nataliya u.a.: »First Person«, Hutchinson, London 2000

Offizielle Webseite des russischen Präsidenten: www.kremlin.ru

Smith, Sebastian: »Allah's Mountains – the battle for Chechnya«, Tauris Parke Paperbacks, London 2005

Meir, Andrew: »Chechnya – to the heart of a conflict«, W.W. Norton & Company, New York 2005

Thomsen, Jens: »EU-formandskabet 2002«, Gyldendal, Kopenhagen 2014

Ulveman, Michael/Lauritzen, Thomas: »I spidsen for Europa«, People's Press, Kopenhagen 2003. (Gespräche mit Anders Fogh Rasmussen, Per Stig Møller u.a. an Bord des Challenger-Flugzeuges des Verteidigungsministeriums)

Gessen, Masha: »Putin – The man without a face«, Riverhead Books 2012

Politkowskaja, Anna: »Tschetschenien – Die Wahrheit über den Krieg«, DuMont Verlag, Köln 2003

Høvsgaard, Jens: »Det koster et kongerige – bag om kongehusets penge og privilegier«, Rosinante & Co., Kopenhagen 2012

Møller, Per Stig/Jensen, Michael Bremerskov: »Samtale fremmer forståelsen«, Gyldendal, Kopenhagen 2010

5. KAPITEL: EIN VERHÄLTNIS AM GRABESRAND

Akteneinsicht beim Kirchenministerium zur Nachbestattung der Zarenwitwe Dagmar, Kirchenministerium

Akteneinsicht beim Außenministerium u.a. zur Korrespondenz zwischen Königin Margrethe und Wladimir Putin anlässlich der Nachbestattung der Zarenwitwe Dagmar, Außenministerium

Kalender des dänischen Ministerpräsidenten 2003
The Atlantic https://www.theatlantic.com/daily-dish/archive/2008/08/putins- thesis-raw-text/212739/
Ulstrup, Preben: »Kejserinde Dagmars fangenskab på Krim«, Gyldendal, Kopenhagen 2015
Sandøe, Niels/Sindbæk, Hanne/Svanborg, Thomas G.: »Kammerherrens nye Klæder«, Jyllands-Postens Forlag, Kopenhagen 2012
Mathiasen, Anders-Peter: »Det bedste bud«, People's Press, Kopenhagen 2015
Høvsgaard, Jens: »Det koster et kongerige – bag om kongehusets penge og privilegier«, Rosinante & Co., Kopenhagen 2012
Jahresabschlussbericht DONG Energy 2007–2013
Offizielle Webseite des russischen Präsidenten: www.kremlin.ru
Baev, Pavel K.: »Russian Energy Policy and Military Power«, Routledge, Oxford 2008

6. KAPITEL: BIER UND EIN BOOT VOLL BANANEN

Akteneinsicht in Reisepläne, Programme, Handakten und Belege für Auslandsreisen des dänischen Ministerpräsidenten 2009, Staatsministerium
Akteneinsicht in Reisepläne, Programme, Handakten und Belege für die Auslandsreisen des Klima- und Energieministers 2009, Klima- und Energieministerium
Dänisches Anhörungsmaterial zum Antrag von Nord Stream
Schwedisches Anhörungsmaterial zum Antrag von Nord Stream
Estnisches und polnisches Anhörungsmaterial zur Umweltverträglichkeitsprüfung
Zwanzig Fragen an Ministerpräsidenten und Minister für Energie und Klima zum Antrag von Nord Stream
Akteneinsicht beim Außenministerium in Besprechungsprotokolle, Referate und Korrespondenz bezüglich Nord Stream und bilaterale Treffen mit Regierungschefs, Außenministern und Botschaftern in Russland, Deutschland, England, Finnland, Polen, den baltischen Staaten und der EU
Über WikiLeaks veröffentlichte Telegramme zwischen amerikanischen Botschaftern in Kopenhagen, Stockholm und Moskau und dem Außenministerium in Washington
Sicherheitsanalyse der Akademie des schwedischen Verteidigungsministeriums FOI, 2006
Generaldirektorat für die internen Politiker der EU, Briefing-Aufzeichnungen 2007
Risikobericht 2009 des Nachrichtendienstes des Verteidigungsministeriums

»Russian ›Black Money‹ in the EU: Indicators of Transborder Corruption«, Bericht EU-Russia Civil Society Forum 2015
»Gazprom's expansion in the EU: co-operation or domination?«, Bericht des Centre for Eastern Studies 2009
»Spin doctors to the autocrats: how European PR firms whitewash repressive regimes«, Corporate Europe Observatory
Hakelius, Johan/Rosengren, Björn: »Mitt i steget«, Albert Bonnier Förlag, Stockholm 2016
Nord Stream, Übersicht über öffentliche Arrangements und Anhörungen
Rambøll
http://www.ramboll.com/projects/rog/the-nord-stream-pipeline-project
http://www.ostsee-zeitung.de/Mecklenburg/Rostock/Wusch-die-russische-Mafia-Geld-mit-Werften-in-MV

7. KAPITEL: ERST KOMMT DAS FRESSEN, DANN …

https://www.youtube.com/watch?v=p3lbteQIQkc
espoo-report-national-eia-summary-denmark_20090201-1.pdf
https://ens.dk/sites/ens.dk/files/OlieGas/valg_af_rute_i_dansk_farvand.pdf
https://www.altinget.dk/energi/artikel/nord-stream-2-investor-russisk-naturgas-holder-europaeerne-varme
http://robby-schlund.de/
https://www.russlandtag-mv.de/de/
https://www.rosneft.com/upload/site2/document_file/a_report_ 2017_eng.pdf
Kleine Anfrage der Abgeordneten Lorenz Gösta Beutin, Ralph Lenkert, Hubertus Zdebel u.a. der Fraktion DIE LINKE betr.: »Lobbyismus und Drehtür-Effekt beim Ostsee-Pipeline-Projekt Nord Stream«, BT-Drucksache: 19161
https://russland.ahk.de/
http://www.renovasg.com/about/
https://www.firmenabc.at/gusenbauer-projektentwicklung-beteiligung-gmbh _EZQI
https://kurier.at/wirtschaft/gusenbauer-steile-erfolgskurve-als-kapitalist/291. 459.469
http://www.spiegel.de/politik/deutschland/kasachstan-affaere-lobbyisten-brief-belastet-schroeder-a-1039643.html
https://www.deutschlandfunk.de/kasachstan-lobbyismus-altkanzler-schroeder-will-spiegel.2852.de.html?dram:article_id= 322559
https://www.lansky.at/de/
https://www.profil.at/oesterreich/alfred-gusenbauer-freunde-kasachstan- 5736955
https://4pro.at/
http://wiese-consult.com/

8. KAPITEL: EIN GANZ (UN)GEWÖHNLICHES GESCHÄFT

Roth, Jürgen: »Gazprom – das unheimliche Imperium«, Westend Verlag, Frankfurt 2012

Browder, Bill: »Red Notice: Wie ich Putins Staatsfeind Nr. 1 wurde«, Hanser, München 2015

Pomerantsev, Peter: »Nothing is true and everything is possible«, Public Affairs, New York 2014

Dawisha, Karen: »Putins Kleptocracy«, Simon & Schuster Paperbacks 2015

Myers, Steven Lee: »Putin – der neue Zar: Seine Politik – sein Russland«, Zürich 2016

The Atlantic, »How State-Sponsored Blackmail Works in Russia, The art of kompro- mat«, https://www.theatlantic.com/international/archive/2017/01/kompromat-trump-dos- sier/512891/

Mikhail Kassjanov in der Sexfalle: https://www.youtube.com/watch?v=rrUXxd-aR6vs

Litwinenko, Alexander/Felshtinsky, Yuri: »Eiszeit im Kreml«, Hoffmann und Campe Verlag, Hamburg 2007

EPILOG: VERLOGEN, VERSCHLOSSEN UND VERÖFFENTLICHT

https://projekte.sueddeutsche.de/paradisepapers/wirtschaft/putin-s-friend-arkady-rotenberg-e691249/

http://www.4freerussia.org/wp-content/uploads/2017/10/Corruption-Pipeline-web.pdf

https://oef.org.ee/fileadmin/media/valjaanded/uuringud/ReportTransborder-Corruption2015_2.pdf

https://www.morgenpost.de/bezirke/im-westen-berlins/article 213813507/Russischer-Investor-am-Kudamm-Karree-beteiligt.html

http://news-abc.com/rotenberg-in-the-sanctions-busting-have-bought-in-germany-a-property-at-e1-billion/

https://www.badische-zeitung.de/bad-krozingen/gas-manager-investiert-am-bad-krozinger-bahnhof--77504161.html

https://www.telegraph.co.uk/finance/newsbysector/energy/oilandgas/9305157/TNK-BP-a-troubled-history.html

https://www.standard.co.uk/business/markets/philip-lambert-the-quiet-man-behind-the-historic-bp-rosneft-deal-6557332.html

https://www.moneyhouse.ch/de/company/interatis-ag-4608367731

PERSONENVERZEICHNIS

Personen bei Gazprom und in der russischen Regierung mit einer Vergangenheit beim KGB und im Büro des Bürgermeisters von Sankt Petersburg 1991–1999.

Akimow, Andrei: Vorstandsvorsitzender Gazprom, ehemaliger Agent und Spion des KGB.

Golubjew, Valeri: Vorstandsmitglied Gazprom, ehemaliger KGB-Agent und Mitarbeiter im Büro des Bürgermeisters von Sankt Petersburg.

Iwanow, Sergei: Stabschef der Administration des Präsidenten 2011–2016, Putins KGB-Kollege und Freund in Sankt Petersburg.

Koschin, Vladimir: Immobilienverwalter des Präsidenten, ehemaliger Mitarbeiter im Büro des Bürgermeisters von Sankt Petersburg

Kozak, Dimitri: Vizeministerpräsident und Putins Sprecher bei den Olympischen Spielen in Sotschi und der Hetze gegen homosexuelle Sportler, Mitarbeiter im Büro des Bürgermeisters von Sankt Petersburg.

Kudrin, Alexei: ehemaliger Finanzminister und enger Vertrauter von Putin, ehemaliger Mitarbeiter im Büro des Bürgermeisters von Sankt Petersburg.

Medwedew, Alexander: zweiter Vorsitzender von Gazprom, ehemaliger KGB-Agent.

Medwedew, Dmitri: Ministerpräsident, ehemaliger Präsident, ehemaliger Mitarbeiter im Büro des Bürgermeisters von Sankt Petersburg.

Miller, Alexei: Vorstandsvorsitzender Gazprom, ehemaliger Mitarbeiter im Büro des Bürgermeisters von Sankt Petersburg.

Naryshkin, Sergei: ehemaliger Vorsitzender der Duma, ehemaliger KGB-Agent.

Nurgaljew, Raschid: Stellvertretender Vorsitzender des Sicherheitsrates, ehemaliger Innenminister, ehemaliger KGB-Agent.

Patruschew, Nikolai: Vorsitzender des Sicherheitsrates, ehemaliger KGB-Agent.

Plyusnin, Jewgeni: Personalchef Gazprom, ehemaliger KGB-Agent.

Tokarew, Sergei: Direktor Transneft Pipeline, ehemaliger KGB-Kollege aus der Zeit in Dresden.

Tschemesow, Sergei: ehemaliger Verteidigungsminister und Direktor der staatlichen Waffenfabrik, KGB-Agent und Nachbar von Putin in Dresden.

Tschewtschenko, Konstantin: Juristischer Leiter Gazprom, ehemaliger KGB-Agent.

Zubkow, Viktor: Vorstandsvorsitzender Gazprom, Repräsentant des Präsidenten beim Zusammenschluss gasproduzierender Länder, Ministerpräsident unter Putin, ehemaliger Mitarbeiter im Büro des Bürgermeisters von Sankt Petersburg.

PERSONENREGISTER